Texte détérioré
Marge(s) coupée(s)

1 fr. 25 le volume

ŒUVRES COMPLÈTES D'HECTOR MALOT

MÈRE

PARIS
ERNEST FLAMMARION, ÉDITEUR
26, RUE RACINE, PRÈS L'ODÉON

EN VENTE A LA MÊME LIBRAIRIE

EN COURS DE PUBLICATION

ŒUVRES COMPLÈTES D'HECTOR MALOT
à 1 fr. 25 le volume

Le Lieutenant Bonnet． ． ． ． ． ． ． ． ． ． ． ． ． ． ． ． ．	1 vol．
Suzanne． ．	1 vol．
Miss Clifton． ．	1 vol．
Clotilde Martory． ． ． ． ． ． ． ． ． ． ． ． ． ． ． ． ． ．	1 vol．
Pompon． ．	1 vol．
Marichette． ．	2 vol．
Un Curé de Province． ． ． ． ． ． ． ． ． ． ． ． ． ． ．	1 vol．
Un Miracle． ．	1 vol．
Romain Kalbris． ． ． ． ． ． ． ． ． ． ． ． ． ． ． ． ． ．	1 vol．
La Fille de la Comédienne． ． ． ． ． ． ． ． ． ．	1 vol．
L'Héritage d'Arthur． ． ． ． ． ． ． ． ． ． ． ． ． ．	1 vol．
Le Colonel Chamberlain． ． ． ． ． ． ． ． ． ． ．	1 vol．
La Marquise de Lucillière． ． ． ． ． ． ． ． ．	1 vol．
Ida et Carmelita． ． ． ． ． ． ． ． ． ． ． ． ． ． ． ．	1 vol．
Thérèse． ．	1 vol．
Le Mariage de Juliette． ． ． ． ． ． ． ． ． ． ．	1 vol．
Une Belle-Mère． ． ． ． ． ． ． ． ． ． ． ． ． ． ． ．	1 vol．
Séduction． ．	1 vol．
Paulette． ．	1 vol．
Bon Jeune homme． ． ． ． ． ． ． ． ． ． ． ． ． ． ．	1 vol．
Comte du Pape． ． ． ． ． ． ． ． ． ． ． ． ． ． ． ． ．	1 vol．
Marié par les Prêtres． ． ． ． ． ． ． ． ． ． ． ． ．	1 vol．
Cara． ．	1 vol．
Vices Français． ． ． ． ． ． ． ． ． ． ． ． ． ． ． ． ．	1 vol．
Raphaëlle． ． ． ． ． ． ． ． ． ． ． ． ． ． ． ． ． ． ． ．	1 vol．
Duchesse d'Arvernes． ． ． ． ． ． ． ． ． ． ． ．	1 vol．
Corysandre． ． ． ． ． ． ． ． ． ． ． ． ． ． ． ． ． ． ．	1 vol．
Anie． ．	1 vol．
Les Millions Honteux． ． ． ． ． ． ． ． ． ． ． ．	1 vol．
Le docteur Claude ． ． ． ． ． ． ． ． ． ． ． ． ． ．	2 vol．
Le Mari de Charlotte． ． ． ． ． ． ． ． ． ． ． ． ．	1 vol．
Conscience． ． ． ． ． ． ． ． ． ． ． ． ． ． ． ． ． ． ．	1 vol．
Justice． ．	1 vol．
Les Amants． ． ． ． ． ． ． ． ． ． ． ． ． ． ． ． ． ． ．	1 vol．
Les Époux． ． ． ． ． ． ． ． ． ． ． ． ． ． ． ． ． ． ． ．	1 vol．
Les Enfants． ． ． ． ． ． ． ． ． ． ． ． ． ． ． ． ． ． ．	1 vol．
Les Amours de Jacques． ． ． ． ． ． ． ． ． ． ．	1 vol．

MÈRE

Ouvrages de HECTOR MALOT

COLLECTION GRAND IN-18 JÉSUS

LES VICTIMES D'AMOUR : LES AMANTS, LES ÉPOUX, LES ENFANTS	3 vol.	SANS FAMILLE	2 vol.
LES AMOURS DE JACQUES	1 —	LE DOCTEUR CLAUDE	1 —
ROMAIN KALBRIS	1 —	LA BOHÈME TAPAGEUSE	3 —
UN BEAU-FRÈRE	1 —	UNE FEMME D'ARGENT	1 —
MADAME OBERNIN	1 —	POMPON	1 —
UNE BONNE AFFAIRE	1 —	SÉDUCTION	1 —
UN CURÉ DE PROVINCE	1 —	LES MILLIONS HONTEUX	1 —
UN MIRACLE	1 —	LA PETITE SŒUR	2 —
SOUVENIRS D'UN BLESSÉ : SUZANNE	1 —	PAULETTE	1 —
SOUVENIRS D'UN BLESSÉ : MISS CLIFTON	1 —	LES BESOIGNEUX	2 —
LA BELLE MADAME DONIS	1 —	MARICHETTE	2 —
CLOTILDE MARTORY	1 —	MICHELINE	1 —
UNE BELLE-MÈRE	1 —	LE SANG BLEU	1 —
LE MARI DE CHARLOTTE	1 —	LE LIEUTENANT BONNET	1 —
L'HÉRITAGE D'ARTHUR	1 —	BACCARA	1 —
L'AUBERGE DU MONDE : LE COLONEL CHAMBERLAIN, LA MARQUISE DE LUCILLIÈRE	2 —	ZYTE	1 —
		VICES FRANÇAIS	1 —
		GHISLAINE	1 —
		CONSCIENCE	1 —
		JUSTICE	1 —
L'AUBERGE DU MONDE : IDA ET CARMELITA, THÉRÈSE	2 —	MARIAGE RICHE	1 —
		MONDAINE	1 —
MADAME PRÉFAVOINE	2 —	MÈRE	1 —
CARA	1 —	ANIE	1 —
		COMPLICES	1 —
		EN FAMILLE	2 —

Mme HECTOR MALOT

FOLIES D'AMOUR	1 vol.	LE PRINCE	1 vol.

MÈRE

PAR

HECTOR MALOT

———

PARIS
ERNEST FLAMMARION, ÉDITEUR
26, RUE RACINE, PRÈS L'ODÉON
—
1896
Tous droits réservés.

MÈRE

I

Le train venait d'entrer dans la gare de Houdan. Avant qu'il ne fût tout à fait arrêté, le sous-chef sauta sur le marchepied d'un wagon de première classe, et, avec toutes les marques de la déférence, ouvrit la portière du compartiment du milieu :

— Bonjour, monsieur Combarrieu ; la traversée a-t-elle été bonne ?

— Pas mauvaise ; je vous remercie.

— Je n'ai pas vu votre voiture quand j'ai quitté mon bureau.

— Je n'ai pas annoncé mon retour.

A ce moment, un second voyageur, descendant d'un des wagons de queue, se dirigea vers eux, portant sous son bras une serviette en maroquin noir, bourrée de papiers.

— Tieus, voilà M. Darlot, dit le sous-chef.

— Bonjour, Louis, dit M. Combarrieu en répondant affectueusement au salut respectueux qui lui était adressé; as-tu commandé une voiture?

— La charrette anglaise.

— Je vais monter avec toi.

Le sous-chef les avait quittés pour faire partir le train, et ils se dirigeaient vers la sortie.

— Quand es-tu venu à la Chevrolière? demanda M. Combarrieu.

— Avant-hier.

— As-tu vu madame Combarrieu?

— Elle a bien voulu m'inviter à déjeuner.

— Dans sa dernière lettre, que j'ai reçue la veille de mon départ de New-York, elle me disait qu'elle était un peu souffrante.

— Rien en elle ne révélait du malaise; elle a déjeuné de bon appétit, j'en suis certain, s'entretenant soit avec mademoiselle Antonine, soit avec moi, comme à l'ordinaire; après le déjeuner, elle a voulu voir fonctionner nos machines et, sans aucune fatigue, elle m'a suivi dans les prairies et dans les champs; d'autre part, mademoiselle Antonine ne m'a pas dit que sa tante fût souffrante.

— C'est que son indisposition n'a pas eu de suites.

— Elle ne vous attendait qu'après-demain.

— Je suis revenu par Queenstown pour gagner deux jours. C'est aujourd'hui le 12, et le 12 septembre est la date de notre mariage; c'eût été la première fois depuis vingt-six ans que je n'aurais point passé cet anniversaire auprès de ma femme. Quand tu seras marié, mon cher Louis, comme tu auras, je l'espère, la femme que tu mérites, tu verras que c'est une fête qu'on ne manque pas volontairement. Y a-t-il longtemps que tu n'as vu Victorien?

— Il est venu à l'usine plusieurs fois après votre départ, puis je ne l'ai plus revu ; sans doute il aura été occupé par ses chevaux. Vous savez que sa jument *Morning Star* vient de gagner le grand Steeple d'Auteuil?

La physionomie naturellement ouverte de M. Combarrieu s'assombrit ; ses yeux brillants lorsqu'il parlait de sa femme se voilèrent, ses paupières et sa bouche s'abaissèrent ; instantanément, l'expression du mécontentement avait remplacé sur son visage celle de la bonne humeur.

— Je t'en prie, ne me parle jamais des chevaux de Victorien ; rien ne peut m'être plus désagréable. Tu le comprendras quand je te dirai que je ne lis jamais la troisième page des journaux pour n'y pas voir son nom, — le mien.

Ils étaient dans la cour de la gare depuis assez longtemps pour que les omnibus fussent déjà partis les uns après les autres, et cependant la charrette n'arrivait pas.

— Comment n'est-elle pas là?

— On ne se doute pas que c'est vous qui attendez.

— Que ce soit moi ou toi, qu'importe! Si tu acceptes de pareilles inexactitudes, tu as tort ; ce n'est pas défendre l'ordre de ma maison.

Cela fut dit sur un ton de reproche qui traduisait un mécontentement réel.

— Au lieu d'attendre dans cette gare, ce qui vous

agace, nous pourrions partir à pied ; certainement nous croiserons Joseph bientôt.

M. Combarrieu portait sous le bras une petite boîte plate, enveloppée de papier blanc et ficelée de ruban rose, qui avait tout l'air d'un coffret de confiseur ou de bijoutier.

— Voulez-vous me donner cette boîte? dit Darlot, je la mettrai dans ma serviette.

Ils partirent.

— Tu me disais que Victorien était venu à l'usine plusieurs fois. Que voulait-il?

— Se rendre compte de nos travaux en train.

— Voilà qui est étonnant.

— Chaque fois il est resté plusieurs heures dans mon bureau.

— A te faire perdre ton temps en bavardages.

— A me questionner sur votre nouvelle chaudière à pétrole. Il a voulu que je lui montre ce qui en constitue l'originalité et la puissance : l'inspirateur qui projette l'huile, les batteries qui produisent les étincelles électriques pour l'inflammation. Mais ce qu'il a surtout étudié avec intérêt, c'est notre machine à quadruple expansion et ses chaudières ; il voulait aller à Quévilly pour assister à la fonte des tubes et des plaques, et pour que je lui explique le fonctionnement de notre nouvel outillage.

— Tu as été à Quévilly?

— Je n'avais pas le temps.

— D'où venait cette curiosité?

— C'est la question que je me suis posée.

— Et tu as trouvé?

— Me permettez-vous de répondre en toute sincérité ?

— Je te le demande.

— En voyant l'intérêt que Victorien montrait pour les affaires de la maison, car ce n'est pas seulement avec moi qu'il s'en est entretenu, et son interrogatoire s'est répété dans d'autres bureaux que le mien, je me suis demandé s'il ne penserait pas à prendre place parmi nous.

— Pourquoi ne l'a-t-il pas acceptée, cette place, quand je la lui ai fait proposer par sa mère ?

— Je ne puis répondre à cela d'une façon précise ; mais il me semble qu'à ce moment, Victorien, comme tant d'autres fils de famille, d'ailleurs, qui n'ont pas à se préoccuper de leur avenir, n'a pensé qu'aux plaisirs d'une vie brillante. Depuis, l'expérience et la réflexion peuvent lui avoir fait sentir le vide de cette vie ; de sorte que maintenant il chercherait à se rapprocher de vous. A vingt-cinq ans, il n'est pas trop tard ; combien, qui n'ont opéré ce retour qu'à trente ou trente-cinq, ont cependant facilement regagné le temps perdu.

— S'il en était ainsi, pourquoi ne s'adresserait-il pas à moi franchement ?

— Là est précisément le point délicat.

— Se plaint-il de moi ?

— Du père, non ; mais je crois que le chef de maison, le directeur lui inspire une certaine crainte qui expliquerait bien des choses.

— Voilà, en tout cas, un étrange procédé de

prendre pour confidents de ses griefs les employés de son père.

— Pour Victorien, je suis un ancien camarade, plus qu'un employé.

— Enfin, de quoi se plaint-il ?

— Il ne s'est jamais plaint; mais pendant les dix années que nous avons vécu ensemble d'une vie étroite, et depuis, il ne m'a pas été difficile de comprendre que son caractère ne se pliait que difficilement aux habitudes d'ordre scrupuleux qui sont les vôtres.

— Cela n'est que trop évident, et tu n'as pas besoin de chercher des ménagements pour le constater.

— C'est au passé que je fais allusion. Maintenant, dans le présent, je crois que la pensée de se trouver placé sous votre direction intimide son ignorance. Sous une apparence résolue, c'est en réalité un hésitant et un timide au moins pour les choses de l'esprit, et si le mot n'était pas trop gros, je dirais qu'il a peur de vous.

— Que cette peur fût réelle, sa vie serait autre.

— N'est-il pas possible qu'il veuille en changer, et que précisément ses visites à l'usine pendant votre absence, ses questions, l'enquête qu'il a faite auprès de moi et des autres ingénieurs ne soient l'indice de ses intentions ? Il aurait voulu tâter le terrain et mis pour cela votre absence à profit.

— Dieu sait si je voudrais te croire, mais il me faudrait des indices plus sérieux que ceux-là pour partager ton espérance. Victorien a l'horreur du travail et il en a aussi le dédain : travailler est bon pour toi, pour moi qui sommes des fils d'ouvriers ; pour lui, ce serait une déchéance, et il n'est pas le seul de son espèce ; combien autour de nous voyons-nous de fils de famille qui sont comme lui ! Il semble qu'il n'y ait une forte poussée de sève qu'une seule fois dans une même famille. Par son courage, son intelligence, un ensemble de qualités supérieures, un homme neuf s'élève et se crée une grande situation ; si la théorie de la sélection était absolue, il devrait transmettre nécessairement le germe de ses qualités à ses descendants ; et cependant, dans la pratique, il arrive trop souvent que c'est le contraire qui se produit : il s'est usé dans la lutte et ne transmet à ses enfants qu'un germe appauvri ; nés au milieu du bien-être, ceux-ci ne trouvent pas pour se relever la force qu'on prend dans le travail, et libres de s'abandonner au contraire à tous leurs caprices, à la paresse, à l'orgueil, à l'égoïsme, ils ne tardent pas à remplacer les qualités affaiblies de leur père par les vices de leur milieu. C'est l'histoire de tant de familles parties du peuple pour s'élever à la bourgeoisie et qui sont trop faibles pour faire souche ; c'est la mienne : fils d'un homme supérieur j'ai pour fils... Victorien. Je voudrais admettre que ses intentions soient celles que ton amitié suppose. Mais je crains que tu ne te trompes.

— Alors quelles seraient-elles ?

— Je n'en sais rien.

— Quand j'examine sa vie, je ne vois pas qu'elle révèle une nature aussi répulsive aux affaires que vous le croyez.

— C'est pour celles dans lesquelles il s'est engagé après avoir gaspillé la plus grosse part de l'héritage de sa tante, que tu dis cela. En quoi ces expédients de fils de famille aux abois, qui cherche à se procurer de l'argent n'importe comment, ressemblent-ils à des affaires sérieuses ? N'est-ce pas une honte pour moi que ces relations de mon fils avec tous ces faiseurs tarés qui l'entourent et l'exploitent ?

A ce moment, au bout de la route qu'ils avaient prise en sortant de la gare, apparut dans un petit nuage de poussière une charrette arrivant grand train. Quand elle fut près d'eux, ils virent que le cheval était blanc d'écume partout où le harnais frottait la peau : le groom qui conduisait s'arrêta et son visage trahit l'étonnement en même temps que l'inquiétude.

— Que vous est-il arrivé en route ? demanda M. Combarrieu.

— Rien, monsieur.

— Pourquoi êtes-vous en retard ?

— Je ne savais pas...

— Vous ne saviez pas me trouver, et vous avez flâné en chemin. En rentrant, vous direz à Baptiste de régler votre compte : je n'admets pas qu'on soit en retard.

Avec le groom près d'eux, ils ne pouvaient continuer à parler de Victorien ; ils changèrent donc d'entretien.

Dans une prairie de ses terres traversée par la Vègre, M. Combarrieu, avant son départ, avait fait construire un barrage qui devait actionner une machine électrique établie dans sa ferme située à deux kilomètres de là, et il était curieux d'apprendre comment tout cela fonctionnait ; comment la machine génératrice, comment la réceptrice, comment se comportaient les fils suspendus à travers champs, quels rendements on obtenait. Il y avait là toute une série de questions intéressantes qui ne seraient certainement pas épuisées dans les quarante minutes que dure le trajet de la gare de Houdan au château de la Chevrolière.

II

Ces dix kilomètres furent rapidement franchis à travers la plaine monotone dépouillée de ses moissons, et bientôt des hautes cheminées et des combles couronnés de plombs ouvragés se détachèrent sur le fond de verdure d'un vaste parc qui rejoignait la forêt de Dreux.

Alors M. Combarrieu cessa d'être attentif aux paroles de Darlot, et ses yeux se fixèrent sur la façade blanche du château qu'éclairaient de reflets roses les corbeilles de géraniums et de bégonias groupées en masses profondes autour du perron.

— Nulle part, dit-il, même en traversant la campagne anglaise, qui, en tant de parties, ressemble à un beau parc, je n'ai vu mieux que ça.

« Ça », c'était son château, ses jardins, son parc,

1.

ses serres, ses communs, les bâtiments de sa ferme, qu'il enveloppait d'un regard ému de tendresse et rayonnant de fierté.

Pendant de longues années, même après que la fortune lui était venue, il s'était contenté d'une toute petite maison de campagne à Epinay, qui avait pour lui l'avantage d'être à proximité des Batignolles où se trouvaient ses ateliers ; mais à la fin, le respect de cette fortune, plus encore peut-être que les observations de sa femme, de son fils, de ses amis, l'avaient obligé à abandonner Epinay, indigne d'un homme dans sa position, pour accepter cette terre de la Chevrolière que son notaire lui proposait. Jusque-là, il avait repoussé toutes les occasions qui se présentaient, mais celle-là réunissait si complètement les conditions sur lesquelles il s'était appuyé pour résister : courte distance de Paris, ferme de bon rapport, beaux bois, riches prairies, qu'il avait dû céder.

A la vérité, le château bâti sous Louis XIV, à l'époque où une charge à la cour imposait le voisinage de Versailles, était bien délabré, usé plus encore par l'abandon que par l'habitation, mais enfin ce n'était pas une ruine, et l'on pouvait lui restituer son ancien caractère si, comme les précédents propriétaires, on n'était point en tout arrêté par les maigres revenus d'une vieille famille endettée. Cette restauration menée largement sous sa direction l'avait intéressé, et il s'était mis à aimer passionnément cette terre, autant par l'argent qu'elle lui coûtait que parce qu'elle était son ouvrage et sa gloire.

Où trouverait-on une plus belle demeure, plus noble, plus majestueuse, des terres mieux cultivées, un parc mieux aménagé, des jardins mieux dessinés, plus richement ornés de plantes rares? Les bestiaux qui paissaient ces prairies avaient été primés dans tous les concours; les machines agricoles qui travaillaient ces champs étaient décorées des premières médailles en Amérique, en Angleterre, en France; des serres et des jardins sortaient des fleurs, des fruits et des légumes qui étaient l'honneur des expositions où on les envoyait; ses fromages portaient son nom; ses beurres égalaient les meilleurs de Gournay; partout enfin et dans toutes choses le soin, la propreté, la commodité, la perfection qui donnaient une égale satisfaction aux plaisirs des yeux, comme aux besoins les plus exigeants d'un bien-être raffiné.

Arrivé devant une grille monumentale dont les fers de lance, nouvellement dorés, jetaient des rayons sur la verdure des arbres qui la dominaient, il arrêta et passa les guides à Darlot.

— Donne-moi mon écrin, dit-il, et garde la charrette pour aller au barrage: mais ne t'attarde pas trop, de façon à arriver pour le déjeuner; j'ai faim comme un homme qui a passé une nuit en wagon et en bateau.

Tandis que la charrette descendait le chemin des prairies, il se dirigea vers le château en suivant une allée courbe dont le fin gravier gardait les sillons creusés par le râteau d'habiles jardiniers; et à droite, à gauche, il jetait des regards satisfaits sur le velours foncé des gazons tondus ras qu'il ne quittait que pour les poser sur une corbeille de fleurs ou sur une plante à laquelle sa beauté ou sa rareté avait valu l'honneur d'être isolée : nulle part, certainement, il n'avait vu mieux que ça.

Comme il montait le large perron qui, sur toute la longueur de la façade, donne accès au rez-de-chaussée, une jeune fille blonde, le visage épanoui, les yeux riants, les lèvres entr'ouvertes, accourut au-devant de lui et l'embrassa sur les deux joues.

— Oh! mon oncle, quelle bonne surprise tu nous fais.

Il l'embrassa aussi :

— Bonjour, Antonine, bonjour, mon enfant. Comment va ta tante?

— Je ne l'ai pas encore vue ce matin ; hier elle allait très bien.

Ils furent interrompus par quatre chiens qui, le poil lisse, la queue frétillante, le corps agité de mouvements onduleux, se jetèrent sur leur maître ; et le vestibule aux voûtes sonores s'emplit de leurs aboiements joyeux que dominait cependant, si violents qu'ils fussent, le cri strident d'un perroquet qui, hérissé sur son perchoir, répétait avec l'accent même de M. Combarrieu : « Où est madame ? où est madame ? »

— Et moi qui espérais surprendre ta tante : voulez-vous bien vous taire, coquins!

Mais cet ordre n'était pas d'une énergie assez rude pour imposer silence aux bêtes ; la voix, au contraire, qui l'avait donné était affectueuse, comme doux était le regard qui l'accompagnait. Et pourtant ils n'étaient guère séduisants, ces chiens tapageurs qui, à eux quatre, formaient une collection d'une laideur rare, de vrais chiens des rues, ce qu'ils étaient en réalité, ayant été trouvés de ci de là, ou plutôt ayant eu la roublardise de trouver un maître, à la pitié et à la faiblesse duquel ils s'étaient imposés.

— Il faut pourtant que je m'en débarrasse, dit-il, en tâchant de les écarter; tu vois qu'ils ne veulent pas m'abandonner.

— Ils sont si contents de te revoir.

— Je ne peux cependant pas les faire monter avec moi chez ta tante.

— Je vais les emmener à la laiterie.

Au mot « laiterie » nettement prononcé, les chiens levèrent la tête et pressèrent moins vivement leur maître.

— As-tu mangé du bon beurre dans ton voyage? demanda-t-elle.

— Je n'en ai jamais mangé qui valût celui de la Chevrolière.

— Eh bien ! je vais t'en faire battre, et te préparer aussi un fromage à la crème pour le déjeuner.

— A propos de déjeuner, Darlot sera des nôtres ; c'est lui qui m'a amené; fais mettre son couvert.

Débarrassé des chiens qui filaient déjà du côté de la laiterie, il put monter l'escalier, tandis que le perroquet continuait à crier : « Où est Madame? »

C'était sur le palier du premier étage que s'ouvrait l'appartement de madame Combarrieu : arrivé à sa porte, il frappa, puis après un moment d'attente il entra. La chambre très grande, meublée ou plus justement ornée avec luxe, étant déserte, il la traversa, et poussa la porte d'un boudoir qui lui faisait suite : assise devant un bureau, sa femme, coiffée mais non encore habillée, écrivait.

Au bruit des pas, elle se retourna :

— Vous !

Vivement il vint à elle et l'embrassa.

— J'ai voulu te faire une surprise.

— Vous m'en faites une en effet.

— Ne l'attendais-tu pas un peu ?

— Comment l'aurais-je attendue ? la *Champagne* ne devait arriver que samedi ou dimanche.

— Je ne suis pas revenu par la *Champagne*.

— Pourquoi ne pas me l'avoir télégraphié ?

— Pour la surprise ; n'est-ce pas aujourd'hui le 12 septembre ?

— Oui.

— Tu l'avais oublié ?

— Non, puisque je viens de l'écrire en tête de cette lettre.

— Tu l'avais oublié pour moi, pour nous ; c'est afin d'être près de toi le 12 que je suis revenu par Queenstown.

— Je ne pouvais pas deviner ce changement à ce que vous m'aviez écrit dans votre dernière lettre.

— Ton cœur pouvait l'imaginer, c'eût été la première fois que je n'aurais pas fêté cet anniversaire.

— Vous me disiez que vos affaires vous retiendraient.

— Rien ne me retient quand il s'agit de toi ; j'ai hâté la conclusion de mes affaires, ce qui est toujours possible quand on le veut bien, je me suis embarqué sur un Cunard au lieu de prendre la *Champagne* et me voilà : nous sommes le 12, je suis près de toi.

Ces quelques mots s'étaient échangés rapidement, lui debout, elle assise devant son bureau, la main posée sur son papier, la plume entre les doigts ; attirant une chaise, il s'assit et développa la boîte qu'il tenait à la main.

— Qu'est-ce que c'est que cela ? demanda-t-elle.

— Un peu de patience.

C'était un écrin de maroquin vert, il l'ouvrit et le lui présenta :

— Tu vois que j'ai pensé à notre anniversaire.

Sur le fond de velours sombre se détachait une branche d'orchidée avec des diamants semés çà et là pour simuler de grosses gouttes de rosée tombées au hasard sur les fleurs.

— Quel enfantillage ! dit-elle.

— C'est un enfantillage !

— J'aurais dû dire quelle folie ; n'est-ce pas en effet le cadeau d'un amant pour sa maîtresse, plutôt que celui d'un mari à sa femme ?

— Et si au respect que j'ai pour ma femme se joint l'amour d'un amant pour sa maîtresse, ce double sentiment ne doit-il pas se retrouver dans le choix du bijou que je me donne le plaisir d'offrir à celle-ci en même temps qu'à celle-là.

Il lui prit les deux mains et les embrassa, allant de l'une à l'autre, tendrement.

Mais au lieu de s'abandonner à cette caresse, elle se dégagea, et d'un ton où il y avait de l'ironie :

— Les hommes de votre âge ont-ils des maîtresses? dit-elle.

— Il me semble qu'il n'y a qu'à regarder autour de nous pour obtenir une réponse de l'expérience.

— Vous croyez?

— Veux-tu que je cite des noms?

— En tout cas, j'ai atteint l'âge, moi, où une femme serait ridicule de s'imaginer qu'elle peut avoir un amant.

— Tu n'as jamais été plus jeune.

— J'ai quarante-quatre ans, vous le savez bien. Et vous, vous en avez cinquante-cinq, il ne faut pas l'oublier.

— Ne parlons pas de moi.

— Cependant, mon ami...

— Tu veux que j'en parle? soit. Après tout, peut-être vaut-il mieux aborder une situation qui, en se prolongeant, et surtout en s'affirmant si nettement un jour comme celui-ci, devient trop cruelle pour être supportée en silence.

— Comme vous dites cela !

— Comme cela doit être dit, franchement.

En effet, il y avait dans le ton de ces derniers mots une énergie qui contrastait avec la tendresse de sa voix et de ses regards lorsqu'il avait abordé sa femme : si ce n'était point de la révolte et de la colère, au moins était-ce une protestation.

— Cette lettre est-elle pressée ? demanda-t-il.

— J'écris à Victorien.

— Eh bien ! interromps-la, pour un moment, si tu veux, et causons.

III

Il se leva et, l'emmenant loin du bureau, il la fit asseoir près de lui sur un divan de façon à la tenir sous son regard.

— Il est certain, dit-il; qu'au lieu de cette explication qui s'impose, j'aurais mieux aimé un accueil comme tu m'en faisais autrefois lorsque, après une absence de quelques jours, je revenais près de toi : un élan de tendresse, un sourire de joie, un baiser. Et même, à dire vrai, c'est cet accueil que j'imaginais qui a rendu les heures du voyage plus courtes pour moi que pour les autres, par cela seul qu'elles étaient remplies de ta pensée. Tu sais ce qu'est généralement cette traversée de l'Atlantique pour les bons estomacs : une grosse mangeaille et une grosse beuverie. N'ayant de goût ni pour l'une ni l'autre, je devais rester assez isolé, n'ayant pour me distraire que le souci de calculer notre vitesse et de tâcher de savoir si j'arriverais aujourd'hui. C'était, tu le comprends, le plus mauvais moyen pour abréger le temps. Je voulus lire, et le hasard m'ayant mis aux mains un volume de La Fontaine, je tombai sur quelques vers qui firent ce miracle, que les cinq jours qui me restaient à passer furent un rêve. Machinalement je me les répétai du matin au soir en suivant des yeux, sur la mer calme, la grosse vague que soulevait notre paquebot de son avant fin, et ils devinrent une sorte de refrain qui emplit mes journées. Les voici :

> Ni le temps ni l'hymen n'éteignirent leur flamme,
> L'amitié modéra leurs feux sans les détruire,
> Et par des traits d'amour sut encor se produire.

Ce sont eux qui m'ont fait espérer l'accueil dont je te parlais, si différent de celui que je viens de rencontrer.

— Mais qu'a-t-il donc cet accueil qui ne soit en rapport avec notre situation réciproque ?

— Ce n'est pas sérieusement que tu me le demandes.

— Très sérieusement ; je vous assure qu'en présence de votre contrariété je ne pense nullement à plaisanter.

— Ressemble-t-il à celui que tu me faisais il y a vingt ans ?

— Ah ! vingt ans.

— Eh bien ! quoi, vingt ans ? Peux-tu me montrer en quoi nous sommes autres aujourd'hui que nous n'étions il y a vingt ans ?

— Nous avons vingt ans de plus.

— Et justement, ces vingt années passées dans une étroite communauté de sentiments, unis de cœur et d'esprit, vivant l'un pour l'autre, font que je t'aime aujourd'hui plus que je ne t'aimais il y a vingt ans, puisque je te connais mieux. Lorsque nous nous sommes vus pour la première fois, j'ai été pris par ta beauté, mais que valais-tu ? que serais-tu ? Je n'en savais rien, et les réponses à ces questions n'entraient pour rien dans mon amour : je t'aimais parce que je t'aimais, dominé par une force irrésistible, et tu pouvais tout aussi bien te révéler légère, dissipée, sans cœur, sans intelligence, sans tendresse, qu'être la femme que tu as été. A mesure que tes qualités se sont fait connaître, mon amour s'est accru et précisé, sans que la lassitude ou la satiété se produisît, n'étant pas de ceux qui s'éprennent de toutes les femmes et les poursuivent de leurs désirs provoqués bien plus par le sexe que par la personne même, comme toi tu n'étais pas de celles qui pour leur distraction ou leur vanité ont besoin des hommages de tous les hommes qui les approchent. Après dix ans, après vingt ans de ménage, je t'ai donc aimée comme à la première heure, aussi irrésistiblement, mais en plus je t'ai aimée, je t'aime en sachant pourquoi, parce que chaque année qui s'est écoulée m'a appris à te connaître et a ajouté un souvenir à mes souvenirs. Et comme pendant ces dix ans, ces vingt ans, j'ai eu le bonheur de trouver en toi un amour égal au mien, je me demande pourquoi il n'est plus aujourd'hui ce qu'il a été, et me plains que ce changement de tendresse se traduise aujourd'hui dans cet accueil si différent de ceux d'autrefois.

— Je devais vous sauter au cou ?

— Et pourquoi non ? Ne m'y sautais-tu pas autrefois lorsqu'une absence de quelques jours nous séparait, et tendrement, aussi heureuse de me revoir que j'étais heureux moi-même, avec autant d'expansion dans ton élan qu'il y en avait dans le mien ?

— Mais, mon ami, l'élan et l'expansion ne sont plus de notre âge.

— Une femme telle que toi ne parle pas de son âge.

En face du divan sur lequel ils étaient assis, se trouvait une grande psyché dans laquelle ils pouvaient se voir de la tête aux pieds.

— Regarde-toi dans cette glace et dis si la réalité ne dément pas tes paroles. Avant trente ans, avais-tu ces bras ronds, cette main blanche frappée de fossettes, ces épaules dont l'embonpoint a affiné la peau ?

— Je n'avais pas de cheveux gris.

— Mais tu n'avais pas cette noblesse de physionomie, ce calme, cette sérénité qui donne tant de caractère à ta beauté.

Si l'éloge de ce mari amoureux dépassait la juste mesure, il n'en était pas moins vrai que les années semblaient avoir glissé sur cette femme de quarante ans, dont la noble tête était d'une pureté de contours digne d'un beau marbre, point de rides sur le front, point de plis autour des paupières, et si quelques fils gris rayaient sa chevelure d'un noir lustré, il fallait les chercher avant de les apercevoir, bien qu'elle n'eût recours à aucun artifice de coiffure pour les cacher. Mais si elle avait la correction d'un marbre, elle en avait aussi la froideur : point de sourires dans ses yeux calmes, point d'autre expression sur son visage correct que celle de la placidité.

— Ne parle pas de ton âge, reprit-il, et ne parle pas non plus du mien, car si je ne peux pas supporter le même examen, n'ayant jamais eu d'ailleurs aucunes prétentions à la beauté, je soutiens qu'un homme de cinquante ans, et même de cinquante-cinq ٠ tu exiges la précision ; qui a entretenu tous les rouages de son organisme en bon état par un fonctionnement régulier, ceux de l'intelligence comme ceux du corps ; qui a évité les déformations par les excès, ceux de la vie intellectuelle comme ceux de la vie matérielle ; qui ne s'est pas plus usé que rouillé ou encrassé ; qui n'est devenu ni un cérébral, ni un névrosé, ni un porc à l'engrais comme tant de bourgeois enrichis chez qui l'activité ne persiste plus que dans le ventre, source pour eux de toutes les jouissances ; — je soutiens que cet homme n'est point un vieillard, et qu'il a le droit d'avoir et de montrer des sentiments qui ne soient pas ceux des vieillards. C'est pourquoi je ne crois pas être ridicule en t'aimant aujourd'hui comme je t'aimais hier, comme je t'aimais il y a cinq ans, il y a dix ans, puisque je suis ce que j'étais.

— J'aurais mille choses à répondre, bien des points à contester, je n'en veux relever qu'un, qui est que la femme ne vieillit pas de la même manière que l'homme.

— Mais justement je n'admets pas la vieillesse

chez toi, et ce mot serait tout à fait ridicule si on pensait à te l'appliquer. Pour ce qui est de ta personne, cette glace répond de telle sorte qu'il n'y a pas de contestation possible. Pour ce qui est de ton état moral, il est démontré chaque jour que tu as la même chaleur de cœur, la même tendresse, la même délicatesse, la même générosité, le même dévouement que tu avais à vingt-cinq ans, et qu'aucune de ces qualités qui appartiennent généralement à la jeunesse n'ont été remplacées par l'indifférence, la dureté, la sécheresse et l'égoïsme qui trop souvent aussi nous envahissent avec la vieillesse. Je ne te laisserai donc pas dire que si l'accord qui existait autrefois entre nous n'est plus le même, c'est parce que tu as vieilli; ce qui est vrai c'est que tu as changé, et c'est là ce qui me peine; c'est de cela que je me plains; c'est que ces qualités qui sont toujours en toi, plus complètes, plus parfaites peut-être, tu ne les emploies plus de la même façon qu'il y a dix ans, ni au profit de la même personne.

— Ah! nous y voilà.

— Parfaitement. Aussi bien puisque nous sommes sur ce point, retenons-le et coulons-le à fond; il y a trop longtemps qu'il surgit à chaque instant entre nous pour que nous ne l'abordions pas franchement. Me plaindre de ta passion pour Victorien, je n'en ai point la pensée; père jaloux de son fils, je ne suis pas de ceux-là; mais encore faut-il que la tendresse se partage entre le père et le fils, et qu'elle ne se retire pas de l'un pour se donner à l'autre. Tant que ce partage a été à peu près égal entre nous, c'était bien, et si quelquefois j'ai eu à regretter que tu te sois laissé entraîner à des faiblesses qui, pour Victorien, ont eu des conséquences graves, c'était le père qui en souffrait plus que le mari. Mais, quand en ces dernières années ta maternité s'est peu à peu exaltée au point de se faire exclusive : quand je me suis aperçu que la mère se substituait à la femme qui disparaissait; quand j'ai senti qu'une partie de toi-même mourait et qu'une autre prenait sa place, je me suis inquiété de ces changements inexplicables en ce sens que je n'avais rien fait pour les provoquer et les justifier. Si vivement que j'en aie souffert, je ne m'en suis jamais plaint, et même je me suis toujours efforcé de cacher ce que j'éprouvais afin de ne pas provoquer des discussions que je jugeais inutiles, m'imaginant que tu ne pouvais pas répudier vingt années de bonheur, et que de toi-même tu reviendrais aux sentiments qui ont été ceux de toute ta vie. C'est avec cette arrière-pensée que je suis parti pour l'Amérique, convaincu qu'une absence de deux mois ne pouvait être que bonne pour nous dans les conditions où nous nous trouvions vis-à-vis l'un de l'autre. J'avoue que j'ai longtemps balancé et qu'il m'a fallu un effort réel pour ne pas préférer à New-York Contrexéville où l'on voulait m'envoyer et où nous aurions vécu dans l'intimité du tête-à-tête pendant trois semaines. Mais je me suis dit que la séparation te mettrait d'autres idées dans l'esprit, d'autres sentiments dans le cœur; que tu réfléchirais; que tu reviendrais en arrière; enfin qu'à mon retour je te retrouverais telle que je te voulais, telle que pendant vingt années je t'ai vue.

Il fit une pause, la regardant longuement avec des yeux troublés par une émotion profonde, puis il reprit :

— Ma déception est cruelle de reconnaître que je me suis trompé.

— A ce discours je ne ferai qu'une réponse, dit-elle après un moment de silence, c'est que si vous pouvez vous plaindre de la femme, et justement, je le reconnais, vous ne pouvez pas adresser de reproches à votre femme qui est heureuse, très heureuse de votre retour ; si elle ne vous a pas montré l'élan que vous attendiez d'elle, croyez-la quand elle vous affirme sa satisfaction et ne doutez pas de sa sincérité.

— Je n'en ai jamais douté, et ce dont je me plains, c'est qu'au lieu de me montrer cette satisfaction, tu sois obligée de me la dire.

— Il faut bien que je la dise puisque vous ne voulez pas la voir. En tout cas votre plainte passe au-dessus de moi, et c'est injustice de votre part de me faire responsable d'un état auquel je ne peux rien. Sans doute vos illusions à mon égard sont touchantes, mais enfin ce sont des illusions, et si l'apparence, ou plutôt le souvenir, vous fait croire que je suis toujours la femme que j'étais il y a plusieurs années, je sens, moi, que je ne la suis plus, et ce serait vous tromper, ce serait manquer à la sincérité que vous dire le contraire. Au lieu de vous en prendre à moi, prenez-vous-en à la nature contre laquelle nous ne pouvons rien, et ne faites pas Victorien responsable de ce dont il est pleinement innocent. Jaloux de votre fils, sérieusement vous ne pouvez pas l'être. Quand même vos reproches seraient fondés, ce que je ne vous accorde pas, est-ce que le rôle de la femme n'est pas avant tout d'être mère ?

— Avant tout !

— Voyez la femelle avec ses petits, ne vit-elle pas entièrement pour eux.

— Tant qu'ils sont petits.

— Tant qu'ils ont besoin d'elle, et Victorien a besoin de moi.

— C'est un petit à vingt-cinq ans ?

— Au moins comme un petit a-t-il besoin de tendresse, et d'autant plus avidement de la mienne qu'il a perdu la vôtre.

— Je n'aime pas mon fils !

— Vous l'aimez à votre manière. Quand il a eu le tort de ne pas suivre la direction que vous vouliez lui voir prendre et qui eût été la meilleure, puisque votre père et vous-même la lui aviez tracée, cela vous a peiné d'abord, fâché, exaspéré ensuite et vous vous êtes éloigné de lui. C'est alors que je m'en suis rapprochée et d'autant plus près qu'il avait besoin de moi. D'ailleurs, moi-même, de mon côté, n'avais-je pas besoin de lui : qu'est la femme vieillie sans la maternité ?

A ce moment, une cloche sonna.

— Voici le déjeuner, dit madame Combarrieu en s'interrompant, je n'ai que le temps de m'habiller à la hâte ; appelez, je vous prie, pour commander qu'on mette votre couvert.

— C'est un soin qu'Antonine, que j'ai rencontrée, aura pris.

IV

Ce n'était pas seulement au couvert qu'Antonine avait pensé, c'était aussi au menu, modifié de façon à ce que son oncle eût le plaisir de trouver sur sa table ce qu'il aimait : un melon de son potager, des œufs de sa basse-cour, du beurre, du fromage à la crème de sa laiterie, les plus beaux fruits, pêches, prunes, raisins du jardin et des serres.

Il fut sensible à cette attention et l'en remercia :
— Tu me fêtes, dit-il,

Mais il n'appuya point, car il sentit que ce mot qui lui avait échappé pouvait être pris pour un reproche par celle qui ne le fêtait point.

Comme il l'avait dit à sa femme, il n'était pas de ces bourgeois qui ne vivent plus que par le ventre, aussi dans l'intimité, les repas chez lui étaient-ils courts : il ne mangeait point pour le plaisir de manger, mais seulement pour alimenter d'eau et de combustible sa machine, et encore était-ce avec une extrême modération : « Ne soyez pas surpris que je mange peu, disait-il à ceux qui s'en étonnaient, j'utilise bien. » Le menu d'Antonine ne le retint donc pas à table plus longtemps ce matin-là que les autres jours.

Pour ne pas s'exposer à lâcher quelque nouvelle allusion qui pourrait blesser sa femme, il s'appliqua à ne parler que de travail.

— Tes machines pourront-elles marcher régulièrement aujourd'hui? demanda-t-il à Darlot.

— En essai, oui; régulièrement, non ; comme nous ne vous attendions qu'après-demain je croyais avoir jusque-là.

— Je ne t'adresse pas de reproche, j'exprime un regret. J'aurais aimé que ces essais qui peuvent avoir des conséquences intéressantes à plus d'un point de vue, fussent inscrits à la date d'aujourd'hui.

Se tournant vers sa femme :

— Tu sais que j'ai cette superstition des dates qui fait que je n'entreprends rien le 17 février, jour de la mort de mon père, et que je voudrais remettre toutes les grandes affaires au 12 septembre, jour de notre mariage.

Lorsqu'on se leva de table, il lui demanda si elle les accompagnerait au barrage, mais elle n'accepta point.

— Puisque ce n'est pas aujourd'hui un essai définitif, j'aimerais mieux rester pour achever la lettre que j'ai interrompue.

Il n'insista pas, bien que manifestement cette réponse le contrariât.

— Et toi, petite? dit-il à sa nièce.

— Avec plaisir ; très contente que vous vouliez bien de moi.

Il avait pris des noisettes, qu'il porta au perroquet, puis, après avoir sifflé les chiens, ils partirent tous les trois, et alors madame Combarrieu remonta chez elle pour reprendre la lettre à Victorien, qui devait être longue, car lorsqu'elle écrivait à son fils, elle ne pouvait s'arrêter ni finir, ayant toujours quelque recommandation, quelque parole de tendresse à ajouter.

Lorsqu'enfin elle fut arrivée au bout, elle pensa au refus qu'elle avait opposé à son mari et le regretta : l'impression produite sur lui par ce refus ne lui avait point échappé, et maintenant que le fils et le père n'étaient plus en balance, elle aurait voulu donner à celui-ci une satisfaction qui ne devait rien coûter à celui-là.

— Pourquoi ne le rejoindrait-elle pas et ne lui ferait-elle pas la surprise de ce plaisir ?

Elle se coiffa d'un chapeau de jardin à larges bords, prit une ombrelle et partit.

Après être sortie du parc, elle allait tourner par le chemin qui, à travers champs, descend au barrage, lorsqu'elle aperçut sur la route une voiture qui venait grand train et elle s'arrêta pour voir si ce n'était pas une visite qui lui arrivait. De loin, elle ne pouvait pas distinguer les traits de la personne qui se trouvait dans cette voiture découverte, mais à la tournure, il semblait que ce fût Victorien, sa haute stature et son attitude habituelle qui lui faisait pencher la tête sur l'épaule gauche : elle leva son ombrelle à bout de bras ; il répondit d'un mouvement de main.

C'était lui. Comment arrivait-il, sans avoir télégraphié pour qu'on allât le chercher à la gare? Savait-il le retour de son père ?

Elle n'eut pas le temps d'examiner ces questions : la voiture s'était rapprochée, il descendit et vint vivement à sa mère, qu'il embrassa à plusieurs reprises.

— Qu'as-tu? demanda-t-elle, surprise de cette effusion à laquelle il ne s'abandonnait pas habituellement, tu n'es pas souffrant?

— Il faut que tu me tires d'embarras.

— Un embarras d'argent?

— Oui.

Elle respira.

— Il est assez gros, dit-il en appuyant de façon à la préparer.

— Combien?

— Pas au-dessus de ce que tu peux, heureusement.

— Mais encore?

— Cinq mille louis.

— Où veux-tu que je prenne cent mille francs ?

— Il me les faut aujourd'hui.

— Je n'ai pas cette somme.

— Me la donnerais-tu si tu l'avais ?

— Ce que j'ai t'appartient.

— Alors rien n'est plus facile. Avant de partir, mon père t'a fait une procuration générale qui, entre autres pouvoirs, te donne celui de tirer des chèques, signe m'en un de cent mille francs...

— Ton père est revenu.

— L'animal !

— Victorien !

— Faut-il donc que je le trouve toujours devant moi...

— C'est ton père.

— Pour mon malheur.

Il avait abandonné le bras de sa mère, elle put l'examiner : son teint, habituellement mat, était blême; ses lèvres pâles étaient décolorées et convulsées par des petits frémissements qui découvraient ses dents d'une blancheur de porcelaine ; ses yeux bleu-clair brillaient d'un éclat métallique dans ses paupières rougies.

— T'a-t-il redemandé le cahier de chèques? dit-il tout à coup.

— Non.

— Nous sommes sauvés.

Il se retourna vers le cocher et lui commanda de s'arrêter, alors, revenant à sa mère :

— Où est-il ? demanda-t-il.

— Au barrage avec Louis et Antonine.

— Doit-il bientôt rentrer ?

— Je ne crois pas; ils essaient les nouvelles machines.

— Nous avons donc du temps devant nous, et c'est l'essentiel. Ne le perdons pas. Allons tout de suite au château, et remplis un chèque que tu dates.. d'avant-hier.

— C'est impossible!

— Pourquoi? Soyons pratiques, n'est-ce pas? et point de phrases inutiles. La situation est nette ; si demain je ne paie pas ces cinq mille louis que j'ai perdus, je suis affiché, et d'autant plus ignominieusement déshonoré que personne n'admettra que je n'ai pas payé par impossibilité; ce sera ma bonne foi qu'on accusera; tu vois la situation. Veux-tu que cela soit? Non, sûrement. Alors il faut payer et, comme il n'y a pas d'autre moyen que ce chèque antidaté, nous sommes bien obligés de le prendre, si désagréable qu'il te paraisse. Va le faire.

Elle était éperdue sous cette parole pressée qui ne lui laissait pas le temps de se reconnaître et de résister; cependant, elle ne se rendit pas comme il l'espérait.

— Pourquoi ne pas demander cette somme à ton père ?

— Parce qu'il ne m'écouterait pas : au premier mot j'aurais la bouche fermée; est-ce qu'il écoute quand la colère l'emporte?

— Tu n'aurais pas à parler ; je la demanderais moi-même.

— Pour toi il l'accorderait, si tu pouvais lui prouver que tu en as réellement besoin; pour moi il la refuserait, si désespérée que fût ma situation. Peux-tu la demander pour toi sous un prétexte suffisant? toute la question est là.

— J'ai bien le droit de demander à mon mari cent mille francs pour les employer comme je l'entends ; notre fortune est commune.

— Voilà le mot juste et tu le dis toi-même sans

que je te le suggère. C'est pourquoi tu ne peux pas hésiter à prendre ces cent mille francs dans une caisse qui en réalité est la tienne, car il est trop certain, connaissant mon père comme nous le connaissons, qu'il ne te les donnera pas sans explication. Au premier mot il devinera que c'est pour moi ; au deuxième la preuve sera faite ; au troisième il refusera. Pour une fantaisie, rien que pour le plaisir de te faire plaisir, il serait heureux de mettre ces cent mille francs à ta disposition, et même beaucoup plus si tu le voulais ; pour me venir en aide, me sauver du déshonneur il me refuserait cent louis. Alors il arriverait ceci, si nous suivions cette marche, c'est qu'ayant perdu du temps dans des négociations qui finalement aboutiraient à une querelle entre nous et à une rupture déclarée, nous ne pourrions plus recourir au chèque.

Elle sentait trop fortement la justesse de ces objections pour les combattre ; comme elle se taisait, cherchant sans le trouver un moyen de résistance, il poursuivit :

— Admettons un moment qu'au lieu de venir aujourd'hui je sois venu hier, alors que tu n'avais conseil à prendre que de toi-même, m'aurais-tu refusé ce chèque ? Non, bien certainement. Donc tu ne peux davantage me le refuser aujourd'hui, puisque nous prenons la précaution de le dater d'avant-hier.

— Mais tu n'es pas venu ici avant-hier.

— L'as-tu dit à mon père ?

— Je ne crois pas.

— Il l'ignore donc comme il ignorera que je suis venu aujourd'hui, car au lieu de t'accompagner, je n'entrerai décidément pas au château et t'attendrai ici, où tu me rejoindras quand tu auras le chèque.

De la main il montrait un petit bouquet de bois, formant taillis à une courte distance de la grille du parc.

— Tu te cacherais?

— Ne t'arrête pas à des enfantillages de mots. Mon père, tout à ses machines, ne quittera pas le barrage ou la ferme avant le dîner, et il ne pourra soupçonner que je suis venu. Ce ne sera que quand tu lui rendras tes comptes que tu lui parleras du chèque. Rien de plus simple, tu le vois.

Evidemment elle ne voyait pas cette simplicité comme lui, car elle restait hésitante, partagée entre des résolutions contraires; alors il lui prit la main, et la caressant, il embrassa le bras au-dessus du gant :

— Allons, petite maman, un bon mouvement, celui d'une mère qui aime son fils.

Elle l'enveloppa d'un regard passionné.

— L'aimes-tu ?

— Quel chagrin tu me causes ! s'écria-t-elle d'une voix toute frémissante de tendresse.

Mais ce cri d'une résistance qu'il croyait avoir réduite aux abois, au lieu de l'émouvoir, le fâcha :

— A la fin, tu m'exaspères; le temps presse.

— Comme tu me parles !

— Oui ou non, veux-tu me venir en aide? Les discours ne servent à rien. Tu es pour moi ou contre moi ; avec le père ou le fils ; voici le moment de me montrer de quel côté te porte ton cœur.

Ils étaient arrivés au taillis qu'il lui avait désigné de la main ; elle jeta des regards inquiets dans la plaine et ne vit personne, ni sur la route poudreuse, ni dans le chemin herbu :

— Entre là, dit-elle, et attends.

Elle s'éloigna à pas pressés, il la rappela :

— N'oublie pas, avant-hier, le 10.

V

Quand elle eut franchi la grille du parc, il entra dans le taillis et s'assit à l'ombre d'un petit bouquet d'ormes ; à la vérité il n'était pas très bien caché, le bois n'offrant pas de fourrés épais, mais enfin il ne se trouvait pas sur la route, exposé aux regards, et la place qu'il avait choisie présentait cet avantage de dominer jusqu'à une assez grande distance le chemin par où son père devait revenir — s'il revenait avant le soir.

Pour passer son temps, il tira de la poche de son veston une petite boîte à tabac en or, roula une cigarette et se mit à fumer tranquillement, car si la lutte avait été vive, il n'avait pas à s'inquiéter maintenant : sa mère allait revenir avec le chèque.

Comme il regardait les spirales de sa fumée monter dans l'air calme, deux points noirs surgirent au bout du chemin à l'endroit où la plaine plate descend dans la vallée : l'idée qui se présenta à son esprit avant qu'il eût pu reconnaître ceux qui arrivaient, fut que c'était son père et Darlot; brusquement sous le coup de l'émotion, il se leva et se haussa sur la pointe des pieds.

Mais ses craintes s'étaient trop hâtées d'admettre le pire : c'était simplement deux ouvriers de la ferme qui rentraient à leur ouvrage; alors il reprit sa place, se contentant de tourner le dos au chemin, de façon à ce qu'ils ne le reconnussent point quand ils passeraient près de lui. D'ailleurs, alors même qu'ils le reconnaîtraient, l'affaire serait sans conséquence pour lui : si plus tard on découvrait qu'il était venu à La Chevrolière ce jour-là et non l'avant-veille, que lui importait? Son père et sa mère s'arrangeraient comme ils le voudraient; comme ce serait en dehors de lui, il n'aurait pas à en prendre souci.

Sa mère n'exaspéra pas son attente; bientôt il la vit revenir du même pas qu'elle était partie.

— Le chèque? dit-il quand elle l'eut rejoint.

— Je l'ai.

— Donne.

Mais elle n'avança point la main vers celle qu'il lui tendait.

— En chemin j'ai réfléchi, dit-elle, ce que tu veux est mal; il est mal à toi de le demander, mal à moi de le faire.

Il eut un geste d'emportement.

— Alors, nous allons recommencer ?

— Si j'ai signé ce chèque, c'est que je suis décidée à te le remettre à la dernière extrémité ; mais il ne m'est pas démontré qu'il n'y a pas d'autre moyen pour te tirer d'embarras.

— Il n'y en a pas.

— Pourquoi ne chercherais-tu pas à emprunter ces cent mille francs ?

— J'ai cherché, je n'ai pas trouvé.

— Je ne dis pas à longue échéance, mais pour quelques jours.

— Pas plus pour quelques jours que pour quelques mois.

— Tu en es là ?

— Si je n'en étais pas là, je ne t'imposerais pas ce sacrifice qui te coûte tant.

— Ainsi, la fortune de ta tante est dissipée ? De ces deux millions qu'elle était si heureuse de te faire hériter, il ne te reste pas cent mille francs ?

— Ce n'est pas ça du tout. Cette fortune n'est pas dissipée comme tu l'imagines, je ne suis pas assez bête pour ça, elle est doublée, triplée peut-être ; mais, engagée dans des affaires à terme, elle ne me permet pas d'emprunter cent mille francs à d'autres qu'à des amis, sans compromettre mon crédit. C'est même parce que j'avais besoin d'affermir ce crédit que j'ai joué en homme pour qui cinq mille louis ne sont rien. Tu vois que tu peux te rassurer. Donne le chèque.

— Si tu savais comme je suis tourmentée, dit-elle sans répondre à cette demande réitérée pour la seconde fois, de te savoir engagé dans des affaires de spéculation! Avec la fortune dont tu as eu la jouissance dès tes dix-huit ans, ne pouvais-tu pas vivre heureux et tranquille, en attendant celle que nous te laisserons un jour?

— Ce n'est pas quand on compte sur des millions qu'on se contente de cent mille francs de rente à vingt ans. La belle figure, vraiment que j'aurais faite dans le monde, si j'avais dû me contenter de ces cent mille francs! Comme je savais que je n'avais rien à attendre de mon père, j'ai dû demander aux affaires ce que vous m'auriez refusé. Je n'aurais pas été de mon temps si je n'en avais pas essayé; et tu sais vingtième siècle plus que dix-neuvième.

— Si tu aimais les affaires, n'aurais-tu pas mieux fait de travailler avec ton père comme il le désirait?

— S'il m'avait associé, oui; mais autoritaire comme il l'est, jaloux de son pouvoir, il ne le partagera jamais avec personne. J'aurais été son employé comme Louis, et certes, il m'aurait moins bien traité que Louis, par cela seul que je suis son fils, et aussi parce que son humeur n'est ni à la douceur, ni à la justice envers moi.

— Cette sévérité se serait adoucie si tu lui avais donné des satisfactions.

— Je ne lui en aurais pas donné, car rien de ce que je fais n'est pour lui plaire. Et cependant, j'aurais pu lui rendre des services, quand ce n'eût été que de ne pas le laisser s'infatuer de ses idées et s'isoler chaque jour davantage dans son infaillibilité qui menace de nous coûter cher. Car enfin l'illusion n'est pas possible, la maison fiche le camp, et uniquement par sa faute, parce qu'il ne veut écouter personne, n'en fait qu'à sa tête, ne voit que par ses yeux qui ont terriblement baissé.

— Je t'assure que tu le juges mal.

— Ce n'est pas moi, ce sont les faits. Est-ce que depuis quatre ans les bénéfices n'ont pas baissé d'année en année ?

— Les maisons rivales ont-elles eu des moyennes meilleures que les nôtres ? Comme tout le monde, nous subissons la crise. Demande à ses concurrents ce qu'ils pensent de lui. Ne vient-on pas de le nommer commandeur de la Légion d'honneur ?

— Si nous parlons des langues différentes, ce n'est pas la peine de continuer. Je te dis que la maison fiche le camp, et les inventaires le prouvent ; ce n'est pas avec des décorations plus ou moins méritées qu'on la calera : c'est avec des commandes.

— Il en a d'importantes pour l'Etat.

— De même ce n'est pas en immobilisant ses ressources dans des comptes débiteurs douteux et des comptes d'avances pour des études qui ne peuvent pas donner des résultat pratiques immédiats. Est-ce que ce n'est pas de la folie, ses expériences d'électricité ?

— Louis est enthousiasmé.

— Je crois bien, c'est lui qui a fourré mon père là-dedans ! Si leur machine génératrice est pratique je les attends au fonctionnement régulier de la réceptrice. Tout cela est de l'argent gaspillé pour rien, pour la curiosité, la gloriole. Et son obstination à maintenir les ateliers aux Batignolles, est-ce que ce n'est pas de la folie aussi? Pourquoi ne pas profiter de la grosse valeur acquise par le terrain pour le vendre? Pourquoi ne pas concentrer la fabrication à Quévilly où la main-d'œuvre serait moins chère et où d'autres économies importantes se feraient toutes seules ?

— Il n'est arrêté que par l'intérêt des ouvriers qu'il mettrait sur le pavé ; ce serait la ruine du quartier : et il aime ce quartier où il est né.

— Un chef de maison dans sa position écoute ses intérêts, non ceux des autres. S'il fait de la sentimentalité, il ne fait pas ses affaires, ce qui est le cas. Au reste, ce n'est pas seulement dans les choses importantes que son détraquement s'affirme chaque jour plus fort, c'est aussi dans les moindres. Est-ce que sa manie de l'ordre, poussée au point où elle est arrivée, n'indique pas une aberration de l'intelligence ? Et sa règle de ne rien entreprendre certains jours, n'est-ce pas une faiblesse d'esprit ? Et sa susceptibilité qui s'exaspère pour un rien, qu'est-ce que c'est ? Et sa tendresse passionnée pour les bêtes qui lui fait emplir la maison de chiens trouvés, qu'est-ce aussi ?

— Que veux-tu dire ?

— Que s'il n'est pas fou il est au moins sur la frontière de la folie, et qu'il ne lui reste que quelques pas pour la franchir.

— Peux-tu parler ainsi !

— A quoi sert de se cacher la vérité

— Ce n'est pas la vérité.

— Tu verras.

— Mais si telles sont tes craintes, comment n'entres-tu pas à la maison pour y prendre une part de direction ?

— J'y suis tout disposé, à condition qu'il me cède cette part, et aussi qu'il n'exige pas que j'épouse Antonine, dont je ne veux pas.

— Tu ne veux pas ?

— Tous les observations ne serviraient à rien. Ma résolution est arrêtée, et je suis bien aise que cette occasion se présente de te la faire connaître. Si je n'en ai pas nettement parlé jusqu'à présent, c'est pour éviter des querelles avec mon père ; mais Antonine arrive à sa majorité, c'est-à-dire à la date que mon père a fixée pour son mariage, et je ne peux pas rester plus longtemps dans le vague.

— Tu ne l'aimes plus ?

— Je ne l'ai jamais aimée, crois-le bien. Je l'ai trouvée fraîche, agréable, cela est vrai, quand elle avait le charme de la première jeunesse, mais de là à aimer il y a tout un monde ; d'ailleurs, je n'aimerai jamais que les femmes qui viendront à moi les premières, ce qui n'est pas le cas d'Antonine. En tous cas, l'eussé-je aimée, que je ne l'aurais certainement pas épousée. Est-ce que tu m'as jamais cru assez naïf pour prendre une femme qui n'a pas d'autre fortune que celle que mon père lui donne, c'est-à-dire la mienne ? Parce que Antonine est la fille d'un frère qui l'a aidé à ses débuts, mon père s'imagine avoir de grandes obligations envers elle, et, pour les payer, il ne trouve rien de mieux que de me l'imposer pour femme. Ne serais-je pas le dernier des imbéciles si je me laissais faire ? L'amour est une denrée comme une autre, n'est-ce pas ? qui s'achète et se paye ; avec quoi Antonine paierait-elle celui que je lui offrirais ? Ce serait donc à moi de payer celui qu'elle me servirait, ce qui serait une duperie ; les hommes forts ne paient rien. Qu'on la dote, je ne m'y oppose pas, pourvu que ce soit modestement, mais l'épouser, jamais de la vie !

— La pauvre enfant !

— Ne la plains pas, je fais son bonheur, car je crois qu'elle pense plus à Darlot qu'à moi, et de son côté, Darlot doit l'aimer ou je me tromperais fort ; s'il a caché son amour, c'est qu'il croit qu'elle sera ma femme et qu'il n'oserait jamais entrer en rivalité avec le fils du patron.

— Dis son camarade.

— Si tu veux. Eh bien ! je serai encore meilleur camarade que lui : il s'abstient ; moi j'agirai en lui donnant la femme qu'il aime. Ce sera beau et de plus cela sera rémunérateur, puisque nous nous attacherons Louis par des liens qu'il ne pourra jamais dénouer... ceux de la reconnaissance qui, paraît-il, est d'une adresse incomparable pour faire les nœuds. Et j'ai dans l'idée que cette reconnaissance pourrait bien trouver des occasions de se manifester avant peu.

— Tu me fais peur avec tes combinaisons à longue portée.

— Vas-tu maintenant me reprocher de penser à

l'avenir ? N'est-ce pas mon droit, n'est-ce pas mon devoir, alors que toi tu te contentes de vivre tranquille dans le présent, sans t'inquiéter du lendemain ? Si je fais des combinaisons, et je crains bien que leur réalisation ne soit pas à longue échéance, c'est que je vois le moment où mon père ne pourra plus diriger notre maison ; sa tête partira tout à fait et il faudra bien que nous le remplacions.

— Mais tu te trompes, mon cher enfant ; si ton père a des manies, elles ne sont pas du tout ce que tu t'imagines.

— Je n'imagine rien ; mes paroles s'appuient toujours sur l'observation. Si mon père n'est pas fou depuis un certain temps déjà — et pour moi il n'est nullement prouvé qu'il ne le soit pas — il le deviendra ; c'est une affaire de quelques mois, de quelques jours peut-être. Dans telle circonstance que nous ne pouvons pas prévoir, sous le coup d'une contrariété violente ou d'une émotion, et tu sais s'il entre facilement en fureur, ou bien sans cause apparente, l'explosion aura lieu, et alors il faudra se rendre à l'évidence ; ce qui était mystérieux, inexplicable, sera éclairé et expliqué. Eh bien ! quand cela arrivera, il ne faut pas que nous laissions la maison s'effondrer, et avec elle une partie de notre fortune disparaître. Nous devrons, toi et moi, en prendre la direction. C'est alors que Darlot nous sera utile et que l'heure sonnera pour lui de me payer sa dette de reconnaissance. Je peux bien prendre la direction commerciale de la maison, et tu reconnaîtras à ce moment que l'expérience que j'ai acquise dans les affaires aura du bon, mais je me reconnais incompétent pour la direction industrielle qui sera admirablement placée entre les mains de Louis devenu mon cousin et notre obligé, ce qui nous affranchira du père Peyronie. Nous vois-tu, bonne petite mère, unis dans une vie étroite, en communauté parfaite d'idées et de volonté, sans qu'une femme plus ou moins jalouse de sa belle-mère soit entre nous, car tant que je t'aurai je ne me marierai pas. Le voilà, cet avenir dont tu t'inquiètes, les voilà ces combinaisons qui te font peur. Maintenant laisse-moi partir.

Il tendit la main, elle tira de sa poche le chèque plié et le lui remit.

— J'avais espéré, dit-elle, que tu m'aiderais à arranger les choses, et voilà que tu les rends plus difficiles encore.

Pendant qu'elle parlait, il avait déplié le chèque qu'il vérifiait.

— Qu'as-tu besoin qu'on t'aide, répondit-il, n'as-tu pas plus d'influence sur lui que qui que ce soit ? Avec l'amour et le respect qu'il a pour toi, tu le conduirais par le bout du nez si tu voulais t'en donner la peine ; pourquoi ne le veux-tu pas ?

Sortant du taillis, il se dirigeait rapidement vers sa voiture, et elle le suivait.

— Quand reviendras-tu ? demanda-t-elle.

— Peux pas savoir. Très pris en ce moment. Bientôt sans doute.

VI

Sur la route, elle le regarda monter en voiture, attendant qu'il se retournât pour lui adresser un dernier adieu, mais le mouvement de main qui eût été doux à sa tendresse ne vint pas, et la voiture disparut dans un tourbillon de poussière.

— Comme il est troublé ! se dit-elle.

Et elle se reprocha d'avoir augmenté ce trouble par ses observations et ses reproches. Elle avait été bien avisée, vraiment, de lui demander son aide, quand c'était lui au contraire qui avait si grand besoin qu'elle l'aidât. Certainement elle n'avait pas été assez tendre. Au lieu de le distraire de cette perte d'argent, elle lui avait fait sentir lourdement combien elle était grosse. N'était-il pas tout naturel que dans son agitation, son tourment et ses remords le pauvre enfant vît tout en noir ? De là ses paroles qui n'avaient d'autre importance que d'être la constatation d'un état moral douloureux. Et au lieu d'adoucir ce qu'il y avait d'aigu dans cet état, par de bonnes paroles, par des caresses, elle l'avait exaspéré par la contradiction.

En se dirigeant vers le barrage pour rejoindre son mari, elle se répétait :

— Le pauvre enfant !

Si elle regrettait que sur certains points il eût été trop loin, entraîné autant par un mécontentement longuement accumulé que par la fièvre de l'heure présente, elle devait reconnaître que sur d'autres ses griefs et ses plaintes n'étaient que trop fondés.

Est-ce que si on avait eu la sagesse, écoutant ce qu'elle demandait, de lui faire dans la maison la place qui lui appartenait par droit de naissance, il ne l'eût pas utilement occupée? Et alors il ne se fût pas jeté dans la vie de dissipation en même temps que de spéculation qui, en quelque sorte, s'était imposée à une nature ardente comme la sienne. Tandis que vouloir le maintenir au rang de simple employé, et, d'autre part, vouloir le forcer à ce mariage, c'était plus qu'il n'en pouvait supporter avec son indépendance et sa fierté natives.

C'était malgré elle que ce projet de mariage avait été formé; de toutes ses forces elle l'avait combattu, et pour que plus tard, elle l'acceptât, il avait fallu qu'elle crût qu'Antonine plaisait à Victorien. Mais puisqu'elle s'était trompée en prenant pour un sentiment sérieux ce qui n'était qu'un caprice, elle n'allait pas combattre un refus qu'au fond du cœur elle approuvait.

Gentille, Antonine, et même jolie avec sa fraîcheur de blonde, ses yeux profonds et doux, son sourire franc, sa physionomie riante, intelligente; aimable de caractère, droite, bonne, mais tout cela ne faisait pas qu'elle méritât d'être la femme de Victorien. Ce n'étaient là que les qualités moyennes d'une petite bourgeoise et non celles que Victorien

3.

pouvait exiger, — une fortune égale à la sienne, la naissance, qui le mît dans une grande famille, une beauté souveraine qui fît de son mariage une apothéose.

Quand ils avaient recueilli cette petite à l'âge de cinq ans, elle venait de perdre son père, et comme M. Combarrieu aimait tendrement ce frère aîné qui mourait pauvre, après avoir fait et défait à l'étranger trois ou quatre fortunes dans les affaires industrielles, il avait voulu adopter l'orpheline pour l'élever comme leur propre fille. En peu de temps, l'enfant s'était fait aimer de son oncle et de sa tante, et quand, plus tard, ses qualités s'étaient révélées, quand sa beauté s'était développée, gracieuse et charmante, il avait eu la pensée de la donner pour femme à Victorien. Ce pouvait être là une idée de père, mais non celle d'une mère orgueilleuse qui rêvait pour son fils les plus hautes destinées; aussi la mère l'avait-elle combattue. C'était à la longue seulement qu'elle avait cédé, en se disant, en se répétant que cette orpheline pauvre, touchée de ce qu'on faisait en sa faveur, serait pour Victorien une femme reconnaissante qui se donnerait toute à son mari et ne vivrait que pour lui. Qu'il fût heureux, le pauvre enfant, qu'il eût à ses côtés une femme vouée à son bonheur et qui fût pour lui épouse et mère à la fois, de façon à remplacer celle-ci plus tard, c'était là une considération qui, en fin de compte, devait l'emporter sur toutes les autres, et qui en effet avait triomphé : il épouserait Antonine, et si ce mariage ne réalisait pas les visées glorieuses et triomphantes qu'elle avait entrevues, au moins lui assurerait-il le dévouement et le culte d'une femme en adoration devant lui.

Mais puisqu'il venait de reconnaître qu'il ne l'aimait pas et ne l'avait même jamais aimée, toutes les anciennes objections reprenaient leur force, et ce ne serait certes pas à son mari qu'elle se joindrait pour aider à ce mariage, ce serait à son fils pour s'y opposer : la jeune fille de grande famille et de beauté souveraine redevenait possible, l'apothéose se dorait à nouveau de rayons éblouissants.

Quelle faible mère elle était, et comme elle avait mal défendu son fils ! Heureusement, avec son intelligence extraordinaire, son esprit subtil, hardi et sage à la fois, il n'était pas homme à se laisser surprendre et savait se défendre.

Réfléchissant ainsi, elle arriva au barrage sans avoir conscience du chemin parcouru ; mais elle n'y trouva pas son mari qui venait de partir avec Antonine et Louis pour la ferme, où les machines réceptrices devaient distribuer la force prise à la rivière ; alors, elle revint au château ; le temps tournait à l'orage, la chaleur était lourde. Par cette visite elle avait prouvé son bon vouloir; c'en était assez.

Ce fut seulement pour se mettre à table que M. Combarrieu rentra. Quand il apprit que sa femme avait été au barrage, il s'en montra très touché :

— Que n'es-tu venue à la ferme? dit-il ; tu aurais assisté au triomphe de Louis : cette installation lui fait grand honneur.

Pendant que son mari parlait, elle examinait sa

nièce et, à la joie contenue qui éclatait dans les yeux de celle-ci, elle se disait que Victorien avait sans aucun doute raison dans ses soupçons, — ce dont elle n'avait jamais douté d'ailleurs.

Antonine elle-même la confirma dans son sentiment :

— N'est-ce pas que vous viendrez demain, ma tante? dit-elle. C'est réellement merveilleux. Il y a particulièrement un treuil qui tourne sans qu'on aperçoive le moteur qui l'actionne, et tout dans la ferme se met en mouvement avec une facilité et une régularité miraculeuses. Il semble qu'on assiste à une féerie où un Génie lève sa baguette en disant : « Et maintenant que la fête commence. »

— Et le Génie, dit M. Combarrieu, c'est Louis ; positivement j'ai plaisir à lui réitérer mes compliments devant toi.

Non seulement il les réitéra, mais encore il les précisa : pendant tout le dîner, il ne fut question que du succès de Louis, d'autant plus beau que les difficultés à vaincre étaient plus grandes.

Antonine ne disait rien, mais son attitude parlait pour elle : autant que Darlot, et même beaucoup plus que lui, elle triomphait. Assurément ce n'était pas la seule mécanique qui lui mettait cette flamme dans les yeux et empourprait ses joues; elle aimait Louis, et ce sentiment devait être partagé.

C'était là une constatation des plus heureuses : dans la rupture du projet formé par son mari, elle les aurait tous deux pour alliés, et cet accord faciliterait sa tâche : Victorien n'aurait aucune responsabilité à porter aux yeux de son père qui ne pourrait pas l'obliger à épouser une fille dont le cœur n'était pas libre, pas plus qu'il ne pourrait lui demander compte de changements qui s'étaient accomplis en dehors de lui, et même contre lui.

Décidément les choses se présentaient mieux qu'elle n'avait espéré, et elle devait profiter de la tournure qu'elles prenaient pour avertir son mari : le mariage avec Antonine écarté préparerait favorablement la solution des autres difficultés dans lesquelles elle aurait à aider Victorien.

Quand, après la soirée passée dans le jardin en compagnie d'Antonine et de Darlot, ils montèrent à leur appartement, tout de suite elle aborda l'entretien.

— Rien ne vous a frappé dans l'attitude d'Antonine ? demanda-t-elle.

— Rien.

— Vous n'avez pas remarqué combien elle était heureuse des éloges que vous adressiez à Louis?

— C'est tout naturel.

— Alors vous pensez comme moi ?

— Qu'elle a de l'amitié pour Louis et qu'elle est heureuse de son succès ? Oui, sans doute.

— Rien que de l'amitié?

— Que veux-tu dire?

Elle ne répondit rien, jugeant que le mieux était de lui laisser le temps d'admettre l'idée qu'Antonine pouvait aimer Darlot, qui, au premier abord, le stupéfiait.

— Tout autre que toi me ferait cette observation,

reprit-il après un moment de réflexion, que je n'y attacherais pas d'importance, mais comme tu ne parles pas à la légère, je dois te demander sur quoi tu t'appuies pour croire à cette tendresse.

— Sur leur attitude réciproque qui n'a jamais été aussi significative qu'aujourd'hui au dîner et pendant la soirée.

— Alors ils s'aimeraient ?

— Je le crois.

— Comment Louis, qui connaît mes intentions, aurait pu s'éprendre d'Antonine, et Antonine, qui sait que je la destine à Victorien, aurait pu laisser naître dans son cœur un sentiment qui serait une révolte contre mon projet ?

— Sommes-nous maîtres de notre cœur ?

— Au moins sommes-nous maîtres de taire l'expression de nos sentiments quand ils sont en opposition avec notre conscience; et Louis comme Antonine, Antonine comme Louis auraient manqué à leurs devoirs envers nous en s'avouant des sentiments dont ils n'auraient pas été maîtres. Je ne puis pas croire cela d'eux.

— Je n'ai pas dit que cet aveu ait été fait.

— Tu parles de leur attitude.

— Je parle de ce que j'ai remarqué sans aller au delà. Cependant il est certain qu'alors même que ces sentiments ne se seraient pas franchement exprimés, il suffirait de leur existence pour que le mariage d'Antonine avec Victorien fût impossible. Vous ne feriez pas épouser à votre fils une femme qui aurait au fond du cœur, si bien caché qu'il fût, un amour pour un autre que pour son mari.

— Cet amour existe-t-il comme tu le supposes? La question est trop grave pour que nous hésitions à l'éclaircir. Demain j'interrogerai Antonine et Louis. Ma confiance en eux, en leur franchise et en leur loyauté est trop absolue pour que j'admette qu'ils puissent ne pas répondre sincèrement.

Elle aussi avait confiance en leur loyauté. Victorien était donc libéré de ce mariage, et le triomphe, pour elle, sans lutte avec son père.

La joie de cette victoire lui donna le courage de parler tout de suite du chèque.

— Puisqu'il est question de Victorien, reprit-elle, je dois vous dire que, pour le tirer d'un embarras très grave, j'ai dû lui venir en aide sans attendre, comme je l'aurais voulu, votre retour.

Si entortillée que fût cette phrase, elle était assez claire cependant pour laisser deviner un embarras d'argent.

— Tu n'avais à prendre conseil que de ta conscience, dit-il.

— Et aussi de ma tendresse pour mon fils, comme de l'honneur de notre nom. Dans un moment d'entraînement il avait perdu cinq mille louis...

— Cent mille francs !...

— Et comme vous n'étiez attendu qu'après-demain j'ai dû lui signer un chèque de cette somme.

Elle s'attendait à une explosion. Il garda au contraire le silence en tenant les yeux attachés sur elle avec une expression dont elle ne pénétrait pas le sens.

— Et tu as pensé, dit-il enfin, que je ratifierais cette dépense?

— J'ai pensé que ce qui était à vous était à moi, et que j'en pouvais disposer pour sauver mon fils.

Il marchait à travers la chambre, agité, nerveux; tout à coup il s'arrêta devant elle.

— Ce que tu as eu raison de penser surtout, c'est que je ne te démentirais jamais, et que toujours ce que tu ferais serait pour moi... bien fait.

Elle lui tendit les deux mains :

— Vous êtes le meilleur des hommes.

— Que ne puis-je agir toujours de façon à ce que tu n'en doutes pas!

VII

Le lendemain matin, levé de bonne heure selon sa coutume, M. Combarrieu fit prévenir Darlot de descendre au jardin où il l'attendait, et, après avoir allumé un cigare, il se promena devant la façade du château dans la brume matinale de la belle journée d'automne qui commençait, en réfléchissant à la façon dont il conduirait son interrogatoire.

Mais Darlot ne lui laissa pas le temps de se préparer ; presque aussitôt il parut au haut du perron qu'il descendit rapidement.

— C'est du démarrage de la réceptrice que vous voulez me parler, n'est-ce pas? dit-il ; j'y ai pensé toute la nuit ; nous le faciliterons, si vous le voulez bien, au moyen d'accumulateurs ; j'ai fait mes calculs, avec vingt-cinq nous assurerons une régularité parfaite.

— J'en suis certain, mais ce n'est pas pour t'entretenir de machines que je t'ai fait lever, c'est pour te parler de toi...

Darlot le regarda avec inquiétude.

— ... De ton avenir. Promenons-nous, et nous allons causer de cela tranquillement.

A petits pas ils prirent une large allée courbe qui faisait tout le tour du jardin.

— Tu sais, mon cher Louis, quelle amitié j'ai pour toi. Quand ton père mourut, pour m'acquitter envers lui des services qu'il nous avait rendus pendant plus de trente ans, fidèle, dévoué et pauvre, — je lui devais de ne pas abandonner son fils. Mais à ce moment, je ne savais ni ce que tu étais, ni ce que tu valais : excellent écolier, disait-on, intelligent travailleur, voilà tout. Je remplissais envers toi un devoir dans lequel l'affection n'entrait pour rien ; et il était impossible qu'il en fût autrement, puisque je te connaissais à peine. Mais plus tard, quand je t'ai vu camarade de collège de Victorien, aussi bon élève que brave garçon, appliqué au travail, à la tête de ta classe, aimé de tes maîtres comme de tes compagnons, je me suis pris pour toi d'une affec-

tion qui a grandi d'année en année, parce que d'année
en année tu la méritais mieux. Que de fois j'ai
regretté que tu ne fusses pas mon fils! Quand, en
sortant de l'école, tu es entré dans ma maison, j'ai
pu mieux t'apprécier encore, et à l'affection se sont
jointes l'estime et la confiance. Tu as senti cela,
n'est-ce pas? Je n'en parlerais donc pas si je ne
voulais que tu comprisses que je crois avoir le droit
de m'occuper de ton avenir. Je veux te marier.

Bien que Darlot trouvât extraordinaire ce long
discours dans la bouche d'un homme qui, ordinairement, était bref, il n'avait nullement prévu sa conclusion; aussi la surprise lui arracha-t-elle un cri.

— Que trouves-tu d'étonnant à cela? demanda
M. Combarrieu en l'examinant; si j'ai pris la place
de ton père pour t'élever, n'est-il pas tout naturel
que je continue ce rôle en pensant à te marier?

— Certainement, je ne puis que vous être reconnaissant, et je le suis en effet, de ce que vous désirez pour moi, autant que de ce que vous voulez
bien me dire, mais je vous avoue que je n'ai pas
encore pensé à me marier; d'où ma surprise.

— J'y pense pour toi.

— Sans fortune, sans position, comment l'idée de
ce mariage me serait-elle venue?

— Elle m'est venue, à moi.

— Je n'ai pas vingt-six ans.

— C'est le bon âge; et tes vingt-six ans ne
seraient pas un empêchement, pas plus que ton
manque de fortune et de position, car de ce côté tu
te fais trop petit.

— Entré dans la vie sans un sou de patrimoine, je n'ai pas eu le temps de réaliser des économies.

— Je le pense ; mais si ta position chez moi a été jusqu'à ce jour modeste, j'ai l'intention de l'améliorer non seulement en augmentant tes appointements, mais encore en te donnant un intérêt dans ma maison.

— Je ne mérite vraiment pas tant de bienveillance.

— Ne me fais pas meilleur que je ne suis. Certes j'ai pour toi une vive amitié et le sincère désir de t'être utile pour le plaisir de l'être. Mais, en cette circonstance, mon intérêt est d'accord avec mes sentiments, puisque j'ai besoin de toi. Malgré la voie détestable qu'a suivie Victorien, je ne désespère pas de le ramener à nous et de lui faire prendre, dans ma maison, la place qui lui appartient ; ce que tu m'as dit hier m'a donné à réfléchir et a amoindri mes craintes. Peut-être as-tu raison ; peut-être en a-t-il assez de la vie absurde dans laquelle il s'est jeté, et commence-t-il à comprendre qu'il a fait fausse route. Malgré tout et malgré les chagrins qu'il m'a causés depuis huit ans, il n'a pas tué en moi le sentiment de la paternité, je sens qu'il est mon fils, même au milieu de mes plus justes colères, et je conserve quand même des illusions sur lui. Il ne serait pas le premier fils de famille qui s'amendât, n'est-ce pas ?

— C'était précisément l'espérance que je vous exprimais hier.

— Et tu vois, mon cher Louis, que tes paroles ne

sont pas tombées dans un cœur dur et fermé. Si ce que tu espérais et ce que j'espère aussi se réalise, il faut que tu sois entre nous comme une sorte de tampon pour amortir les heurts qui ne manqueront pas de se produire, au moins dans les commencements. De même qu'au collège tu as été un camarade excellent pour lui, on peut dire un protecteur, de même que tu en as été un non moins utile au régiment pendant votre volontariat, tu rempliras encore ce rôle. Mais, pour qu'il soit possible, il faut que tu sois investi d'une autorité plus forte que celle que tu possèdes en ce moment, car avec son caractère violent et despote, avec son besoin de commandement, avec... nous pouvons le dire entre nous... avec sa brutalité, tu n'aurais pas d'influence sur lui si tu ne pouvais faire appel qu'à celle que te donne votre camaraderie.

— Elle ne m'en donne aucune.

— Précisément ; c'est pourquoi ton mariage et l'intérêt que je t'accorderai dans la maison, feront de toi un autre homme ; tu seras mon second...

— Ne craignez-vous pas un sentiment de jalousie... juste, il me semble...

— Non, parce que Victorien, si porté qu'il soit à prendre partout la tête, ne pourra pas ne pas reconnaître la supériorité que te donne ta compétence ; tu as travaillé, il n'a rien fait ; tu sais, il ne sait pas ; enfin il est trop intelligent pour ne pas comprendre que, le jour où je manquerai, tu lui seras indispensable.

A mesure que M. Combarrieu développait ses intentions, l'embarras de Darlot augmentait.

— Certainement, dit-il après un moment de silence et en répétant presque textuellement sa première réponse, ce qui accrut encore sa confusion lorsqu'il s'aperçut de la maladresse, je suis touché jusqu'au fond du cœur de ce que vous voulez bien faire pour moi, mais trouvez-vous que mon mariage soit vraiment de nature à me donner une certaine autorité auprès de Victorien ?

M. Combarrieu eut un moment d'impatience.

— Pourquoi ne me réponds-tu pas franchement que tu ne veux pas te marier ?

— Je n'ai jamais pensé au mariage pour moi, et je vous dis franchement la surprise que me cause cette idée.

— Puisque tu invoques la franchise, laisse-la aller jusqu'au bout et dis-moi si tu n'as pas d'autres raisons.

Darlot se troubla plus encore, et baissant les yeux devant ceux que son patron fixait sur lui, il garda le silence.

— Eh bien ?

— Quelles raisons pourrais-je avoir ?

— Une toute-puissante : l'amour ; il est évident que, si tu aimes, tu ne peux pas accepter la jeune fille que je te propose et contre laquelle il est impossible d'élever des griefs puisque tu ne la connais pas.

Darlot crut trouver un moyen de défense dans ces derniers mots:

— Voilà, précisément; je ne la connais pas, et alors je ne peux pas savoir...

— Si tu ne peux pas savoir, pourquoi refuses-tu d'avance? Au reste, j'aurais dû commencer par te dire le nom de celle que j'ai en vue : tu la connais, tu as dîné avec elle plusieurs fois de l'avis unanime, elle est charmante et a tout pour plaire; c'est mademoiselle Léonard; je suis certain de n'avoir qu'à la demander à son père pour qu'il te la donne; m'autorises-tu à faire la démarche? Dis un mot et demain l'affaire est arrangée.

Darlot ne doutait plus maintenant que M. Combarrieu n'eût des raisons pour le pousser et lui arracher une réponse.

— Certainement mademoiselle Léonard est charmante, dit-il; mais enfin je vous demande la permission de réfléchir : c'est chose grave que le mariage.

— Surtout quand on aime, s'écria M. Combarrieu, et tu aimes; tes réponses évasives, ton embarras, ton trouble, tout prouve, tout crie ton amour, et cependant tu cherches à le nier; est-ce là la franchise, la loyauté que j'étais en droit d'attendre de toi? Il faut donc que ce soit moi qui nomme celle que tu aimes,..

— Que son nom ne soit pas prononcé, s'écria Darlot.

— Tu avoues donc?

— J'avoue ma faute, ma folie; mais si je vous demande de ne pas prononcer de nom, c'est que ce serait donner une sorte de réalité à cet amour qui n'a jamais été qu'un rêve ignoré de celle qui l'a inspiré.

— Et cependant tu connais mes intentions sur elle, mes projets.

— Si je ne les avais pas connus, croyez-vous donc que je me serais tu et n'aurais pas voulu me faire aimer ?

— Si tu n'avais pas perdu la conscience de tes devoirs envers moi et de ton amitié pour Victorien, pourquoi l'as-tu aimée ?

— Ah ! pourquoi ? Qui est maître d'aimer ou de ne pas aimer ? Des hommes forts, peut-être. Mais s'il en existe, je ne suis pas de ceux-là... malheureusement.

— Alors comment ?

— Je vous jure, monsieur, qu'il m'est impossible de vous le dire, car je ne le sais pas moi-même : le charme qui se dégage d'elle m'a pris d'autant plus irrésistiblement qu'il était plus doux. Ç'a été comme un parfum exquis qui vous pénètre délicieusement, sans qu'on ait conscience qu'il vous endort en vous enivrant, et vous laissera au réveil anéanti, la volonté inerte. Quand je me suis aperçu que je l'aimais, il y avait longtemps que cet amour m'avait pris tout entier et qu'il était mon maître. Je l'avais vue, j'avais vécu près d'elle, et je m'étais laissé envahir par une passion contre laquelle je me trouvais impuissant. Ne croyez pas que je plaide les circonstance atténuantes, je sais qu'il n'y en a pas pour moi, si je vous dis que j'ai lutté pour m'arracher du cœur cette passion qui était un outrage à la reconnaissance que je vous dois, autant qu'à mon amitié pour Victorien.

— Qu'espérais-tu ?

— Rien.

— Qu'attendais-tu ?

— Je la voyais.

— Et maintenant ?

— Il ne me reste qu'à me séparer de vous.

— Tu veux…

— Ce que j'ai eu la faiblesse de ne pas faire, lorsque j'ai reconnu mon amour, s'impose maintenant.

— Tu m'as dit, tout à l'heure que cet amour était une folie ; pourquoi ne cherches-tu pas à t'en guérir ? J'admets que, seul, sans parents, tu te sois laissé entraîner par un besoin de tendresse et d'affection ; mais il n'y a pas qu'une femme au monde qui mérite d'être aimée.

— Il n'y en a qu'une pour moi.

— Tu ne peux pas rester ici, la voir tous les jours.

— Je viens de le dire.

— Et tu acceptes cette séparation ?

— La mort dans le cœur.

— Que vas-tu faire ? Où vas-tu aller ?

— Je n'en sais rien.

— C'est ton avenir perdu.

— Qu'y puis-je ?

— Si tu veux te suicider, crois-tu que je vais le permettre ; parce qu'un coup de folie t'a frappé, crois-tu que je vais t'abandonner ?

— J'ai été indigne de vos bontés.

— Tais-toi ; laisse-moi réfléchir.

Après un moment de silence il releva la tête.

— Tu iras et tu resteras à Quevilly où je te ferai

une situation: il y a trente lieues de Paris à Rouen, j'espère que ce sera une séparation suffisante. Mais pourquoi diable l'as-tu aimée?

VIII

Malgré sa foi aveugle en sa femme, il avait voulu croire qu'elle se trompait en parlant de la tendresse d'Antonine pour Louis et de celle de Louis pour Antonine, tant la chose lui paraissait invraisemblable et impossible; mais la preuve éclatait que pour Louis elle ne se trompait pas, et que ses soupçons, au lieu d'aller au delà, étaient restés en deçà de la vérité : amour, passion profonde, et non simplement tendresse comme elle supposait ou tout au moins comme elle disait pour ne pas exagérer.

Maintenant, ce qu'il importait de savoir, c'était si, du côté d'Antonine, elle avait deviné ou observé aussi juste, et il semblait difficile d'admettre qu'avec sa perspicacité si fine toujours, et dont elle venait encore d'affirmer en cette circonstance la sûreté, elle pût s'être abusée.

A cette heure de la matinée, Antonine, qui aimait jouer à la fermière comme si elle avait encore douze ans, devait s'occuper de la laiterie, non celle de la ferme dont le lait était expédié à Paris, mais celle du château pour laquelle elle avait trois vaches choisies parmi les plus belles et les plus douces, qu'elle connaissait, soignait et visitait chaque jour soit à l'étable, soit sur les pelouses, où elles paissaient. Les chances étaient donc pour qu'il la trouvât là, le tablier de grosse toile blanche serré à la taille, mettant elle-même la main au travail; et, en effet, il l'y trouva.

En entrant dans cette laiterie aux murs revêtus de faïence blanche et au sol carrelé de carreaux vernissés d'un rouge ardent, il la vit, une large cuiller de buis à la main, en train d'écrémer une terrine de lait sur laquelle flottait un léger nuage de crème qui n'avait pas eu le temps d'épaissir.

— Bonjour, mon oncle, dit-elle toute souriante, je parie que tu viens voir pourquoi le fromage à la crème que je t'ai servi hier matin n'était pas réussi; simplement parce qu'il avait été fait trop vite; c'est pourquoi j'ai tenu à t'en préparer un ce matin qui rachètera celui d'hier. Mais jette ton cigare, je te prie.

— Quelle gentille petite femme de ménage tu feras: travailleuse, affectueuse, prévenante.

— Mais je serais un monstre si je n'avais pas de prévenances pour un bon oncle tel que toi; je t'assure qu'il n'y a aucun mérite à vouloir t'être agréable; ça s'impose tout naturellement.

— Tout naturellement, tu crois?

— Bien sûr.

— Alors tu ne seras pas la bonne petite femme que je dis?

— Ça dépendra: donnant, donnant.

Ce n'était pas par hasard qu'il avait mis l'entretien sur ce ton ; mais devant la fille de service qui allait et venait dans la laiterie, tournant autour d'eux, il ne pouvait pas profiter de son entrée en matière.

— Tu as fini ? dit-il, quand Antonine reposa sa cuiller dans une assiette.

— Oui.

— Et maintenant.

— Je vais donner à manger à mes poules. Veux-tu venir avec moi ? Tu pourras fumer.

— Allons donner à manger aux poules.

C'était une des gloires de la Chevrolière que le poulailler, où l'on n'élevait que des poules de Houdan, choisies avec une sévérité qui leur valait les premières médailles à tous les concours où elles paraissaient ; quand Antonine en ouvrit la barrière grillagée, une nuée de belles poules huppées, au plumage caillouté blanc et noir à reflets violacés et verdâtres, se précipita sur elle avec un tapage assourdissant.

La distribution du grain fut vite faite et quand Antonine eut passé l'inspection des perchoirs, pour voir si tout avait été nettoyé et si les volailles avaient leur provision ordinaire de paille fraîche, ils sortirent dans le jardin.

— Et maintenant, causons, dit M. Combarrieu.

Elle regarda son oncle avec un émoi que la surprise ne lui permit pas de renfermer en elle.

— Tu vas, dans quelques jours, atteindre ta majorité, dit-il en continuant, et c'est le moment de réaliser le projet que j'ai formé : il faut donc que franchement tu me fasses connaître tes dispositions.

Elle ne répondit pas.

— Eh bien ?

— Quelles qu'elles soient, et il me serait vraiment bien difficile de te les expliquer, je voudrais qu'avant tout tu fusses persuadé qu'elles sont dominées par le très vif désir de me conformer à tes intentions et te donner ainsi un témoignage de ma reconnaissance pour ta bonté.

— Mes intentions, tu les connais ; c'est que tu deviennes la femme de ton cousin. Lorsqu'il a été question entre nous pour la première fois de ce projet de mariage, comme tu n'étais qu'une petite fille, je t'ai exprimé ce désir sans te donner les raisons sur lesquelles je l'appuyais, et dont tu n'aurais pas senti, pour quelques-unes au moins, toute la force. Mais aujourd'hui que la petite fille est devenue une grande jeune fille, intelligente, sage, réfléchie, capable de juger les choses de la vie, sans se laisser influencer par des idées enfantines ou des illusions romanesques, l'heure a sonné d'examiner ensemble ces raisons ; ce que nous allons faire.

Ils étaient arrivés devant un rond-point dominant une suite de pelouses qui, par des pentes habilement vallonnées, descendaient à la rivière ; des sièges s'y trouvaient disposés sous une rotonde de rosiers en fleurs entremêlés de clématites ; il la fit asseoir, s'assit lui-même vis-à-vis d'elle, et poursuivit :

— Dans ce mariage, il y a pour moi un double but à atteindre : assurer ton bonheur, et en même temps assurer celui de Victorien. Occupons-nous de toi d'abord. Tu sais quelle affection j'avais pour ton père; la mort ne l'eût pas enlevé prématurément à notre affection qu'il serait aujourd'hui mon associé, et ma fortune se partagerait entre nous deux. N'imagine pas que j'aurais consenti à cette association par grandeur d'âme; j'avais des devoirs envers mon frère, quand ce n'eût été que ceux résultant, pour moi, de la part plus grande que notre père m'avait faite dans sa tendresse paternelle en même temps que dans ses affaires. Ce que la mort a rendu impossible pour lui, je cherche maintenant à le réaliser pour toi par ton mariage avec Victorien qui te donnera non pas seulement une part de cette fortune, mais cette fortune même dans son entier pour toi et tes enfants. Sans doute je pourrais, au cas où ce mariage ne se ferait pas, te doter convenablement, et tu dois croire que je n'y manquerais pas. Mais tu comprends que dans ma position je ne suis pas seul maître de ma fortune qui appartient aussi à ma femme et à mon fils. Je n'insiste pas sur les raisons de sentiment pur qui me font ardemment souhaiter que tu deviennes ma fille et de telle sorte que nous ne nous séparions pas et que tes enfants soient les miens : ton cœur, n'est-ce pas, te dit la force de ces raisons?

— Oh oui, mon cher oncle, n'en doute pas.

— Passons donc à Victorien. Il ne faut pas voir dans mes paroles un banal compliment, de moi à toi ce serait ridicule; mais il est certain, et je dois le dire, que de toutes les jeunes filles que je connais, tu es celle qui réunit le plus de qualités à mes yeux pour faire une excellent femme : la fermeté de caractère, la bonté de cœur, l'honnêteté, la loyauté, la franchise, sans parler de la beauté, qui est bien quelque chose pour un mari ; il est donc tout naturel que je désire te voir devenir celle de mon fils. De même que je ne te fais pas de compliments en reconnaissant tes qualités, de même je ne rabaisse pas Victorien en constatant que celles que tu possèdes à un si haut point sont précisément celles qu'il n'a pas. Tu es ainsi, lui est autrement; voilà pourquoi je voudrais vous voir unis : tu suppléerais à ce qui manque en lui. Or, ce qui lui manque surtout, c'est la direction, c'est l'esprit de suite, et personne plus que toi n'est propre par son bon sens, sa droiture, sa fermeté douce à lui imprimer une sage direction qui ne lui permette pas de s'égarer, et qu'il accepterait d'autant plus docilement qu'il t'aimerait. Crois-moi, mon enfant, quand je te dis que si Victorien n'avait que des défauts je ne penserais pas à te le donner pour mari, je t'aime trop pour te sacrifier; mais ceux qu'il a, et que je suis le premier à reconnaître, proviennent pour la plupart de son éducation : quand après la grave maladie qu'il a faite à quinze ans la tendresse de sa mère lui a permis tout ce qu'il voulait, il a pris de mauvaises habitudes d'esprit, et quand à dix-huit ans il a eu la jouissance de l'héritage de sa tante, elles se sont aggravées; il est devenu un fils de famille comme il y en a tant parmi ceux qui ont, trop jeunes, la richesse aux mains. Mais cela n'est point irréparable, et même peut être facilement, j'en ai la conviction, réparé par toi. Le veux-tu ?

Pendant que son oncle parlait, elle avait peu à peu repris le calme que les premiers mots de cet entretien lui avaient fait perdre ; si elle était encore émue et bouleversée, rien ne trahissait au dehors l'angoisse de son cœur.

— Surtout, mon oncle, dit-elle, après un moment de recueillement, ne va pas attribuer à autre chose qt'à la confusion le silence que j'ai gardé pendant que tu parlais ; c'étaient les mots de reconnaissance qui me manquaient.

— Laissons la reconnaissance et simplement réponds à ma question.

— A l'avance ne sais-tu pas que je ferai tout ce que tu voudras ?

— Je n'ai pas le droit de vouloir en une pareille affaire, je désire, voilà tout, et je t'ai dit ce que je désirais ; toi, que veux-tu ? C'est de ta réponse que dépend la réalisation de mon projet.

— Permets-moi de te faire observer qu'elle dépend d'autre chose encore.

— Et de quoi ?

— De la question de savoir si Victorien m'aime ou ne m'aime pas. Tu disais tout à l'heure que j'exercerais sur lui une influence utile parce qu'il m'aimerait ; il faut donc, pour que notre mariage produise les effets que tu en attends, qu'il m'aime. Et je t'assure que je ne sais pas du tout si ses sentiments sont autres que ceux d'un cousin pour sa cousine.

— Pouvait-il te parler d'amour?

— Je ne dis pas ça; mais enfin si j'ai grandi avec la pensée qu'il serait mon mari, parce que tu désirais notre mariage, je ne sais pas si lui, de son côté s'est habitué à l'idée que je serais sa femme.

— Alors tu me renvoies à lui?

— Mais, mon oncle, est-ce que c'est aux jeunes filles de faire des avances et de déclarer les premières leurs sentiments?

— Tu ne veux pas te prononcer?

— Vraiment, trouves-tu que je le doive?

— En tous cas, peux-tu me dire ce que tu me répondras si en son nom je te demande d'être sa femme?

— Mais cette réponse je te l'ai déjà donnée.

— Répète-la.

— C'est que j'ai vécu avec la pensée qu'il serait mon mari.

— Au diable les réticences des petites filles ; et tu comptes parmi les franches.

IX

Lorsque pour la première fois son oncle lui avait laissé entrevoir, moitié plaisantant, moitié sérieusement, qu'entre le cousin et la cousine il pourrait se nouer plus tard d'autres liens, elle n'était qu'une petite fille de huit ans, c'était donc un mariage de poupée qui n'avait rien pour lui déplaire : au contraire, elle trouvait amusant d'avoir un mari, cela lui donnait de l'importance et de la fierté.

Mais combien peu le gamin de cette époque ressemblait au jeune homme de maintenant.

A ce moment c'était un prodige, et un prodige en tout, intelligence comme beauté, un peu trop vain peut-être et cherchant trop à se distinguer des autres ; mais son jeune orgueil s'appuyait sur des qualités telles qu'on ne pouvait pas lui en faire un reproche : il avait conscience de sa valeur.

Ce qui lui plaisait il l'apprenait sans travail, mais il n'apprenait que ce qui lui plaisait et ne lui coûtait pas de peine ; en musique il montrait des aptitudes extraordinaires qui ont été celles de quelques grands musiciens, et dès cinq ans il était un pianiste étonnant. En calcul il faisait l'admiration de son père, qui, à l'avance, lui préparait des problèmes difficiles dont le gamin se jouait ; enfin sa mémoire était si prompte et si sûre qu'il n'ouvrait jamais un livre ni un cahier, la récitation faite par un ou deux camarades suffisant pour lui mettre ses leçons dans la tête, sans qu'il parût écouter.

Que de fois alors avait-elle entendu son oncle et sa tante, après le départ de Victorien, se communiquer leur étonnement admiratif.

— Est-ce assez extraordinaire !

Et tous deux se réjouissaient d'avoir un pareil fils, qu'ils adoraient encore plus qu'ils ne l'admiraient. Quel avenir ne lui était pas réservé ! Pour le père, il n'y avait pas de doute qu'il entrât le premier à l'École polytechnique et aux Mines, d'où il sortirait le premier. Pour la mère, elle ne se contentait pas de ses succès sérieux, elle les voulait tous et trouvait que pour ce prodige ceux que peut donner la vie et le monde seraient vraiment trop bornés.

Que de fois aussi sa gouvernante lui avait-elle présenté Victorien comme un modèle qu'elle devait prendre pour exemple, elle qui faisait tant de fausses notes au piano, ne pouvait pas retenir sa table de multiplication et mettait une heure à apprendre une leçon d'une page. Mais que pouvait-elle répondre ? Qu'elle n'était pas douée comme son cousin.

Et quand sa tante entendait cette réponse, elle lui donnait raison.

— Elle n'est pas Victorien, la pauvre petite.

Mais voilà que tout à coup il s'était produit un arrêt dans cet essor merveilleux, et à la suite certains changements qu'elle n'avait pas tous suivis, car la plupart devaient échapper à un enfant de son âge, mais dont quelques-uns l'avaient frappée.

Victorien, qui passait tout le temps de ses congés à se faire caresser par sa mère et à l'embrasser, était devenu indifférent avec elle et même brutal lorsqu'elle l'interrogeait ; il paraissait ne plus rien comprendre, et ses notes du collège étaient détestables ; il ne faisait plus rien, n'apprenait plus rien ; en même temps il se montrait d'une extrême maladresse, bien qu'il fût toujours en mouvement.

Un jour, on l'avait ramené du collège dans un

état qu'elle voyait toujours, tant il était profondément gravé en elle : tous les muscles de son visage s'agitaient avec des mouvements rapides comme l'éclair qui donnaient à sa physionomie des expressions désolées ou comiques ; ses yeux roulaient de côté et d'autre et se jetaient dans tous les sens ; ses bras fauchaient l'air ; il marchait en sautillant, comme s'il dansait.

Ce qu'il était advenu de cette étrange maladie, elle n'en avait rien su, car dès le lendemain elle partait pour la campagne avec sa gouvernante et ne revenait que pour trouver son cousin guéri. Mais peu de temps après son retour, il s'était passé au milieu de la nuit un fait qui l'avait épouvantée : au plus fort de son sommeil, un bruit qu'elle ne s'expliquait pas l'avait réveillée : des pas lourds et des frôlements contre la cloison, comme si on s'y appuyait pesamment. S'imaginant que c'était son cousin qui, repris de sa maladie, demandait des secours, elle avait ouvert la porte de sa chambre et, dans un rayon de lune, elle l'avait vu au milieu du corridor, marchant en agitant les bras d'une façon bizarre ; à mi-voix elle lui avait demandé s'il avait besoin d'elle ; il n'avait pas répondu, et revenant sur ses pas il avait passé faisant les mêmes gestes inexplicables, ne la voyant pas, ne l'entendant pas. Comme elle allait courir après lui, sa gouvernante, éveillée par le bruit de la porte, l'avait retenue en lui mettant la main sur l'épaule.

— Taisez-vous.

Et après l'avoir couchée, elle lui dit qu'il fallait

ne parler de ce qu'elle avait vu ni à Victorien, ni à M. et madame Combarrieu.

Quelques jours après, Victorien retourna au collège, mais il n'y resta que peu de temps, s'étant fait renvoyer. Comment en était-on venu à cette extrémité avec un élève qui non seulement avait tenu la tête de sa classe, mais encore s'était fait aimer de tous ceux avec qui il se trouvait en contact, maîtres ainsi bien que camarades? elle ne l'avait jamais su, car on ne parlait pas devant elle de ce renvoi, qui humiliait le père et exaspérait la mère.

A la longue seulement elle avait admis la possibilité de ce qui tout d'abord lui paraissait aussi extraordinaire qu'invraisemblable : Victorien n'était plus l'élève prodige de ses premières années de collège, pas plus qu'il n'était le bon et aimable garçon qu'on avait connu ; et au lieu de se faire aimer et estimer il semblait prendre à tâche de se faire craindre et détester.

Le brillant élève était maintenant le plus paresseux de la classe, et il se montrait fantasque, querelleur, emporté, violent avec tout le monde ; sec, froid, grossier, brutal avec ses parents ; insensible à leur affection, à la tendresse passionnée de sa mère ; les contredisant et les contrariant l'un et l'autre sur tous les points pour rien, si ce n'est pour le plaisir de leur faire de l'opposition et d'afficher l'extravagance, en même temps que son indépendance qui, à chaque instant, allait jusqu'à la révolte. Si les changements qu'elle découvrait en lui étaient grands moralement, ils l'étaient aussi physiquement : le beau garçon, à l'air robuste, qu'on admirait pour la régularité de ses traits, portait maintenant la tête inclinée sur l'épaule gauche, et ses yeux, s'ils ne louchaient point franchement, avaient pris une fausse direction qui donnait à son regard quelque chose d'inquiétant et rendait désagréable sa physionomie tourmentée.

Le nouveau collège n'avait pas été plus indulgent que le premier; et au bout de quelques mois, Victorien était rendu à ses parents : on ne le renvoyait pas brutalement; seulement, on déclarait qu'il était impossible de le garder, et on résistait à toutes les sollicitations des parents, aux prières les plus ardentes de la mère, aux influences si puissantes qu'elles fussent que le père mettait en jeu.

Quelques mots échangés entre son oncle et sa tante, par hasard entendus d'elle, lui avaient jusqu'à un certain point expliqué ces renvois successifs, s'ils n'avaient point répondu à toutes les questions que son ignorance enfantine se posait.

— C'est bien décidément une faillite, disait M. Combarrieu, la plus désastreuse des faillites.

Tout d'abord, elle avait cru qu'il s'agissait d'une affaire commerciale pour elle sans intérêt, mais la suite lui avait fait comprendre que c'était à Victorien que ces paroles s'appliquaient.

— Pouvez-vous prononcer un pareil mot! s'était écriée madame Combarrieu.

— Hélas! Tu en restes malgré tout au prodige, et ne veux pas voir qu'il est devenu une non-valeur.

— C'est votre fils.

— Pour le chagrin de notre vie et notre malheur.

Les collèges étant devenus impossibles pour Victorien, on s'était rabattu sur une pension, la meilleure qu'on avait pu trouver, et pour le soutenir on lui avait adjoint un camarade qui, par son caractère sage et posé, son application au travail, son intelligence, et aussi son humble position, lui serait un conseil, un exemple et un appui, — Louis Darlot, fils d'un contremaître mort depuis peu, et à qui M. Combarrieu portait intérêt : en chauffant fortement cet excellent élève des écoles primaires, on le mettrait vite en état d'entrer dans la classe de Victorien et de l'accompagner ainsi jusqu'au baccalauréat.

Si sur quelques points Darlot avait réalisé ce qu'on attendait de lui, sur d'autres son influence avait été nulle; et de tous les tours diaboliques de Victorien à cette époque, il y en avait eu un qui en disait long sur sa nature.

Un dimanche, à la Chevrolière, il était parti seul pour faire, disait-il, une promenade dans le parc, emmenant les chiens, et au bout d'une heure on avait vu accourir un de ceux-ci hurlant, ensanglanté, le nez fendu, puis un second, puis un troisième, tous dans le même état. Qui avait pu les mutiler avec cette cruauté? Bientôt Victorien avait paru, riant à se tordre :

— Sont-ils drôles avec leurs deux nez! Il y avait longtemps que je voulais leur faire cette farce.

Le temps avait marché, Victorien venait d'atteindre dix-sept ans, elle douze; depuis quelques mois il se montrait presque affectueux avec elle; en tous cas il semblait se plaire en sa compagnie et parfois lui disait des mots aimables. Un jour qu'ils feuilletaient des livres à images, enfermés en tête à tête dans la bibliothèque, elle avait été surprise de la façon dont il la regardait en dessous et à la dérobée; tout à coup il s'était jeté sur elle, et la prenant à plein corps il l'avait embrassée. Elle avait voulu se dégager, il avait serré plus fort, en murmurant : « Ne fais donc pas la bête. » Elle s'était mise à crier. Mais viendrait-on? La bibliothèque était une pièce reculée ; madame Combarrieu faisait une visite aux environs et il ne se trouvait en ce moment au château que Darlot qui se promenait dans le jardin. Epouvantée elle criait plus fort tout en cherchant à s'échapper quand Darlot avait ouvert la porte.

— C'est une correction que je donne à cette petite dinde, dit Victorien sans autrement s'émouvoir.

Comment un aussi mauvais élève passerait-il son examen du baccalauréat? C'était la question qu'elle avait entendu longuement discuter entre le père et la mère : l'un soutenant qu'il était inutile de courir cette aventure, l'autre au contraire qu'il fallait d'autant plus la risquer qu'elle rendait possible le volontariat auquel Victorien ne serait pas admis s'il n'était pas bachelier. La mère avait eu raison : grâce au rapprochement des lettres C et D, les deux camarades s'étaient trouvés voisins, et grâce aussi à une gratification donnée au *tangent*, c'est-à-dire au surveillant chargé de la garde des candidats, Darlot, stylé à l'avance par madame Combarrieu, avait pu passer ses compositions de mathématique et de physique ainsi que sa version à Victorien, qui, en les copiant fidèlement, s'était assuré un examen écrit assez brillant pour neutraliser les effets déplorables de l'oral.

Cette heureuse influence de Darlot avait accompagné Victorien quand ils avaient fait leur volontariat; important et vaniteux comme il l'était, Victorien se serait cru diminué, s'il n'avait été que simple lignard, aussi avait-il choisi l'artillerie et avait-il mis en marche les relations paternelles pour être incorporé, malgré les règlements, dans un des deux régiments qui tiennent garnison à Vincennes. Le canonnier Combarrieu n'avait pas valu mieux au régiment que l'élève du collège, et c'était à peine si la complaisance et le dévouement du brigadier Darlot, joints aux démarches et aux sollicitations, aux recommandations de toutes sortes que madame Combarrieu prodiguait auprès du colonel, du commandant, du capitaine de la batterie, du major, du lieutenant instructeur et aux cadeaux aux adjudants, aux maréchaux des logis, empêchaient que Victorien ne passât pas tout son temps consigné ou emprisonné. Encore, combien souvent le coupé qu'on envoyait stationner devant la porte du fort neuf revenait-il en rapportant le seul brigadier, en laissant au quartier le canonnier purgeant ses punitions!

C'était là le mari que son oncle voulait lui donner!

X

C'était miracle qu'elle se fût contenue pendant que son oncle expliquait les raisons qui, selon lui, exigeaient son mariage avec Victorien, et qu'elle eût pu maintenir un sourire sur ses lèvres sans que sa voix s'étranglât dans sa gorge. Mais lorsqu'il l'eut quittée, elle était à bout de forces, et au lieu de le suivre pour rentrer au château, elle resta dans le jardin : elle avait besoin d'être seule, et de se cacher pour se reconnaître, car il lui semblait que si on la rencontrait, son visage crierait son trouble et son bouleversement.

Ainsi, l'illusion dans laquelle une vague espérance l'avait engourdie n'était plus possible ; ce mariage, depuis tant d'années tourment de ses jours et cauchemar de ses nuits, était suspendu sur sa tête. Le lendemain, le soir même il pouvait être décidé puisque cette décision ne dépendait pas d'elle.

N'avait-elle pas commis une faute irréparable, ne s'était-elle pas suicidée quand, pour ne pas s'engager, elle n'avait trouvé que cet expédient qui remettait sa vie entre les mains de Victorien ; au contraire n'aurait-elle pas dû plutôt répondre franchement qu'elle n'accepterait jamais ce mariage ?

C'était la question qu'elle voulait essayer maintenant d'examiner à tête reposée, si son cœur serré par l'angoisse et ses nerfs secoués par une agitation désordonnée lui permettaient de retrouver un peu de calme.

C'eût été un père, non un oncle, qui lui aurait demandé de devenir la femme de Victorien, sa réponse était autre ; elle ne craignait pas de parler franchement. Une fille ne doit rien à son père, tandis qu'une nièce, pauvre et orpheline, recueillie, élevée par bonté, devait tout à son oncle. Et c'était vraiment payer d'une singulière façon sa dette de reconnaissance que ne pas vouloir d'un mariage que lui avait tant de raisons, et des plus fortes, pour désirer. D'ailleurs elle n'aurait pu lui opposer un refus qu'en le justifiant, en expliquant sur quoi sa répulsion invincible s'appuyait ; et parlant de son cousin, s'adressant à un père qui, bien que jugeant son fils, conservait sur lui des illusions dont elle venait pour la première fois de mesurer la grandeur, comment aurait-elle trouvé des mots pour dire ce qu'elle pensait de Victorien et les sentiments qu'il lui inspirait ?

C'était le jour où elle avait pris son cousin en aversion qu'il fallait l'avouer loyalement à son oncle : « Je n'aimerai jamais Victorien et le mariage que vous désirez est impossible. » Mais elle n'avait pas eu alors le courage de cette franche déclaration ; elle avait attendu et, en attendant, profité des avantages d'une situation qui, aux yeux de son oncle et de sa tante, faisait d'elle une fille bien plus qu'une nièce. Maintenant que ce rôle de fille, qui n'avait eu pour elle que des agréments, lui assurant la tranquillité, le bonheur et une affection dévouée, lui imposait des devoirs, était-il honnête qu'elle les répudiât parce qu'elle les trouvait trop durs ? D'instinct elle ne l'avait pas cru et c'était avec la volonté arrêtée de tenir sa parole qu'elle avait répondu : « Je ferai ce que tu voudras. »

A la vérité, la conscience de son devoir et de sa dette envers ceux qui l'avaient élevée comme leur fille n'avait pas seule inspiré sa réponse, et, en ajoutant que ce mariage dépendait de Victorien plutôt que d'elle-même, elle se disait que peut-être il n'en voudrait pas.

Se laisserait-il marier pour satisfaire un désir de son père ? Maintenant, toute la question reposait sur cette interrogation.

Depuis qu'il avait quitté la maison paternelle pour occuper un appartement de la rue de l'Echelle, elle le voyait moins souvent qu'autrefois, et les occasions de l'étudier se faisaient naturellement plus rares; mais ce qu'elle en apprenait de ci, de là, au hasard, n'indiquait pas du tout qu'il fût en disposition de se marier. S'amuser, mener une vie brillante et bruyante, faire parler de soi, occuper tout Paris de sa personnalité, de ses chevaux, de ses voitures, de ses toilettes, semblait être son unique but, au moins celui qu'elle voyait, car dans cette existence tapageuse sur laquelle les journaux boulevardiers publiaient de temps en temps des indiscrétions, il y avait des trous où elle se perdait. Mais ce qu'elle s'imaginait deviner et ce que disait aussi Victorien, quand dans ses heures de vantardise il parlait de la vie qu'il voudrait, prouvait bien, croyait-elle, qu'il ne s'embarrasserait pas d'une femme.

Quel attrait une femme pouvait-elle exercer sur un homme qui se trouvait le plus beau garçon de la terre et passait de longues heures à sa toilette pour laquelle il dépensait plus de vingt-cinq mille francs par an, ne portant que des vêtements de Pool, des bijoux de Streeter, faisant venir ses chaussures du Circus, sa lingerie d'Oxford street, ses chapeaux et ses gants de Regent street ; comment l'aurait-il aimée quand il n'aimait que soi, non seulement par un sentiment d'égoïsme poussé à l'extrême, mais encore parce qu'il se croyait supérieur à tout le monde, surtout aux femmes pour lesquelles il affectait le plus profond mépris, daignant n'abaisser ses yeux que sur celles qui lui marquaient ouvertement qu'elles le voyaient comme il se voyait lui-même, c'est-à-dire irrésistible et digne de toute leur admiration.

Pour qu'il subît la volonté de son père dont depuis si longtemps il n'avait plus souci et se résignât à se marier, il faudrait qu'après avoir englouti l'héritage de sa tante il se trouvât à bout de ressources. En était-il là ? Elle l'ignorait, car si au vu et au su de tout le monde ses dépenses s'élevaient chaque année à un chiffre considérable, celui des bénéfices qu'il réalisait dans cent affaires, et dont il se vantait par-dessus tout, était bien plus gros encore, à ce qu'il disait.

Mais en admettant que ces bénéfices ne fussent

qu'une fumée et que les dépenses fussent la réalité, ce serait ne pas le connaître que supposer qu'il pouvait accepter une fille qui ne lui apporterait pas une grande, une très grande fortune. Or, comme elle n'avait rien du tout de cette fille-là, ce n'était pas folie à elle d'espérer qu'il ne voudrait pas de sa cousine pauvre.

Pour la première fois, sa pauvreté lui serait donc bonne à quelque chose et elle la bénirait.

Elle marchait la tête basse, absorbée dans ses pensées, sans savoir où elle allait ; que lui importait, d'ailleurs, pourvu qu'elle ne se dirigeât pas vers le château où elle ne voulait rentrer qu'après s'être donné une contenance. Tout à coup elle entendit un bruit de pas sur le gravier mouvant de l'allée et, levant les yeux, elle vit Darlot devant elle.

Il fut frappé de l'altération de sa physionomie bouleversée :

— Qu'avez-vous, mademoiselle ?

Mais au lieu de répondre, elle l'interrogea, car le trouble qu'il avait remarqué en elle, de son côté elle le voyait en lui :

— Et vous-même ? Il est arrivé un accident à vos machines ?

— Aucun, là tout va bien.

Comme il se taisait, ne sachant trop à quel sentiment elle obéissait, peut-être pour n'être pas interrogée elle-même, elle insista :

— Certainement, vous avez quelque chose ?

L'allée dans laquelle ils se rencontraient était celle qui du château mène directement aux bâti-

5.

ments d'exploitation de la ferme, toute droite, sans qu'on y vît personne, et ils se trouvaient seuls en face l'un de l'autre, sous le couvert des grands arbres, dont l'épais feuillage tamisait les rayons obliques du soleil matinal.

— Je ne serais pas sincère si je ne répondais pas à votre question, dit-il après un moment de recueillement ; je viens en effet d'éprouver une grande douleur.

Elle le regarda, émue, anxieuse, pressentant qu'elle n'aurait pas dû, par ses questions, l'obliger à rompre le silence qu'il semblait décidé à garder.

— Je dois quitter Paris et aller à Quevilly.
— Pour longtemps ?
— Pour toujours.

Elle baissa la tête, et un silence lourd pesa sur eux.

Cependant, ils ne pouvaient pas rester ainsi face à face, sans parler, sans même se regarder, aussi gênés l'un que l'autre.

A la fin, ne sachant que dire, elle releva les yeux comme si allait trouver en lui une inspiration qui l'arracherait à son oppression et lui permettrait de continuer cet entretien où les silences étaient encore plus difficiles que les paroles ; mais ce qu'elle trouva, ce fut un regard qui plongea dans le sien et deux mains tremblantes tendues vers elle.

Irrésistiblement attirée, elle y mit les siennes, et quand une brûlante étreinte les enserra, elle se trouva trop faible pour les dégager.

Après un certain temps dont elle ne mesura pas

la durée, la conscience lui revint que c'était en trop dire que de ne rien dire :

— Et vous partez... bientôt ?
— Demain, je pense.
— Vous pensez ?
— C'est M. Combarrieu qui en décidera.

En parlant, leurs mains s'étaient détachées et leur attitude, si elle n'avait pas repris le calme et l'aisance du naturel, n'avait plus l'élan irrésistible de la minute précédente; leurs yeux aussi éteignaient l'éclat des flammes qui en avaient jailli.

— C'est mon oncle qui vous envoie à Quevilly ? reprit-elle en continuant, car elle sentait que, quoi qu'elle dît, ce n'était pas dans ses paroles que se trouvait le plus grand danger de ce tête-à-tête.

— C'est moi qui lui ai demandé de partir.
— Vous !
— Je le devais.

Cette fois, les paroles qui se pressaient sur ses lèvres furent refoulées au fond de son cœur; car malgré l'angoisse qui l'en pressait, elle ne pouvait pas demander les raisons qui imposaient ce devoir.

Ce fut lui qui les expliqua, sinon avec une franchise complète, au moins de façon à ce qu'elle comprît qu'il n'était pas libre de rester.

— Ce que je suis, je le dois à M. Combarrieu. Si à cette heure je ne peine pas courbé sur un étau, si j'ai dans la tête et dans le cœur d'autres idées que celles d'un ouvrier, c'est qu'il m'a pris par la main quand je n'étais qu'un pauvre enfant orphelin, pour m'amener où je suis arrivé. Ma vie lui appartient, et j'ai envers lui des devoirs plus étendus et plus impérieux que ceux que j'aurais envers mon vrai père. Je serais un misérable si je discutais avec eux quand ils m'ordonnent de partir.

Si entortillé que fût ce langage, il était clair pour Antonine : son oncle avait annoncé qu'elle allait épouser Victorien, et Darlot, qui ne pouvait pas entrer en rivalité avec le fils de celui à qui la reconnaissance le liait, se sacrifiait. C'était donc à cela qu'elle devait répondre, et à cela seulement.

— Ce sont des paroles obscures, continua Darlot, mais je serais coupable de leur donner plus de précision.

— Et cette précision n'est pas nécessaire, dit-elle. Soyez certain que je sens d'autant plus fortement la puissance de vos raisons, que ma position envers mon oncle est la même que la vôtre. Moi aussi je lui dois tout ; et ma vie aussi lui appartient. Je comprends donc que vous lui sacrifiiez la vôtre, et je vous demande de comprendre de votre côté que je lui sacrifierais la mienne, si... un jour il l'exigeait. Je remercie le hasard qui a permis que nous nous rencontrions et que nous puissions ainsi nous dire nos vrais sentiments.

C'était en marchant, côte à côte, qu'ils échangeaient ces paroles ; ils arrivaient au bout de la grande allée couverte qu'ils avaient suivie et ils allaient déboucher sur une pelouse où s'espaçaient des arbustes isolés : parmi ces arbustes, se trouvait un gros rosier qui jetait, de côté et d'autre, de vigoureux rameaux courbés sous le poids de leurs fleurs épanouies.

Elle s'arrêta devant ce rosier.

— Et comment comptez-vous vous installer à Quevilly ? dit-elle d'une voix qui avait perdu son accent grave pour se faire familier.

Pendant qu'il répondait à cette question, elle releva un rameau du rosier et, le portant à son visage, elle flairait une rose ; quand il fut arrivé au bout de ses explications, il prit le rameau qu'elle avait lâché.

— Voulez-vous me permettre d'emporter cette rose ? dit-il.

— Je vous en prie, ne la prenez pas, répondit-elle ; mais quand, sur notre chemin, nous rencontrerons une *Gloire de Dijon*, il y a partout des *Gloires de Dijon*, nous respirerons l'odeur de ses fleurs, et leur parfum nous rappellera à jamais cette matinée.

Accentuant encore son amicale familiarité.

— Maintenant, dit-elle, donnons-nous la main en amis que nous sommes.

XI

De son entretien avec sa nièce, M. Combarrieu était sorti très perplexe ; aimait-elle Victorien comme il le désirait ; au contraire, aimait-elle Louis comme sa femme le supposait ?

Il était forcé de reconnaître qu'il n'avait pas du tout obtenu la réponse précise qu'il cherchait, et qu'après son interrogatoire il n'en savait guère plus qu'avant.

Mon Dieu ! qu'il est donc difficile pour un homme de savoir ce qui se passe dans le cœur et dans la tête des femmes, et qu'elles ont vraiment d'étranges façons de répondre, sans répondre, aux questions qu'on a la naïveté de leur poser ! Il en avait fait l'expérience plus d'une fois avec la sienne, et voilà qu'il venait de la recommencer avec sa nièce.

Cependant, un fait ressortait de cet interrogatoire : « Je ferai ce que tu voudras » ; et c'était là l'essentiel. Mais était-elle sincère en parlant ainsi, et ne cherchait-elle pas adroitement à rejeter sur un autre, un refus dont elle n'osait pas prendre la responsabilité ?

De ce côté encore, il ne trouvait donc que de nouveaux doutes, que certainement il serait inhabile à trancher tout seul ; aussi, après un tour de jardin, monta-t-il chez sa femme pour lui demander son sentiment : elle avait en ces matières une compétence dont il se reconnaissait entièrement dépourvu et parlant la langue féminine, elle savait en pénétrer les finesses.

Elle venait de se lever et, habillée d'un élégant peignoir en crêpe de Chine, elle allait s'asseoir devant un déjeuner au café au lait, servi sur un guéridon. Autrefois, elle ne quittait jamais son lit quand il était à La Chevrolière, avant qu'il fût entré dans sa chambre, où ils déjeunaient ensemble ; mais maintenant cette fidélité à d'anciennes habitudes n'était plus la règle.

— M'invites-tu à déjeuner ? dit-il sans un regard ou un mot de reproches.

— Sonnez et demandez une tasse.

Il s'assit en face d'elle.

— Je vous croyais à la ferme, dit-elle sans chercher à s'excuser, car elle ne s'abaissait jamais à plaider pour elle-même quand elle se savait en faute.

— J'avais en tête quelque chose qui me tourmentait plus que les expériences de la ferme.

— Quoi donc ?

— Ce que tu m'avais dit hier de Louis et d'Antonine. J'ai interrogé Louis. Tu ne t'étais pas trompée, je lui ai proposé la main de mademoiselle Léonard, ce qui pour un homme dans sa position est un mariage superbe, il refuse ; le malheureux garçon aime Antonine.

— Il l'a avoué ?

— Loyalement, il a lutté pour s'arracher du cœur une passion qui était un outrage à la reconnaissance qu'il nous doit, autant qu'à son amitié pour Victorien, il n'a pas pu y parvenir : je comprends sa faiblesse.

— Et moi donc !

— Il voulait nous quitter ; je l'envoie à Quevilly.

— Pour longtemps ?

— Pour toujours ; il dirigera les ateliers là-bas ; il faut bien l'éloigner d'Antonine ; et puis il me rendra des services à Quévilly ; enfin je l'aime trop pour me séparer de lui.

— Convenez que cette amitié se manifeste d'une étrange façon !

— Certainement je l'aurais marié à Antonine avec une grande satisfaction, si Antonine ne devait pas être la femme de Victorien ; mais malgré toute mon affection pour Louis, je ne peux pas le préférer à mon fils.

— Alors vous êtes certain qu'elle ne partage pas l'amour de Louis ?

— Je ne crois pas.

— Vous ne croyez pas ! Mais vous vouliez l'interroger ?

— C'est ce que j'ai fait.

— Et ?

— Et elle a répondu sans répondre.

— Cela est significatif, il me semble.

— Peut-être cela le serait-il en effet, si d'un autre côté, quand je lui ai posé nettement la question de mariage avec Victorien, elle ne m'avait pas dit qu'elle ferait ce que je voudrais. Au reste je vais te rapporter notre entretien et tu en jugeras toi-même.

Son récit fut longuement détaillé, et autant que sa mémoire le lui permit, il s'appliqua à répéter les paroles mêmes qui s'étaient échangées entre eux.

— Eh bien, dit-il quand il fut arrivé au bout, comment traduis-tu tout cela ?

— C'est bien simple : n'osant pas vous avouer qu'elle ne veut pas de ce mariage, elle passe à Victorien une responsabilité dont elle n'a pas la franchise de se charger ; par affection, ou même tout bonnement par timidité, elle a peur de vous peiner, en repoussant un projet auquel elle sait que vous tenez et elle se débarrasse de cette tâche difficile autant que désagréable en la mettant sur le dos de Victorien.

— Pour que tu eusses raison, il faudrait qu'elle sût que Victorien est décidé à refuser ce mariage : et je ne vois pas comment elle aurait cette certitude.

— Une espérance suffit.

— Elle serait bien imprudente, puisqu'elle engage l'avenir.

— Jusqu'à un certain point, car elle peut connaître le sentiment de Victorien; en tout cas, elle sauve le présent, ce qui est bien quelque chose.

Il avait cru que sa femme répondrait par oui ou par non, et voilà qu'au contraire elle l'entraînait dans des distinctions et des suppositions nouvelles.

— Je vois que, décidément, dit-il un peu agacé, le seul parti à prendre est d'aborder nettement la question avec Victorien : c'est un homme, il répondra. J'ai l'engagement formel d'Antonine, je peux donc aller de l'avant.

En parlant à son mari d'un amour possible entre Antonine et Darlot, elle avait espéré qu'ils se trahiraient l'un et l'autre, lorsqu'on les interrogerait, et que devant la constatation de cet amour il faudrait renoncer à tout projet de mariage, sans que Victorien eût à se prononcer. Mais voilà, au contraire, que son moyen se retournait contre elle : elle avait voulu dégager Victorien en obligeait Antonine à un refus précis ; et maintenant c'était Antonine qui avait assez d'adresse pour se dégager elle-même et rejeter ce refus sur Victorien. Car, à ses yeux, le doute et l'hésitation n'étaient pas possibles ; cette soumission et cette docilité prouvaient simplement la rouerie d'une fille avisée qui, en disant : « J'épouserai Victorien s'il m'aime », savait très bien qu'elle n'était pas aimée, et que par conséquent elle n'avait pas à craindre un mariage qu'elle ne voulait pas.

Il fallait donc qu'elle intervînt.

— De l'avant, dit-elle. Vous voulez aller de l'avant ?

— Sans doute.

— Comment l'entendez-vous ?

— Simplement en disant à Victorien que le moment est venu de réaliser le projet dont je l'ai entretenu autrefois.

— Mais s'il n'aime pas sa cousine ?

— Pourquoi ne l'aimerait-il pas ?

— Vous devez bien admettre qu'il peut ne pas l'aimer ?

— Mais non, je n'admets pas cela. Il me semble qu'elle est assez charmante, assez jolie, assez belle fille et, ce qui est autrement important, assez bonne fille pour se faire aimer.

— Enfin, il peut ne pas la voir avec les mêmes yeux que vous.

— On dirait que c'est toi qui ne la vois pas avec les mêmes yeux que moi. As-tu des raisons à opposer à ce mariage ?

— Vous savez que ce n'est pas moi qui en ai eu

l'idée. Vous savez aussi que je ne l'ai pas désiré. Je ne l'ai même accepté que parce que vous en étiez féru.

— Féru !

— Je dis féru parce que vous ne voulez rien écouter. Alors j'ai cédé pour avoir la paix.

— Et aussi je pense parce que tu voyais les avantages de ce mariage ?

— Il est vrai, mais ces avantages n'étaient pas tels qu'ils me rendissent aveugle ; s'il y avait du pour, que je ne cherchais pas à nier, il y avait aussi du contre que je ne m'obstinais pas à ne pas voir. Aujourd'hui que le contre paraît l'emporter, je reviens à mes anciennes idées.

— Où est-il ce contre ?

— Dans les sentiments d'Antonine.

— Elle est prête à épouser Victorien s'il la demande.

— Cela prouve-t-il qu'elle n'aime pas Louis ?

— Il me semble...

— Moi il me semble et même je suis certaine qu'il ne faut voir qu'une chose dans sa réponse : la volonté de ne pas vous peiner. Elle vous aime, elle sait ce qu'elle vous doit, elle voit que vous tenez à ce mariage : elle vous obéit, voilà tout. Alors, je dis que ce n'est pas assez pour Victorien, qui doit trouver dans sa femme mieux qu'une résignée, surtout quand elle n'apporte que cela.

— Et ses qualités.

— N'exagérons rien. Ses qualités existent, je ne les conteste pas et ne les diminue pas. Mais la première de toutes était son amour pour Victorien, et je ne crois pas à cet amour. C'est pourquoi je pense qu'au lieu de nous obstiner dans ce mariage qui n'est plus ce que nous le croyions pendant un certain temps, nous ferions mieux de nous tourner d'un autre côté. Quand vous avez formé le projet de donner votre nièce à votre fils, votre fortune n'était pas ce qu'elle est devenue. Nous pouvons donc avoir aujourd'hui pour lui et pour nous des ambitions qui eussent été alors déraisonnables. Pourquoi ne pas rechercher pour Victorien une grande alliance qui, en le faisant entrer dans une famille puissante, lui donnera des relations et une position que tout l'argent du monde ne procure pas ? Pourquoi...

Il était dans ses habitudes d'écouter sa femme religieusement, cependant il l'interrompit.

— Parce que cette grande alliance qui t'hypnotise tu ne la trouverais, si tu la trouvais, que dans une famille qui aurait des tares dont moi, simple parvenu, je ne voudrais pas. Tu en es restée aux treize ans de Victorien, quand ce n'était pas folie d'attendre la réalisation de toutes les promesses qu'il donnait ; moi j'en suis au Victorien d'aujourd'hui.

— C'est le mal.

— J'admets que tu la trouves, cette belle alliance, et qu'on te procure une grande famille assez peu fière pour se laisser prendre à l'appât de notre fortune. Que lui donnera ce beau mariage? Avec le caractère que nous lui connaissons, la réponse n'est que trop certaine : il exagérera encore son orgueil, nous ne serons plus pour lui que des artisans, toi-même tu ne seras qu'une parvenue dont il rougira.

— Pouvez-vous parler ainsi de votre fils !

— J'en parle ainsi, parce que pour son malheur, encore plus que pour le nôtre, il est ainsi, et que je le connais.

— Si vous le connaissez si bien, comment pouvez-vous penser à le donner pour mari à votre nièce que vous aimez ?

— Tu mets le doigt sur un de mes tourments, car bien des fois je me suis demandé si je ne manquais pas à mes devoirs envers Antonine en faisant d'elle la femme de Victorien, en un mot si je ne sacrifiais pas ma nièce à mon fils. Après un long examen de conscience je ne l'ai pas cru, car la sévérité que tu me reproches ne va pas jusqu'à ne pas reconnaître des qualités à Victorien ; il en a, il en a de réelles, que j'apprécie autant que personne, crois-le bien, et j'ai l'espérance que les défauts que je lui reproche peuvent être amendés. Mais par qui peuvent-ils l'être ? Pas par toi à coup sûr, tu es trop faible ; et pas par moi non plus, je suis peut-être trop entier. Par une femme qui saura le conduire dans la bonne voie d'une main aussi ferme que douce. Et cette femme je ne vois qu'Antonine qui puisse l'être ; elle seule aura cette fermeté qu'elle puisera dans son caractère sage et droit, en même temps que cette douceur que son cœur, j'en suis certain, fera constante. Pour moi, Victorien peut être sauvé par Antonine, et il ne peut l'être que par elle ; voilà pourquoi je tiens si fort à ce mariage, et pour le réaliser je suis prêt à bien des sacrifices.

Elle connaissait trop son mari, pour ne pas savoir qu'elle ne le ferait pas abandonner, au moins tout de suite, une résolution aussi fermement arrêtée ; dans ces conditions le mieux était donc pour elle de tirer de la situation ce qu'elle pouvait donner.

— Iriez-vous jusqu'à accorder à Victorien une place à côté de vous dans votre maison ? demanda-t-elle. Je suis certaine que cette marque de confiance et de tendresse pèserait sur lui d'un grand poids.

— Pourquoi ne me demandes-tu pas de le placer tout de suite à la tête de la maison, et de me mettre, moi, sous ses ordres ? Vraiment ta passion maternelle t'enlève toute mesure. Pour les bénéfices je lui donnerai la part que tu voudras ; pour l'autorité celle qu'il méritera. Qu'il épouse Antonine, qu'il travaille, et avant trois ans, il gagnera cette place à côté de moi, que tu es si pressée de lui voir prendre. C'est la proposition que je vais lui faire aujourd'hui même, car je suis décidé à trancher la question sans plus attendre. Télégraphie-lui qu'il m'attende entre quatre et cinq heures.

— Ne pouvez-vous pas retarder jusqu'à demain ? je vous trouve bien nerveux.

— On le serait à moins ; mais plus j'attendrais, plus je serais agacé ; j'aime mieux en finir.

XII

Depuis son retour, M. Combarrieu ne s'était point occupé de ses affaires, mais avant de partir pour Paris, il voulut se rendre compte de ce qui avait été payé pendant son séjour en Amérique, et il pria sa femme de lui remettre le carnet sur lequel elle écrivait les grosses dépenses, ainsi que les souches des chèques qu'elle avait employés.

En les examinant avec l'œil expérimenté d'un commerçant soigneux à qui rien n'échappe de ce qui est intéressant, il remarqua que la date du chèque de cent mille francs donné à Victorien était antérieure à un autre inscrit au nom du régisseur de la ferme et qui, dans le cahier, se trouvait le dernier au lieu d'être à la place que sa date lui donnait.

Il vint trouver sa femme qui s'habillait pour qu'elle lui expliquât ce que cela signifiait ; mais elle n'avait pas l'habitude d'entrer dans des explications dont elle ne pouvait pas sortir.

— Que voulez-vous que je vous dise ? répondit-elle, cela est ainsi.

— Tu auras fait une erreur de date ; cela ne peut pas s'expliquer autrement, puisque le chèque de Victorien est du 10 et celui pour la ferme du 14 ; car c'est bien le 10, n'est-ce pas, que Victorien est venu et non pas le 11 ?

— Vous voyez que j'ai écrit la date du 10.

— Évidemment.

— Au reste, je voudrais que cette erreur vous amenât à me débarrasser de toutes ces paperasses.

— Mais cette erreur est insignifiante.

— Pas pour moi ; je vous prie de ne pas me charger de ces responsabilités.

— Je t'assure que tu as tort de t'en contrarier, je ne t'en aurais même pas parlé si j'avais imaginé que tu pouvais prendre mon observation du mauvais côté : je trouvais une erreur, je te demandais si tu savais d'où elle provenait, rien n'était plus naturel, il me semble ?

— Que je désire n'être plus exposée à en commettre d'autres est bien naturel aussi, n'est-ce pas ?

Ce qu'elle voulait en demandant « d'être débarrassée de ces paperasses », c'était qu'on la mît dans l'impossibilité de signer d'autres chèques, si Victorien les exigeait de sa faiblesse ; mais comme elle ne pouvait avouer la raison vraie, elle profitait de l'occasion qui se présentait : cette première aventure lui coûtait assez de remords pour qu'elle cherchât à n'en pas courir de nouvelles, si elles se présentaient.

C'était après le déjeuner que M. Combarrieu devait partir pour Paris ; en se levant de table, il embrassa sa femme et sa nièce, serra la main de Darlot qui restait jusqu'au soir à la Chevrolière, et monta dans le phaéton qui l'attendait devant le perron.

Comme il venait de sortir du parc, et arrivait au petit bouquet de bois dans lequel madame Combarrieu et Victorien s'étaient entretenus la veille, un paysan surgit du taillis et, se campant sur la route, agita dans sa main droite un petit objet brillant.

En reconnaissant ce paysan, qui était un bûcheron occupé à l'élagage et à l'abatage des arbres dans ses bois et sur les terres de la ferme, M. Combarrieu arrêta ses chevaux.

— Qu'est-ce qu'il y a, Lapersonne?

— Pardon, excuse, monsieur, si je vous alanguis, dit Lapersonne, en retirant sa casquette de la main gauche, tandis que, de la droite, il présentait son objet brillant, c'est par rapport à cette petite boîte; ça ne serait-il pas à M. Victorien, sans vous questionner?

M. Combarrieu prit l'objet qui lui était tendu et l'examina : c'était une boîte à tabac en or avec des arabesques d'argent et un chiffre V. C.

— En effet, dit-il, cette boîte doit appartenir à mon fils.

Et fouillant dans ses poches, il en tira un louis qu'il offrit au bûcheron :

— Merci, mon brave Lapersonne.

— Croyez que ce n'est pas pour la chose, répondit le bûcheron en regardant la pièce d'or luire au fond de sa main calleuse; seulement je me suis dit comme ça que M. Victorien aurait deuil d'avoir adiré sa tabatière, et pour lors je vous ai arrêté; faut croire que c'est hier quand il s'est assis dans le boquet, elle aura glissé de sa poche.

M. Combarrieu allait lâcher la bride à ses chevaux, il les retint :

— Mais mon fils n'est pas venu hier.

— Vous demande pardon ; même que quand nous avons passé avec Tabouel, M. Victorien se reposait là dans le boquet, en attendant madame Combarrieu qui est venue le rejoindre.

— Ce n'est pas hier.

— Hier, sur le coup de deux heures.

— C'est il y a trois jours qu'il est venu à la Chevrolière, mardi dernier.

— Je ne dis pas qu'il n'est pas venu mardi, je ne sais pas parce que mardi j'étais à la justice de paix de Dreux ; mais hier à deux heures, Tabouel et moi nous l'avons vu là dans le boquet, comme je vous vois ; la voiture à Amable qui l'avait amené de Houdan l'attendait à l'épine là-bas.

— Enfin, que ce soit hier ou mardi qu'il ait perdu cette boîte, peu importe.

— Bien sûr.

— L'intéressant c'est que vous l'ayez trouvée.

— En coupant les éronces, il s'en est fallu de peu que je donne un coup de fauchet dessus.

— Encore une fois, merci.

— C'est moi, monsieur, qui vous remercie pour votre honnêteté.

M. Combarrieu toucha ses chevaux qui partirent, et pendant toute la route il se demanda comment ce bûcheron pouvait affirmer, avec cette précision de détails qui semblaient ne laisser place ni à la confusion ni à l'erreur, que Victorien était venu la veille à la Chevrolière.

Et cependant ce récit si formel se heurtait à des contradictions qui ne s'expliquaient pas.

Si sa mère lui écrivait le matin de ce jour, c'est qu'elle ne l'attendait pas ; et si d'autre part elle le rejoignait dans le bosquet, comme disait Lapersonne, c'est qu'elle l'attendait.

Alors pourquoi elle et lui se cachaient-ils, et pourquoi Victorien n'entrait-il pas au château ?

Était-ce à cause du chèque, par peur d'une explosion de colère ?

Mais à deux heures de l'après-midi, il n'avait pas encore été question de ce chèque, et Victorien, averti par sa mère qu'il n'avait rien à craindre, pouvait très bien rester au château jusqu'au soir pour en partir seulement quelques instants avant qu'eût lieu l'explication entre son père et sa mère.

De quelque côté que la question fût envisagée, elle présentait des obscurités difficiles à éclaircir. Bien qu'il eût dit à Lapersonne qu'il importait peu que Victorien fût venu à la Chevrolière la veille ou trois jours auparavant, il voulait savoir le jour précis de cette rencontre dans le bois, entourée incontestablement d'un mystère.

En entrant dans la cour de la gare de Houdan, il aperçut sur le siège de sa voiture le cocher Amable qui, au dire de Lapersonne, aurait amené Victorien la veille à la Chevrolière, et il voulut l'interroger.

Descendant de voiture, il alla à lui :

— Mon fils ne s'est pas plaint d'avoir perdu quelque

chose quand vous l'avez ramené de la Chevrolière?

— Si, monsieur, sa boîte à tabac; nous l'avons cherchée partout dans ma voiture, mais nous ne l'avons pas trouvée; sûrement ce n'est pas dans la voiture qu'il l'a perdue.

— C'est hier, n'est-ce pas?

— Oui, monsieur.

— Vous êtes sûr que ce n'est pas mardi?

— C'est hier que j'ai conduit M. Victorien, ce n'est pas mardi.

Cette confirmation était à peu près inutile, cependant il fut bien aise de l'avoir provoquée : maintenant, pas de doute possible, c'était bien la veille que Victorien s'était rencontré avec sa mère dans ce petit bois.

Et cependant ces deux témoignages étaient en opposition, et avec madame Combarrieu qui disait que Victorien était venu le 10, non le 12, et aussi avec la souche du chèque qui portait cette date du 10.

Tant qu'il avait raisonné avec des déductions plus ou moins rigoureuses, il avait marché dans le noir en se heurtant à chaque pas à d'inexplicables contradictions; mais quand ces deux dates se présentèrent à son esprit, de leur choc jaillit un éclair.

La souche portant la date du 10 était précédée d'une autre portant celle du 11, ce n'était donc pas le 10 que le chèque de cent mille francs avait été souscrit, et par conséquent ce n'était pas le 10 que Victorien avait vu sa mère, c'était bien le 12 comme le disait Lapersonne et comme le confirmait le cocher Amable, c'est-à-dire à un moment où, depuis plusieurs heures déjà, il se trouvait à la Chevrolière, et où le fils et la mère auraient pu s'adresser à lui, s'ils avaient osé.

Maintenant tout s'éclairait d'une lumière qui ne permettait pas plus le doute que l'erreur; le chèque de cent mille francs était antidaté; la mère et le fils avaient été complices pour le tromper. De là les réponses embarrassées de sa femme quand il lui avait demandé des explications sur ce qu'il croyait une erreur de date : « Que voulez-vous que je vous dise? cela est ainsi. »

Que Victorien fût capable d'une pareille fraude c'était déjà quelque chose qui, malgré les leçons du passé, le stupéfiait; mais à la pensée que sa femme avait pu s'y associer, son cœur se serrait à l'étouffer.

Quoi, cette femme qu'il adorait, pour laquelle il avait un respect religieux, dans le jugement de laquelle il avait une foi aveugle, qui depuis tant d'années était son guide et sa conscience, avait pu se faire la complice d'une tromperie!

Car c'en était une, et si horrible que fût le mot appliqué à elle, il n'y en avait pas d'autre.

Qu'elle n'eût pas eu la force de résister à son fils, quand celui-ci était venu lui demander ces cent mille francs en jouant avec son habileté diabolique quelque scène de comédie et de drame où la tendresse alternait avec la brutalité, cela il l'admettait, l'expérience lui ayant appris depuis longtemps qu'elle était capable de toutes les faiblesses, même celles qu'elle condamnait. Alors elle n'avait qu'une chose à faire : remettre à Victorien le chèque qu'elle n'avait pas le courage de refuser, mais le dater de la date vraie, et quand elle aurait à avouer au père ce qu'elle avait fait pour le fils, parler la tête haute : « Votre fils avait besoin de cent mille francs, il n'a pas osé vous les demander, certain à l'avance que vous lui auriez refusés; je les lui ai donnés. » Et il aurait accepté ce loyal aveu, sans plus d'objection qu'il n'en avait opposé à son mensonge.

« Tu as eu raison de penser que je ne te démentirais jamais et que toujours ce que tu ferais serait bien fait. »

Comment ces mots ne lui avaient-ils pas ouvert les lèvres en lui arrachant un cri de sincérité?

Ce n'était pas le meilleur des hommes qu'il était pour elle, mais le plus naïf; un niais qu'on trompait, dont on se moquait sans qu'il se doutât de rien, aveuglé, abêti qu'il était par sa foi de pauvre d'esprit.

Seul dans son compartiment, il pouvait ne pas se contraindre, et quand il sentit les larmes emplir ses paupières, il n'eut pas à les refouler. C'était sa vie perdue, tous ses espoirs anéantis, sa vieillesse désolée que dressaient devant lui ce retour en arrière et cette évocation de l'avenir; il avait tout mis dans la tendresse de cette femme, et au moment même où elle lui était le plus indispensable, il ne la trouvait plus.

Il fallait bien qu'il se rendît à l'évidence, si douloureuse qu'elle fût, et qu'il reconnût que les illusions auxquelles il s'était cramponné pendant son absence, s'écroulant les unes après les autres, sous les coups de la réalité, le mari n'était plus rien pour elle et que le fils était tout.

Quand, après les glorieux espoirs longuement caressés pendant l'enfance de Victorien, il s'était trouvé en face d'une faillite, comme il disait, blessé, meurtri par cette lourde chute, mais non écrasé, il s'était retourné vers sa femme, et s'attachant à elle plus fortement encore que par le passé, il avait mis toute sa vie dans son amour; et voilà que maintenant, de ce côté aussi, c'était encore la faillite qu'il rencontrait.

Et il y avait des gens qui enviaient sa fortune. Ah! misère du sort, combien plus heureux que lui était le moindre de ses ouvriers, qui trouvait le repos du cœur dans l'affection d'une brave femme attachée à son homme, et d'enfants qui travaillaient honnêtement!

XIII

Victorien habitait, rue de l'Echelle, un appartement au premier étage d'une maison construite pour l'éblouissement du public, et qui dès l'entrée, par ses marbres multicolores, ses colonnes en onyx, ses cuivres lourds, suait le luxe ; maison de grand médecin, de modiste, de couturier ou d'avocat célèbre qui veulent impressionner le client.

En s'installant, dans cet appartement, il y avait dépensé une centaine de mille francs en décorations de tapissier sans un seul objet d'art : mais devenu bien vite indifférent à ce qui avait été une fantaisie de quelques jours, il ne s'en était plus occupé ; les tapis s'étaient pelés, les dorures des bois écaillées, les étoffes des meubles coupées, les tentures avaient passé sans qu'il y prît attention ; ce qui eût été insuffisant pour l'agrément était bien assez bon pour les affaires.

Et c'était en effet des affaires qui se brassaient dans cet appartement, affaires de toutes sortes, bonnes ou mauvaises, importantes ou mesquines ; avec des gens de toutes sortes aussi, riches ou besoigneux, honnêtes ou filous. Tout d'abord, le cabinet de travail qu'il s'était réservé leur avait suffi, mais bien vite encombré de paperasses, de journaux, de dossiers, de lettres, il s'était fait trop petit, et la salle à manger où, d'ailleurs, le maître ne mangeait jamais, lui avait été annexée. Maintenant, elle formait la pièce la plus importante de l'appartement, en tout cas la plus curieuse avec son bureau en bois noirci, ses cartonniers, ses casiers garnissant les quatre murs du haut en bas et portant tous des étiquettes qui donnaient à croire qu'on se trouvait dans une étude, mal tenue, de petit avoué ou d'huissier. Et cette impression prenait d'autant plus de vraisemblance pour ceux qui entraient là, qu'ils s'y trouvaient en face d'une sorte de clerc, chauve et blond, au ventre avalé, à l'aspect souffreteux et minable, qui eût inspiré la pitié, n'eût été son œil inquiétant, celui du renard sournois et louche, éteint en pleine lumière, flamboyant dans l'ombre. — Mélicieux, le secrétaire de Victorien, ancien officier ministériel comme il se qualifiait lui-même, qui avait eu la malchance d'éprouver, au début de sa carrière, des dissentiments sérieux avec le parquet de la petite ville picarde où, avant de venir se réfugier à Paris, il exerçait le ministère d'avoué.

Quand la dépêche envoyée par madame Combarrieu à son fils arriva rue de l'Echelle, Victorien était dans son cabinet de travail, enfermé avec un bookmaker appelé Vassiette, les portes de communication closes au verrou, afin d'éviter les surprises et les indiscrétions de Mélicieux qui n'inspirait aucune confiance à son maître et eût été congédié depuis longtemps s'il n'avait su se rendre indispensable par son habileté procédurière.

Il fallut que Mélicieux frappât plusieurs coups résolus, et avec une satisfaction obstinée, pour que Victorien se décidât à ouvrir.

— Qu'est-ce que c'est? demanda-t-il d'un ton hargneux.

— Une dépêche, dit Mélicieux en insinuant son papier bleu par la porte entre-bâillée.

— Ne pouvait-elle pas attendre?

— Vous le saurez quand vous en aurez pris connaissance; moi, je ne sais qu'une chose : c'est qu'elle est recommandée, avec accusé de réception.

Cela fut dit d'un ton humble qui contrastait avec la leçon donnée.

La porte refermée, Victorien ouvrit le télégramme, comme il était long, ses yeux coururent tout de suite à la signature : en lisant le nom : « Suzanne Combarrieu », il eut un mouvement de mauvaise humeur ; encore quelque prêche maternel sans doute ; c'était bien la peine vraiment de le déranger pour cela et d'interrompre le fil de son entretien avec Vassiette, qui allait avoir le temps de se dégager des mailles dans lesquelles il se flattait de l'avoir enveloppé par une discussion serrée.

Cependant il se décida à le parcourir d'un œil rapide :

« Attends ton père aujourd'hui, entre quatre et cinq heures. Ne manque pas de te trouver chez toi. Il a des propositions importantes à te faire. Ecoute-les avec réflexion. Tu peux, par de la modération, en tirer grand parti et obtenir un commencement de réalisation de ce que tu désires. Le chèque a été accepté sans résistance.

» Suzanne Combarrieu. »

Pendant cette lecture, Vassiette suivait sur le visage de Victorien les impressions que produisait ce télégramme ; bien entendu, il ne pouvait deviner ni de qui il venait ni de quoi il parlait, mais sa curiosité n'en était pas moins éveillée, — une curiosité naturelle et acquise qui sait qu'on peut profiter de tout en ce monde, même de ce qui au premier abord paraît insignifiant. Sait-on jamais à l'avance ce qui sera ou ne sera pas insignifiant? Il n'y a que ceux qui prennent leurs précautions qui sont certains de ne pas laisser échapper les bonnes occasions.

Une mauvaise impression sur le visage de Victorien lui eût été agréable en cela qu'elle lui permettait d'offrir ses services; une bonne comme celle qui se manifestait ne le prit pas au dépourvu : c'était une autre affaire, voilà tout. On peut s'imposer aux gens et se faire payer sa peine aussi bien quand c'est de la joie qu'ils éprouvent que quand c'est du chagrin; il s'agit simplement d'être prévenu pour manœuvrer en conséquence.

— Voilà un télégramme, dit-il, après avoir vu les dents de Victorien se découvrir dans un demi-sourire, qui ne paraît pas vous être désagréable?

Et comme Victorien, revenu à sa place, avait jeté le télégramme sur son bureau, Vassiette, assis à une courte distance, le regarda, avec l'intention manifeste de tâcher d'en lire quelques mots.

— Ne vous gênez pas, dit Victorien brutalement.

— Mon Dieu, que vous êtes défiant!

— J'ai peut-être tort?

— C'est selon avec qui. Que vous soyez défiant avec Mélicieux qui est toujours à rôder autour de vous, ça se comprend, mais avec moi c'est invraisemblable. Croyez-vous que, si vous me disiez toutes vos affaires, je ne pourrais pas quelquefois vous donner un bon conseil? Mais non, vous me contez les unes, vous me cachez les autres, ou bien vous me mettez dedans et vous vous imaginez que c'est pour votre bien. Enfin, comme vous voudrez.

— Lisez ce télégramme et soyez content.

Vassiette ne se le fit pas dire deux fois ; il prit le télégramme que Victorien ne se donnait pas la peine de lui tendre, et le lut lentement, en pesant chaque mot.

— Eh bien ! je suis content, dit-il, le coup du chèque a réussi. Ce que vous êtes fort ! Vous savez, il n'y a pas votre pareil. Certainement, dans ma vie, j'ai connu des malins et des roublards, quand ce ne serait que le baron Friardel, qui n'a pas volé sa réputation, n'est-ce pas ? La Parisière, Tom Brazier, Vérac ; j'ai fait des affaires avec eux, je les ai rasés, ils m'ont rasé, chacun son tour, comme il convient. Eh bien ! vrai, ils ne vous arrivent pas à la cheville.

— Qu'est-ce que vous voulez m'escroquer ? demanda Victorien, avec un sourire qui démentait la brutalité de sa question et montrait que cet éloge le chatouillait à un endroit sensible.

— Vous savez bien que ce n'est pas le moment, et puis vous ne vous laisseriez pas faire. Si je vous dis que vous êtes fort, c'est parce que vous l'êtes et que je ne connais personne qui réunisse à un même degré que vous la finesse à l'audace. Un homme simplement fin n'aurait jamais osé risquer l'affaire du chèque antidaté, retenu par cent considérations plus raisonnables les unes que les autres ; vous, rien ne vous arrête : vous allez de l'avant, et vous réussissez.

— Il le fallait bien.

— C'est justement ce que je dis. Quand la nécessité l'exige, les gens vraiment forts savent toujours inventer quelque moyen extraordinaire pour sortir d'embarras : il vous fallait ces cent mille francs, que moi, malgré tout mon dévouement, j'étais incapable de vous procurer. Vous, vous les avez trouvés. Et de plus il semble, à lire cette dépêche, que vous avez fait d'une pierre deux coups.

— C'est à voir.

— Il me paraît que c'est tout vu : « Il a des propositions importantes à te faire. Tu peux, par de la modération, en tirer grand parti. » C'est clair. Certainement, je n'ai pas de conseil à vous donner, mais vous ne m'empêcherez pas de vous dire que si j'étais à votre place je les accepterais, ces propositions, quelles qu'elles fussent, importantes ou non.

— Oui, mais vous n'êtes pas à ma place.

— Heureusement et malheureusement. Heureusement pour le présent, malheureusement pour l'avenir. Car, enfin, il faut bien l'avouer, ce présent n'est pas gai pour vous, et si vous n'aviez pas touché ce matin ces cent mille francs et les deux cent mille que vous avez trouvés il y a un mois, je ne sais comment, par un miracle que vous ne m'avez pas expliqué et que je ne cherche pas à deviner, puisque vous ne voulez pas qu'on le connaisse...

— Ça vous ennuie ?

— Ça m'intrigue, et puis surtout, ça me peine en me prouvant, une fois de plus, combien vous êtes défiant envers un homme qui vous a donné tant de marques de dévouement. Enfin, il faut avouer que si vous ne vous étiez pas procuré ces trois cent mille francs, il fallait sauter ; comme il faut se dire encore que si, d'ici quinze jours, vous ne vous en procurez pas encore trois cent mille, la perspective sera la même pour vous, malgré toutes les rouerles procédurières de Mélicieux.

— Je me les procurerai.

— Je ne vous demande pas où ni à quel prix ; mais, mieux que personne, je sais que ça ne sera pas facile et que ça coûtera cher. Sans doute, vous pouvez enfiler une heureuse veine, mais vous pouvez aussi en enfiler une mauvaise : les cartes comme les chevaux, et les chevaux comme les cartes, donnent souvent le contraire de ce qu'on a le droit d'en attendre. C'est pour cela que je dis qu'à votre place j'accepterais les propositions qu'on va vous apporter.

— Vous ne les connaissez seulement pas.

— Sans doute, mais il n'y a pas besoin d'être somnambule pour deviner qu'elles vont porter sur votre entrée dans la maison de votre père. Eh bien ! laissez-moi vous dire encore que, si modeste que soit la position qu'on vous offre pour commencer, vous devez l'accepter. Quand même vous ne seriez que petit commis dans la maison Combarrieu, ce serait, dès le jour de votre entrée, la fin des difficultés contre lesquelles nous nous débattons. Pensez donc à l'effet produit quand on verrait que vous vous rangez; les plus acharnés contre vous, et qui ne le sont que par peur d'être roulés, lâcheraient pied, certains d'être payés ; toutes vos affaires s'arrangeraient par enchantement, et bientôt vous pourriez en engager d'autres, dans les meilleures conditions. Qui n'aurait pas confiance dans l'associé de la maison Combarrieu ? Quelle différence avec votre situation présente ! Votre génie des affaires serait le même, et de plus vous offririez une surface considérable, le seul atout qui vous ait manqué. Comment mener à bien tout ce que vous entreprenez, avec le petit capital dont vous disposiez ? C'est là qu'a été votre faiblesse, là seulement. Sans compter qu'une fois dans la place, vous ne tarderez pas à y être seul maître, et à mettre le papa dehors. S'il faut pour cela un coup de main de la maman, elle ne vous le refusera pas ; et ça va vite quand la mère se range du côté de son fils contre son mari.

— Vous êtes philosophe, monsieur Vassiette.

— Je ne sais seulement pas ce que c'est que la philosophie, seulement je regarde la vie.

— Et si je mettais mon père dehors, comme vous dites, qu'est-ce qui le remplacerait et me mettrait dehors à mon tour ?

— Il serait malin, celui-là ; je voudrais bien le connaître.

— Vous le connaissez, si on se connaît soi-même.

— Moi ! J'aurais une pareille idée ? Elle serait bien bonne.

— Pas mauvaise, en effet. Vous en avez assez du bookmakage.

— Ça, c'est vrai : les gens du monde sont maintenant si filous !

— Assez aussi de l'usure.

— Dame, on a si peu de tranquillité !

— Et vous vous dites qu'une situation dans la maison Combarrieu vous arrangerait joliment.

— Ça, c'est vrai aussi, et je le dis franchement, parce que c'est mon caractère d'être franc. Mais la situation que je voudrais, ce n'est pas celle que votre défiance vous souffle. Quand vous dirigerez votre maison, vous développerez ses affaires ; il y aura de gros marchés à passer à l'étranger, des négociations à suivre ; je parle l'anglais, l'allemand, je sais manœuvrer entre les intermédiaires ; je pourrai vous rendre des services ; voilà tout ce que je demande.

— Et aussi toucher des petites commissions.

— Ça, c'est vrai encore ; la commission, c'est mon pain quotidien.

— Et vous êtes d'un grand appétit.

— Je n'ai pas votre estomac.

— Tout cela, c'est l'avenir ; en attendant, occupons-nous du présent. Vous disiez que Brazier...

— Veut son argent pour le 20.

XIV

Ils en étaient encore à chercher les moyens de trouver les fonds pour payer Tom Brazier, quand, à quatre heures précises, M. Combarrieu sonna à la porte de son fils.

— C'est mon père, dit Victorien, qui depuis quelques instants déjà avait les oreilles aux écoutes, connaissant par expérience l'exactitude paternelle.

— Voulez-vous que j'attende? répondit Vassiette d'un air ingénu, ça ne me gêne pas.

— Moi, ça me gênerait, répliqua Victorien, qui se plaisait aux brutalités; revenez demain matin.

Après avoir mis Vassiette dehors, il entra dans le salon, où son père attendait en feuilletant machinalement une collection en bon ordre des *Petites Affiches*, le seul journal qu'il eût trouvé sur une table.

— Tu vas bien, dit-il en s'avançant vivement avec toutes les démonstrations d'une vive satisfaction.

— Très bien.

— Tu as fait bon voyage?

— Très bon.

— J'espère que tu es l'homme des surprises agréables; je n'en croyais pas mes yeux en lisant la dépêche par laquelle maman m'annonçait ta visite pour aujourd'hui quatre heures.

Il sentait les regards de son père, posés sur les siens, le fouiller jusqu'au fond du cœur, mais cela n'était pas pour le démonter.

— C'est cette nuit que tu es revenu? demanda-t-il.

— Hier.

— Ah! vraiment; j'en suis très heureux, car j'ai vraiment hâte de te remercier de ta générosité.

— Ta mère t'a dit...

— Que tu avais accepté sans observation ce qu'elle a fait pour me tirer d'embarras.

— C'est une perte de jeu?

— Dans une minute d'affolement je me suis obstiné contre la veine, et j'ai perdu.

— Quel jour cela est-il arrivé ?

— Lundi.

— Tu ne pouvais pas attendre mon retour pour me demander cette somme ?

— Je l'aurais certainement attendu si j'avais pu ; mais je devais d'autant plus rigoureusement payer le mardi que celui qui m'avait gagné partait le mercredi pour retourner dans son pays.

— Ce n'est pas un Parisien ?

— Un Roumain, le prince Zamiresco.

Ce qui stupéfiait M. Combarrieu, c'était l'aisance et l'aplomb avec lesquels Victorien entrait dans ces détails qui incontestablement étaient inventés pour les besoins du moment.

Il voulut voir jusqu'où il irait dans cette voie :

— Voici, dit-il en fouillant dans sa poche, une boîte à tabac qui doit t'appartenir.

Victorien ne se troubla pas.

— En effet, dit-il, tu es bien aimable de me la rapporter, j'étais ennuyé de la perdre.

— Et où donc l'as-tu perdue ?

— Je n'en sais rien ; sans doute dans la voiture qui m'a conduit de la gare à la Chevrolière. Qui est-ce qui l'a trouvée, que je lui donne une récompense ?

Il n'y avait pas à s'y tromper, la promesse d'une récompense ne venait là que pour masquer le but de la question.

— C'est Lapersonne, répondit-il, qui l'a trouvée dans le petit bois avant la grille.

— Comment, dans le petit bois?

— Parfaitement; là et non ailleurs.

— Au fait, il me semble que je m'y suis arrêté un moment.

— Il le faut bien.

— Je me souviens maintenant; tu comprends qu'une chose aussi insignifiante ne se grave pas dans la mémoire.

Bien souvent, le père s'était heurté aux mensonges de son fils qui, alors que son intérêt se trouvait engagé, soutenait le contraire de la vérité imperturbablement sans jamais se laisser démonter par aucun argument, par aucun témoignage, ne restant jamais court, niant l'évidence, inventant avec une abondance inépuisable les combinaisons les plus extraordinaires pour répondre quelque chose, n'importe quoi, et avoir le dernier mot. Il ne le poussa donc pas davantage, bien certain qu'il n'amènerait jamais Victorien à convenir que son voyage à la Chevrolière était du jeudi et non du mardi. A engager une discussion sur ce point, il s'emporterait; ce qu'il voulait éviter.

Il avait réfléchi depuis le moment où il avait reconnu qu'on se jouait de lui, et des divers partis qui s'ouvraient, il s'était arrêté à celui des ménagements. Que gagnerait-il à prouver le mensonge et la tromperie? Le fils n'était pas seul, la mère était sa complice, et il ne voulait pas, en faisant le procès de l'un, faire du même coup le procès de l'autre. Le mieux était donc qu'il parût ne rien savoir, et que son indulgence pût s'élever assez haut pour ne voir que le but à atteindre : le sauvetage de Victorien s'il était encore temps de le tenter.

— Certainement, reprit Victorien, je te suis très reconnaissant de m'avoir rapporté cette petite boîte à laquelle je tiens beaucoup, mais j'espère bien que tu ne t'es pas dérangé pour cela ?

— En effet, nous avons à parler sérieusement.

C'était un point du caractère de Victorien de paraître ignorer toujours ce dont on allait lui parler, surtout quand il le savait à l'avance.

— Si tu veux me faire des observations sur cette grosse perte à laquelle j'ai eu la sottise de me laisser entraîner, dit-il avec une attitude d'humble repentir, je t'assure qu'elles ne seront jamais aussi sévères que celles que je m'adresse moi-même, surtout depuis que maman et toi vous vous êtes montrés si parfaitement bons. Je ne plaide même pas les circonstances atténuantes avec moi-même : j'ai été fou. Ma seule excuse, si j'en ai une, c'est qu'au cercle de la Concorde, et avec un beau joueur comme le prince Zamiresco, je me trouvais dans des conditions d'honorabilité et de sécurité inspirant toute confiance.

— Ce n'est pas sur ce point que doivent porter mes observations : tu as eu tort de jouer, dis-tu maintenant ; c'était avant qu'il fallait te le dire, et avec d'autant plus de force que tu savais ne pas pouvoir payer, si tu perdais, comme tu as perdu.

— Mais c'est pour gagner que je jouais, et voilà précisément pourquoi j'ai perdu.

— Donc, tu reconnais toi-même que tu en es réduit à demander tes ressources au jeu : puis-je le tolérer ?

— Je le reconnais dans une certaine mesure, c'est-à-dire que dans une circonstance donnée j'ai eu besoin d'une assez grosse somme, et que j'ai espéré la gagner ; mais ce n'est pas demander des ressources au jeu.

— Enfin ta situation est telle aujourd'hui que, quand tu as besoin d'argent, tu n'en trouves pas, et que pour t'en procurer tu as recours aux cartes d'abord, et ensuite, quand elles t'ont été contraires, à la faiblesse de ta mère. Cela est indiscutable ; la preuve est faite ; et conséquemment elle l'est aussi que toutes ces affaires, dans lesquelles tu t'es jeté malgré nous, ont dévoré l'héritage de ta tante et t'ont amené à la ruine après t'avoir imposé toutes sortes d'expédients inavouables.

Victorin regimba :

— Qui n'a pas recours à des expédients dans les affaires ? dit-il, mais ceux que j'ai employés n'ont jamais été inavouables, crois-le bien.

— Ils le deviendraient, car sur cette pente on va vite. C'est pourquoi tu dois t'arrêter et liquider.

— Je ne demande pas mieux.

M. Combarrieu, qui s'attendait à une résistance qu'il devrait emporter pièce à pièce, fut aussi surpris qu'heureux de le trouver dans ces dispositions faciles, si rares chez lui.

7.

— Voilà le mot décisif, dit-il avec une satisfaction que Victorien guettait.

— Oui, mais il faut pouvoir, et il faut aussi, pour se débarrasser du mauvais, ne pas sacrifier ce qui est bon, et je t'assure que dans les affaires auxquelles je suis mêlé il y en a de superbes.

— Si tu fais des sacrifices, je t'en tiendrai compte et largement.

— Tu m'en diras tant !

— Tes affaires, autant que je les connaisse, et je ne les connais guère, n'ayant jamais permis qu'on m'en parlât, c'est de la spéculation pure : spéculateur, faiseur. Pour moi, il n'y a de fortune honnêtement acquise que celle qui l'est par le travail. Tu t'es ruiné ; j'aime mieux cela que si tu t'étais enrichi ; au moins l'honneur de notre nom est sauf, et j'espère que tu peux te tirer du guêpier où ta jeunesse t'avait fourré, sans y rien laisser d'essentiel. Je peux donc te prendre avec moi, et c'est ce que je te propose, pensant que les leçons de l'expérience que tu viens de faire suffisent à te prouver que tu as eu tort de ne pas m'écouter il y a cinq ans.

— Il y a cinq ans, j'avais vingt ans de moins qu'aujourd'hui.

— J'aime t'entendre parler ainsi, et j'ai la certitude qu'avec de la bonne volonté tu regagneras le temps perdu. Certainement tu m'as causé de cruels chagrins, mais si grands qu'ils aient été, ils ne m'ont jamais fait désespérer de toi : il faut bien que jeunesse se passe.

En écoutant ce discours pour lui d'une inutilité

complète, Victorien avait eu dix fois l'envie de l'interrompre; mais il avait trop bien remarqué l'effet que produisait sa modération sur son père qui, arrivé presque furieux, s'était peu à peu adouci et attendri; pour ne pas la pousser jusqu'au bout : dire le contraire de ce qu'il pensait et voulait ne l'avait jamais embarrassé, loin de là.

— Que veux-tu de moi ? demanda-t-il, je t'assure que je suis prêt à bien des choses.

— Je te l'ai déjà dit : te prendre avec moi et en même temps te marier.

— C'est tout ?

— Je parle sérieusement.

— Moi aussi, et très sérieusement, en te demandant si c'est tout ; me voilà entré dans ta maison aux appointements de...

— C'est à fixer.

— De plus je suis marié ; avec quoi veux-tu que je vive ?

— Avec la dot de ta femme qui représente cinquante mille francs de rente, et la tienne qui est de même somme. Est-ce assez ?

— Avant de te répondre, je dois te remercier de ce que tu fais pour moi ; mais, cela dit, veux-tu me permettre de trouver qu'une femme qui n'apporte que cinquante mille francs n'offre à ton fils qu'un mariage médiocre ?

— Et si cette femme est charmante ; si elle apporte à son mari la jeunesse, la beauté, la grâce, l'intelligence ?

— Tout alors.

— Si elle est douée de qualités supérieures, cela ne vaut-il pas un peu d'argent ?

— Et cette merveille ? demanda-t-il de son air le plus ingénu.

— C'est le mot ; cette merveille est et ne peut être qu'Antonine.

— Je croyais que tu avais renoncé à ce projet, dit-il simplement.

— Plusieurs fois j'y ai renoncé, et toujours je l'ai repris, car je vois pour toi le bonheur dans ce mariage. Cependant, bien que telle soit ma conviction, aujourd'hui même je balançais encore si je te le proposerais, et je t'aurai trouvé dans les mauvaises dispositions qui ont inspiré ta vie pendant ces dernières années que je ne t'aurais pas parlé d'Antonine, car si je veux ton bonheur, je veux aussi le sien. Si j'ai pour toi une affection paternelle, cette affection est la même pour elle. Mais puisque tu m'as répondu sagement, puisque la raison t'a fait entendre sa voix, puisque tu reconnais toi-même que le travail est préférable à l'existence que tu as menée jusqu'à ce jour, je n'ai plus à hésiter : je reviens à l'idée que j'ai si longtemps caressée et je te demande de prendre Antonine pour femme.

— Mais...

— Je sais que tu vas me dire : Antonine est-elle disposée à me prendre pour mari ? Elle l'est si tu la demandes ; j'ai eu un entretien avec elle ce matin même, elle attend ta demande.

Victorien garda un silence assez long, à la grande angoisse de son père qui craignait un refus.

— J'avoue, dit-il enfin, que tu me prends à l'improviste. Je croyais l'idée de ce mariage abandonnée depuis longtemps par ma mère, par toi, par Antonine, comme elle l'était par moi. Je ne suis donc pas préparé pour te répondre puisque, à vrai dire, j'ignore mes sentiments. Laisse-moi le temps de la réflexion... Et d'un autre côté, permets-moi une question : Quelle position entends-tu me faire chez toi ? Si c'est celle d'un commis, mon orgueil ou ma vanité, si tu veux, ne me permet pas de l'accepter.

— Je ne peux pas cependant te donner à diriger des services auxquels tu n'entends rien.

— Je ne demande pas une direction de ce genre, mais il y a auprès de toi un poste qui m'élève au-dessus de tes employés et me donne une certaine autorité à laquelle j'ai droit, en ma qualité de fils, c'est celle de ton secrétaire, qui, mieux que toutes les autres, me préparera à te seconder. Me l'offres-tu ?

— Avec joie, mon cher enfant.

Victorien tendit la main à son père; mais celui-ci prenant son fils dans ses bras, le serra longuement, tout frémissant d'émotion ; il avait donc triomphé; ce fils qu'il croyait perdu était sauvé.

XV

Une fois de plus, l'expérience prouvait que la douceur vaut mieux que la colère.

Que fût-il arrivé si, sous le coup de la juste indignation produite par la découverte de la tromperie du chèque, il était entré chez Victorien en justicier, comme il en avait eu un moment la pensée ?

En raisonnant d'après la connaissance qu'il avait du caractère de son fils, la réponse ne pouvait pas être douteuse : à la colère, le coupable aurait répondu par la colère, à l'emportement par l'emportement ; des paroles irréparables auraient éclaté des deux côtés, et le résultat final eût été une rupture déclarée qui aurait laissé Victorien plus enfoncé encore dans sa misérable existence.

La modération avait évité ce malheur : à des paroles raisonnables il avait raisonnablement répondu et, ne se sentant pas menacé, il ne s'était point tenu sur ses gardes ; au lieu d'avoir à se défendre contre les accusations qu'il attendait, et qui dans une nature telle que la sienne eussent produit l'exaspération bien plus que la confusion, il avait eu l'agréable surprise de voir que c'était avec des paroles de paix qu'on l'abordait ; il avait écouté ; il s'était adouci, assagi, et sa prompte intelligence lui avait tout de suite montré les avantages de propositions qui, en même temps qu'elles lui permettaient de se dégager des embarras au milieu desquels il se débattait, lui ouvraient les portes du droit chemin.

Quel soulagement, et comme disparaissaient, emportés dans les flammes de la joie, les griefs qui, quelques instants auparavant, exaspéraient sa conscience paternelle ! A les examiner froidement, ces griefs, après tout, perdaient singulièrement de leur gravité, et pour apprécier cette tromperie, ce qu'il convenait, ce n'était pas se placer au point de vue d'une justice sévère, mais se mettre à la place de ceux qui l'avaient commise en pesant leurs raisons.

Bien qu'il n'eût jamais eu à payer une dette de jeu, puisqu'il n'avait jamais joué, il savait de quelle importance sont pour les gens du monde les règles qui régissent ces dettes. Pressé par le départ de son gagnant, Victorien ne pouvait pas se retourner et chercher la somme qu'il avait perdue. Il fallait qu'il la trouvât immédiatement. C'était sous le coup de cette nécessité qu'il était venu à la Chevrolière. Sa mère le sauverait, mais le père, dont il ne pouvait pas prévoir le retour, venait d'arriver, et c'était à lui qu'il fallait demander ces cent mille francs. Les donnerait-il ? S'ils avaient eu à examiner cette question, lui-même maintenant devait la résoudre et de bonne foi avouer que sa réponse aurait été celle qu'ils avaient prévue : il refuserait. Ils avaient passé outre, comptant qu'il subirait le fait accompli.

Certainement telles étaient les raisons qui les avaient entraînés, et sa femme, en cédant à son fils, avait eu un sens plus juste de la situation qu'il ne l'aurait eu lui-même : il aurait provoqué la guerre, elle avait assuré la paix. A la vérité, c'était au prix d'un regrettable compromis ; mais n'est-ce pas ainsi, bien souvent, que les choses se passent, et tout ne se paie-t-il pas en ce monde ?

Que de fois ne l'avait-il pas blâmée de sa faiblesse et de sa douceur, et voilà qu'il devait maintenant reconnaître que le système des concessions pouvait avoir du bon.

Juste pour sa femme, ce qui ne lui coûtait point, bien au contraire, il devait l'être pour son fils aussi. Assurément, en ces dernières années, Victorien avait commis de lourdes fautes, mais la responsabilité du plus grand nombre ne devait-elle pas être imputée aux entraînements subis, plutôt qu'à lui-même? Dans un autre milieu, les occasions lui auraient manqué, ou bien il leur aurait résisté.

Ainsi pour ces cent mille francs perdus contre ce prince roumain, n'aurait-il pas dû être protégé par son cercle, au lieu d'être, comme il l'avait été, entraîné par de coupables facilités?

Heureusement le mariage avec Antonine allait mettre fin à cet état de choses : fine comme elle l'était, et sans faire sentir sa main, elle saurait le préserver de bien des dangers dans lesquels il était tombé.

Comme il raisonnait ainsi en remontant l'avenue de l'Opéra, marchant la tête basse, absorbé dans ses pensées, il sentit qu'on lui prenait le bras et qu'on l'arrêtait :

— Vous à Paris !

Il releva les yeux : c'était un de ses amis, un commerçant, avec qui il s'était lié dix ans auparavant, quand ils étaient l'un et l'autre juges au Tribunal de commerce.

— Vous, mon cher Armihaud !

Ils se serrèrent la main et échangèrent quelques

paroles affectueuses, en gens tout heureux de se retrouver après une assez longue séparation.

Tout à coup M. Combarrieu passa son bras sous celui de son ami par un geste familier.

— Je pensais à vous il n'y a qu'un instant, dit-il.

— Vous êtes bien aimable.

— J'avoue que c'était incidemment : vous êtes toujours vice-président du cercle de la Concorde, n'est-ce pas ?

— Oui.

— Eh bien ! c'était au vice-président du cercle que je pensais, me demandant comment, vous et vos collègues, gens sages et honorables, permettiez que sous votre contrôle, avec votre garantie en quelque sorte, il se perdît au jeu des sommes considérables.

— Je vous ferai remarquer, mon cher ami, que notre cercle est un de ceux où l'on joue le moins gros jeu.

— Qu'appelez-vous donc gros jeu si une perte de cent mille francs est insignifiante pour vous ?

— Et qui donc a perdu cent mille francs chez nous, je vous prie ?

— Mon fils !

— Votre fils !

Ces deux mots furent prononcés avec une intonation qui traduisait autant de surprise que d'incrédulité.

— Qui vous a dit cela ?

— Lui-même.

— Alors...

— Et il ne s'est pas contenté de me le dire, il m'a fait payer.

— Je m'en doute bien ; ce n'est pas pour se vanter qu'un jeune homme fait un aveu de ce genre à son père.

— Trouvez-vous qu'il aurait eu à se vanter s'il avait gagné ?

— Nullement ; ce que je trouve surprenant, c'est que cette grosse perte ait pu se faire sans que je l'aie connue : on ne perd pas comme ça cent mille francs chez nous sans qu'il en soit parlé. Et qui a gagné ces cent mille francs à votre fils ?

— Un roumain, le prince... Zamiresco.

— Je ne crois pas que le prince ait jamais paru chez nous.

— Cependant...

— Quand cette somme a-t-elle été perdue ?

— Lundi... ou mardi.

— Je n'étais à Paris ni lundi ni mardi, mais j'ai passé ma soirée au cercle mercredi et personne ne m'a dit un mot de cette perte. Vous êtes sûr que c'est chez nous que votre fils a perdu ces cent mille francs ; à la Concorde ?

— A la Concorde ; il vient de me le dire ; et comme il demeure rue de l'Échelle, je n'ai pas eu le temps de l'oublier.

— Au moins avez-vous pu faire une confusion.

— Je n'en ai point fait ; la chose avait assez d'importance pour que je ne l'écoute pas d'une oreille distraite.

— Votre fils a pu en faire une.

— Son récit a été parfaitement circonstancié, aussi bien pour le lieu que pour l'adversaire.

— Je le veux bien, mais pour le jour, je vous ferai remarquer que vous hésitez entre lundi ou mardi.

L'hésitation de M. Combarrieu provenait de ce que, tout d'abord, il avait répété le jour donné par Victorien, qui, lui, avait besoin du lundi pour ne pas avouer la fausse date du chèque; mais que ce fût le lundi ou le mardi, qu'importait aux yeux de son ami?

— Si j'hésite pour le jour, je n'hésite pas pour le lieu, dit-il.

— Et vous me rendez responsable de la perte de votre fils ?

— Oh! responsable, c'est beaucoup dire.

— Enfin vous trouvez mauvais que dans un cercle honorable, composé de gens sérieux qui ne sont ni des inutiles, ni des joueurs de profession, et c'est là le caractère du nôtre, un fils de famille puisse perdre cent mille francs sans que ceux qui sont à la tête de ce cercle en sachent rien?

— Dame...

— Eh bien! vous n'avez pas tort... si ces cent mille francs ont été perdus...

— Comment s'ils ont été perdus!

— Je veux dire chez nous ; ce que je ne crois pas.

— Pourquoi mon fils m'aurait-il parlé de la Concorde.

— Ah! pourquoi, pourquoi, je n'en sais rien ; je vous retourne la question. Vous le connaissez mieux que moi. Mais si je ne peux pas répondre sur ce point, je veux au moins vous éclairer sur celui qui me touche. Franchement je ne crois pas que ces cent mille francs aient été perdus chez nous ; cependant je ne veux rien affirmer avant d'avoir fait une enquête.

— A quoi bon ?

— Comment à quoi bon ? Mais à dégager ma responsabilité et à vous prouver que je ne mérite pas les reproches que vous m'adressez... tout bas.

— Je ne vous mets pas en cause, croyez-le ; seulement, je regrette que les jeunes gens trouvent tant de facilités pour se ruiner.

— Eh bien ! justement, ils ne les trouvent pas chez nous, ces facilités ; sans doute, on joue dans notre cercle, mais notre constante préoccupation est de modérer le jeu et de l'entourer d'une surveillance qui assure sa parfaite loyauté. Voilà pourquoi vous trouvez ma susceptibilité éveillée par un fait dont j'admets difficilement la possibilité par cela seul que je l'ignore. Avez-vous un quart d'heure à me donner ?

— Qu'en voulez-vous faire ?

— Je veux que nous allions ensemble au cercle, et qu'ensemble nous fassions cette enquête.

— C'est inutile.

— Pas pour moi ; et peut-être pas pour vous non plus, car enfin si ces cent mille francs n'ont pas été perdus chez nous, il y a dans cette histoire des dessous qui peuvent avoir de l'intérêt pour vous.

A une demande formulée de cette façon, M. Combarrieu ne pouvait pas répondre par un refus qui eût eu pour conséquence de prouver qu'il craignait de connaître la vérité sur son fils.

— Allons, dit-il.

Instantanément et d'un commun accord, ils cessèrent de parler de jeu, comme s'ils avaient l'un et l'autre reconnu que c'était un sujet difficile ou dangereux.

Tout d'abord il ne fut question que du voyage de M. Combarrieu en Amérique, et de ce qui l'avait frappé dans ses études ; puis, par une pente en quelque sorte naturelle, l'entretien revint à Paris.

— Est-ce que vous avez vendu vos brevets ou cédé des licences pour vos machines à quadruple expansion ? demanda M. Armihaud.

— Jamais de la vie, pour rien ; m'en offrît-on des sommes invraisemblables. J'ai l'orgueil de croire qu'elles seront le couronnement de ma carrière, si le mot n'est pas trop noble. La fortune a sa valeur et je ne la dédaigne pas ; mais il y a quelque chose au-dessus de l'argent et des satisfactions matérielles qu'il donne : ce sont celles qu'on trouve dans le devoir accompli et le service rendu. Eh bien ! je suis sûr de rendre à mon pays des services qui assureront sa supériorité là où se trouveront des navires pourvus des machines dont le gouvernement m'a confié la construction. Bien entendu, notre invention ne s'applique à la machine à quadruple expansion que pour le bon fonctionnement de ces machines. Vous savez que la difficulté à vaincre dans la marche à grande vitesse, au tirage forcé, avec des pressions qui vont jusqu'à vingt atmosphères, consiste, entre autres choses, dans l'emploi de plaques à tubes, et de tubes qui résistent aux dilatations de ces hautes températures ; avec les plaques et les tubes en métal ordinaire, des fuites se produisent, qui mettent tout de suite les chaudières hors d'état. Notre métal, celui qui constitue notre invention, résiste à ces températures, et nos tubes à ailettes, en offrant une plus grande surface de chauffe, nous permettent de construire des machines de 15 à 16,000 chevaux qui, dans des navires de 6,000 tonneaux de déplacement, donnent des vitesses de 23 à 24 nœuds en fonctionnant à quadruple expansion et en ne consommant que 500 grammes de charbon par cheval et par heure, au lieu de 750 que consommerait une machine à triple expansion. Multipliez ces 250 grammes d'économie de combustible par 15,000 chevaux, et voyez ce que nous obtenons en vingt-quatre heures. De plus, voyez notre vitesse, et dites si, dans l'état actuel de la construction navale, un croiseur ainsi armé n'est pas le roi des mers, et n'apporte pas cette royauté au pays qui en compte un certain nombre dans sa flotte. Et c'est quand j'ai aux mains un pareil outil que j'en permettrais l'usage à l'étranger ? Alors même que l'État aurait refusé de l'employer, je ne l'aurais pas fait. Ce n'est pas quand il m'a honoré de sa confiance que je vais vendre mon brevet, ou céder des licences ; ce serait trahison.

— Si je vous ai adressé cette question, c'est qu'une Compagnie anglaise, « les Chantiers de la Clyde », a offert à « la Compagnie parisienne » des machines à quadruple expansion qui semblent donner des résultats se rapprochant de ceux que vous venez d'énumérer.

— Ces propositions ne peuvent pas être sérieuses.

— Elles paraissent l'être.

— A moins d'user de mes brevets, c'est impossible.

— La trahison n'est-elle pas toujours à craindre ?

— Pas dans l'espèce; mes précautions sont prises; il n'y a pas que la composition de notre métal qui nous appartienne, il y a aussi notre tour de main, notre cuisine, notre outillage spécial qui constitue en quelque sorte une série d'autres inventions, et je suis parfaitement tranquille.

— Ne peut-on pas se rencontrer en mécanique ? Les Stéphenson n'ont-ils pas inventé en Angleterre la chaudière tubulaire en même temps que Marc Séguin l'inventait chez nous ? et les Anglais n'ont-ils pas trouvé aussi l'hélice en même temps que Sauvage et Normand en France ?

— Oh ! en même temps !

Ils arrivaient devant la porte du cercle de la Concorde.

XVI

Dès le vestibule on pouvait voir qu'on n'entrait pas dans un cercle où la partie, en engraissant la cagnotte, paye le luxe de l'ameublement et l'aspect décoratif du personnel : pas de brillant, de clinquant, mais un confortable sérieux dans lequel rien ne visait à l'effet. La majorité de ses membres devait être formée de gens qui connaissaient le prix de l'argent et qui, par conséquent, n'étaient pas de vrais joueurs, prêts à risquer sur une carte ce qu'ils avaient ou n'avaient point. Et, en effet, telle était sa composition : pas de noms à panache, peu de mondains, mais de prudents financiers, de riches commerçants tous assagis par l'âge ou la fortune, avec quelques éléments jeunes, à peine assez nombreux pour donner un peu de vie à cette antique institution et l'empêcher de justifier tout à fait le nom qu'on lui donnait irrévérencieusement de « cabinet des momies ».

En donnant son chapeau et son pardessus aux valets de pied qui s'empressaient respectueusement autour de M. le président, M. Armihaud commanda qu'on prévînt M. Alexandre de venir lui parler dans son cabinet, où il passa avec M. Combarrieu.

Presque aussitôt la porte s'ouvrit, poussée avec une noble lenteur, et un personnage à la tenue correcte, ayant tout l'air d'un patriarche, fit son entrée :

— Monsieur le président m'a fait appeler ? dit-il cérémonieusement, en saluant M. Combarrieu d'une courte inclinaison de tête qu'on adresse aux personnes qu'on ne connaît pas.

— C'est pour que vous nous disiez si lundi ou mardi le prince Zamiresco a gagné ici cent mille francs à M. Victorien Combarrieu ?

— Si le prince Zamiresco a gagné cent mille francs lundi ou mardi, ce n'est pas ici.

M. Armilhaud lança un coup d'œil à son ami :

— Vous voyez.

Puis revenant à ses questions :

— Les choses n'ont pas pu se passer en votre absence ?

— Je ne me suis pas absenté ; d'ailleurs, au cas même où je me serais absenté, la chose n'aurait pas pu se passer sans que je la connusse ; enfin, le prince Zamiresco n'est jamais entré à la Concorde, et n'y entrera jamais, je l'espère bien.

— Pourquoi ? demanda M. Combarrieu.

— Vous pouvez répondre, dit M. Armilhaud.

— Parce que ce prince Zamiresco n'est pas une personne honorable.

— Qu'est-ce au juste ?

— Au juste, je serais bien embarrassé de le dire ; mais si monsieur le président veut être fixé là-dessus, on peut interroger Dantin, qui doit le connaître.

— Envoyez-nous Dantin, alors.

— Qu'est-ce que c'est que celui-là ? demanda M. Combarrieu.

— Un type que je vous recommande : ancien agent politique, ancien agent de la brigade des jeux, maintenant notre employé ; connaît le monde des tripots aussi bien que les voleries en usage dans ces lieux ; en somme, un garçon curieux et intéressant, qui mérite toute confiance.

Un homme d'une cinquantaine d'années, à la tournure militaire, aux yeux perçants, entra dans le cabinet.

— Vous connaissez le prince Zamiresco? demanda M. Armihaud.

— Un peu, monsieur le président.

— Nous voudrions savoir ce qu'est ce prince Zamiresco.

— Il y a bien des gens à Paris qui sont comme monsieur le président, répondit Dantin en souriant.

— Vous pouvez parler en toute franchise; nous vous avons appelé pour que vous nous éclairiez; dites-nous ce que vous savez, tout ce que vous savez.

— Je sais que le personnage en question n'est pas prince, n'est pas Roumain, ne s'appelle pas Zamiresco; mais son vrai nom je l'ignore, comme sa nationalité; pour son métier, je suis mieux renseigné : c'est un grec, et la preuve, c'est qu'il y a cinq ans, à Nice, j'ai été chargé de le reconduire à la frontière après l'avoir pris au moment où, au Cercle de la Méditerranée, il tirait de sa botte droite une séquence.

— Cela est connu? demanda M. Combarrieu.

— Dans le monde des joueurs, certainement; cela et bien d'autres choses encore. Faut-il raconter tout ce qui court sur son compte?

— C'est inutile. Dites-nous seulement, si vous le savez, où et comment ce prétendu prince aurait gagné lundi ou mardi cent mille francs à M. Victorien Combarrieu.

— Je n'ai pas entendu parler de ça; mais je serais joliment étonné que ce fût vrai.

— Qu'est-ce qui vous étonnerait? demanda M. Combarrieu.

— Que M. Victorien Combarrieu eût joué seulement dix louis contre le prince.

— Ah!

— Et aussi que le prince eût risqué cent sous contre M. Victorien Combarrieu.

— Et pourquoi donc? s'écria M. Combarrieu.

— Parce que corsaires contre corsaires ne font pas leurs affaires.

— Il suffit, nous vous remercions, interrompit vivement M. Armihaud.

Dantin comprit qu'il avait lâché une sottise, mais pourquoi avait-on fait appel à sa franchise? Son président, qui le connaissait, devait savoir que, quand on lui donnait la parole, il racontait volontiers les histoires qui ornaient sa riche mémoire. Ils sont rares les bons policiers dont la langue n'est pas un peu longue. Sans chercher à s'excuser, ce qui probablement n'aurait fait que compliquer les choses, il salua et sortit.

Les deux amis restèrent en face l'un de l'autre sans se regarder et sans parler.

Ce fut M. Combarrieu qui, le premier, releva la tête: il était pâle et ses lèvres tremblaient, agitées par un frémissement qui contractait le bas de son visage.

— Vous m'avez dit que cet homme vous inspirait toute confiance?

— Sans doute; au moins pour certaines choses.

— Celles du jeu.

— Je dois vous faire observer que, comme tous les policiers, il est disposé aux soupçons, et qu'il admet trop facilement ce qui n'est que rumeur et propos en l'air.

— Je voudrais vous croire, mais vous comprenez que je ne peux pas m'en tenir à une vague espérance. Il vient de lui échapper des paroles graves qui doivent être expliquées. Mon fils, vous le savez, m'a causé de grands chagrins, et par faiblesse, par tendresse, comme aussi par un sentiment de fierté et de dignité mal compris, je n'ai pas voulu connaître sa vie, détournant les yeux de ce que je voyais, fermant les lèvres de ceux qui essayaient de m'avertir, comme s'il suffisait d'ignorer les choses pour qu'elles n'existent pas. Mais, après ce qui vient d'être dit devant vous, je ne puis pas plus longtemps m'enfermer dans cette ignorance coupable. Il faut que je sache. Il faut que je juge. Je vous prie donc de faire appeler votre inspecteur et de lui dire de me donner toutes les explications qui peuvent m'éclairer.

— Mais, mon cher ami...

— Comme vous, je voudrais croire à des rumeurs et à des propos en l'air, de même que je voudrais croire aux exagérations d'un policier ; mais mon devoir et mon honneur exigent que j'aille au fond des choses, quoi que j'y puisse découvrir.

Il était impossible d'échapper à une demande qui se posait dans ces conditions. M. Armibaud sonna.

— Prévenez M. Dantin que je le prie de revenir, dit-il au valet qui se présenta.

Il s'établit un silence pénible qui heureusement

dura peu. Presque aussitôt Dantin fit son entrée dans une attitude embarrassée qui disait que, pendant sa courte absence, il s'était renseigné et savait maintenant à qui il allait parler.

— Mon ami, M. Combarrieu désire vous poser quelques questions, dit M. Armihaud; je compte que vous lui répondrez comme vous le feriez pour moi; je vous laisse.

Ce fut un soulagement pour M. Combarrieu. Au moins n'aurait-il pas à rougir devant un ami.

— Veuillez croire, dit Dantin avec confusion, que si M. le président m'avait fait connaître la personne pour laquelle il me demandait des renseignements, je ne me serais pas exprimé avec cette légèreté.

— C'est de la légèreté?

— Je veux dire cette maladresse: on m'invitait à la franchise, et...

— Vous connaissez M. Victorien Combarrieu?

— Je le connais.

— Comment l'avez-vous connu?

Dantin garda le silence.

— M. Armihaud ne vous a-t-il pas demandé de me répondre comme vous lui répondriez?

— Certainement, monsieur, mais enfin vous n'êtes pas M. Armihaud.

— Je suis un père, et c'est comme père que je vous interroge. Comprenez donc que vos hésitations sont pour moi la plus cruelle des angoisses. Je n'ai pas à vous expliquer ma situation, vous devez sentir ce qu'elle est. En quelques mots vous venez de jeter dans mon cœur des soupçons qui m'étouffent. Vous m'avez fait entrevoir des choses que je ne soupçonnais pas et que je dois connaître, quelles qu'elles soient. Parlez donc, je vous adjure de parler.

Dantin ne se décida pas.

— Votre silence est la plus grave des accusations, continua M. Combarrieu, puisqu'il permet toutes les craintes. Songez, monsieur, que mon fils est d'un âge où une main ferme peut l'arrêter dans la mauvaise voie; mais pour que cela soit possible, il faut que celui qui doit le retenir et le diriger soit éclairé. Je ne le suis pas. Je soupçonne tout, je ne sais rien. Que puis-je? Vous me disiez tout à l'heure que vous connaissiez mon fils; dans quelles circonstances l'avez-vous connu?

Cette fois, Dantin n'hésita plus :

— Je comprends que j'en ai trop dit pour ne pas tout dire ; mais vous vous rappellerez, monsieur, que je ne le fais que forcé et contraint par votre insistance, après avoir été mis par une sorte de surprise dans cette position de vous blesser si je me tais, de vous désespérer si je parle.

— Parlez.

— C'est il y a trois ans que j'ai connu M. Victorien ; je venais de quitter la brigade des jeux ; je fus mis en rapport avec lui par un de ses amis dont le nom n'a pas besoin d'être prononcé, un fils de famille mangé par les usuriers, dont j'avais tant bien que mal arrangé les affaires. Le jeune homme me demanda de rendre le même service à son ami, et j'allai voir M. Victorien, qui me raconta ce qu'il attendait de moi. Pour payer une dette de deux cent mille francs contractée envers le prêteur d'un club et qui lui coûtait dix mille francs par mois...

— Est-ce possible !

— Dans ce monde-là, c'est l'invraisemblable seul qui est le vrai. Pour se débarrasser de cette dette, il avait été amené par le bookmaker Vassiette à faire deux affaires commerciales pour lesquelles précisément on m'appelait. L'une était un achat de cent mille bouteilles de vin mousseux de l'Anjou, imitant le vin de Champagne, au prix de deux francs la bouteille, soit deux cent mille francs, et qu'il devait revendre avec un bénéfice de un franc par bouteille, soit cent mille francs. L'autre était encore un achat, mais cette fois de ficelle à un fabricant de la Somme, moyennant cent mille francs. Pour donner une tournure commerciale à cette opération, on s'était procuré un marchand de vin et un épicier, qui avait fait les valeurs sur lesquelles M. Victorien avait apposé un aval de garantie ; et, pour prix de cette complaisance, l'un avait pris une commission de vingt mille francs, l'autre une de dix mille. Les marchandises, livrées par les fabricants contre billets — dix wagons de ficelle — avaient été entreposées, warrantées et finalement vendues, à perte, faut-il le dire : les vins mousseux à cinquante centimes la bouteille, soit cinquante mille francs au lieu de trois cent mille ; les cent mille francs de ficelle avec une perte de soixante-quinze pour cent. Ce que M. Victorien voulait, c'était obtenir une diminution sur les trois cent mille francs de valeurs souscrites ; ce qui n'était possible qu'en prouvant la mauvaise foi de ses vendeurs. Ce fut à cela que je m'employai et j'eus la chance de réussir... en partie.

— Qu'appelez-vous réussir ? demanda M. Combarrieu, trop bon commerçant pour ne pas lâcher cette question.

— J'obtins vingt-cinq pour cent de l'Angevin et vingt du Picard : pour avoir davantage, il fallait engager un procès, que M. Victorien ne voulait pas. Si peu que ce fût, il s'en déclara satisfait et continua de me charger de quelques-unes de ses affaires.

— De ce genre ?

— Il en avait de pis. En allant chez lui tous les jours le matin, et quelquefois le soir je rencontrais, dans son salon, un tas de gens véreux, usuriers qui venaient lui offrir de l'argent, faiseurs qui venaient lui proposer des affaires dans lesquelles il devait trouver la fortune : car il y a cela de curieux chez lui que, s'il a été plus d'une fois dupé comme pour le vin mousseux et la ficelle, il a su aussi dans d'autres occasions réaliser de gros gains, sans quoi il serait à bout depuis longtemps. M'imaginant qu'il ne connaissait pas ces gens-là, je crus de mon devoir de lui communiquer les renseignements que j'avais sur quelques-uns d'entre eux. Vassiette d'abord, le bookmaker, ancien lad, ancien valet de chambre, ancien cocher, ancien entraîneur, qui a gagné quatre ou cinq millions à prêter aux propriétaires de chevaux à cinquante pour cent, et d'autres millions encore dans la plupart des grandes filouteries organisées en ces dernières années, et qui, non content de cela, voudrait plus et mieux encore, c'est-à-dire des affaires à peu près propres qui lui permettraient de compter pour quelqu'un. Ensuite, Mélicieux, son secrétaire, ancien avoué, destitué pour escroqueries, plus dangereux que Vassiette, par cela qu'il n'est qu'un misérable et qu'il est dévoré de besoins que l'autre n'a pas. A côté de ceux-là, deux femmes qui ne valent pas mieux : la baronne Suippe, dont la notoriété date des marchés de la guerre et qui a fait tous les métiers, une vieille à dentelles noires ; et la comtesse de Mindel, une jeune celle-là, jolie, Prussienne, Autrichienne, Italienne, à moins qu'elle ne soit Hollandaise, en réalité une espionne au profit de qui veut l'employer, ce qui n'empêche pas qu'elle ait ses grandes entrées dans plusieurs ministères, où elle fait commerce de décorations, de nominations, de fournitures et de tout ce qu'on peut lui demander.

Dantin s'interrompit :

— Dois-je passer ces détails ?

— Au contraire ; voyez comment je les écoute.

C'était avec une telle anxiété que de temps en temps il tirait son mouchoir pour s'essuyer le front et les poignets ruisselants de sueur.

Dantin reprit :

— Tout d'abord je n'osai parler de ces coquins qu'avec une certaine réserve. Mais M. Victorien m'écouta de telle sorte, que je crus pouvoir lui dire tout ce que je savais sur eux. Ce tout ne lui suffit pas. Il voulut davantage, et me demanda d'entreprendre sur chacun d'eux des recherches spéciales poussées aussi loin que je pourrais. Je le fis d'autant plus volontiers que j'étais convaincu, comme je le suis encore d'ailleurs, que ces gens-là et quelques autres de son entourage ne cherchaient pas seulement à l'exploiter pour l'argent qu'ils gagnaient avec lui, mais encore pour son nom, dont ils espéraient se couvrir le jour où le parquet voudrait mettre le nez dans leurs affaires. Quand la justice trouve devant elle des Vassiette, des Mélicieux, des baronne Suippe, elle va droit son chemin ; au contraire, quand elle rencontre un nom justement honoré, elle n'agit qu'avec certains ménagements, qui donnent trop souvent aux avisés le moyen ou le temps de se mettre à l'abri. Je me livrai à mes recherches, qui furent assez longues, car on ne lit pas vite dans la biographie de ces gaillards-là ; mais à la fin j'eus la satisfaction de réunir un ensemble de documents appuyés de preuves, qui, me semblait-il, allaient les faire jeter à la porte. Vous allez voir comme j'étais naïf. « Je vous remercie, me dit M. Victorien ; tout ce que vous m'apprenez là est fort instructif et me permet de composer des dossiers, qui me donneront barre sur eux, le jour où il seront inutiles pour moi, ou dangereux. » J'avoues qu'en voyant que toutes mes recherches n'avaient d'autre but que de composer des dossiers, les bras me tombèrent du corps, mais j'eus au moins l'intelligence de comprendre que je serais un imbécile si j'ajoutais un seul mot. Voilà, monsieur, ma réponse à votre question : « Comment l'avez-vous connu? » Maintenant il me reste à expliquer, si vous l'exigez, comment j'ai laissé échapper devant M. Armlhaud le mot maladroit qui vous a frappé.

— Je n'exige pas, je prie.

— Je n'ai qu'à obéir. L'arrangement des affaires de vin et de ficelle, mais surtout tous les renseignements recueillis sur l'entourage m'obligeant à voir M. Victorien presque tous les jours, nous causions ; il me racontait ce qu'il lui plaisait de dire ; et plus souvent il m'interrogeait sur mon temps passé à la brigade des jeux, et sur les voleries des grecs que j'ai vus de près. Ces récits l'intéressaient beaucoup, et plus d'une fois, des gens qui venaient pour des affaires importantes ont dû attendre que j'aie fini mes histoires. On ne connaît bien que ce qu'on pratique soi-même, et quoique je n'aie jamais joué pour de vrai, j'ai étudié le maniement des cartes, et je suis arrivé à filer la carte aussi adroitement, je peux le dire, que le plus fort des grecs aux doigts légers.

Comme le visage de M. Combarrieu avait trahi un certain étonnement, Dantin s'arrêta :

— Je pense que vous savez ce que c'est que filer la carte ?

— Mon Dieu non.

— C'est choisir dans un paquet de cartes, sans que personne s'en aperçoive, celles qui doivent vous faire gagner : au moyen du filage on tourne le roi à l'écarté, et au baccara, quand on tient les cartes, on donne des bûches aux deux tableaux, et à soi-même le point de neuf. Un jour, M. Victorien me demanda de lui apprendre à filer la carte : « On m'a tant et si souvent volé, me dit-il, que je voudrais bien savoir comment on opère, afin de ne plus me laisser duper. » J'acceptai cette raison, il était vrai qu'on l'avait terriblement volé ; et d'autre part il m'adressait cette demande avant sa réponse à propos des dossiers. Nous voilà donc enfermés dans son cabinet, avec défense expresse qu'on nous dérangeât sous aucun prétexte, et travaillant nos cartes, non seulement le filage, mais encore les portées et toutes les combinaisons de tricheries pratiquées par les grecs. Je m'étais imaginé qu'il s'agissait d'une simple démonstration, mais quand je vis qu'il travaillait lui-même en homme qui veut acquérir de l'habileté, je commençai à trouver cela drôle. Qu'il voulût savoir, c'était tout naturel ; mais opérer soi-même, employer tous les matins un certain temps à perfectionner son doigté, à faire ses gammes comme un pianiste, à quoi bon? Je trouvai des prétextes pour interrompre mes leçons, et peu après, mon enquête ayant excité contre moi l'hostilité de ceux que j'avais dénoncés, je cessai avec M. Victorien des relations qui étaient devenues difficiles. Je ne pensais plus à cela, lorsque quelques mois plus tard une rumeur courut le monde des cercles : M. Victorien Combarrieu, en douze parties d'écarté, avait gagné à un Espagnol, Don José Rivadeynera, deux cent mille francs ; sur ces douze parties, dix avaient été pour lui, deux seulement pour l'Espagnol. Je n'affirme pas qu'une pareille veine ne puisse pas se rencontrer ; mais, pour nous autres, elle est trop belle, et l'on se dit que si ces dix parties n'ont pas été gagnées par un grec de profession, elles l'ont été par un joueur qui, après avoir été longtemps exploité, en est arrivé à se dire qu'il serait trop bête de ne pas chercher à se rattraper n'importe comment ; que son tour est venu, et qu'il peut bien employer contre les autres les procédés que les autres ont employés contre lui ; et je vous assure que cette morale facile a plus d'un adepte dans le monde.

Dantin avait fait une pause, il reprit bientôt :

— Je n'ajoute plus que quelques mots, car il faut bien que je vous apporte la preuve que, si j'ai parlé légèrement, je n'ai pas porté une accusation qui n'eût de graves présomptions pour elle. Trois mois après cette partie éclatait, au cercle de la rue Auber, un scandale auquel M. Victorien se trouvait mêlé ; et bientôt un autre encore chez les Mussidan, dont on le chargeait. Vous voyez sur quoi reposent mes présomptions ; si elles ne justifient pas mes paroles imprudentes, au moins elles les expliquent.

— Il suffit, interrompit M. Combarrieu ; ce n'est pas à vous de conclure, c'est à moi.

Il se leva :

— Je vous remercie.

Sans attendre davantage, Dantin s'empressa de sortir, heureux de mettre fin à cet entretien.

Resté seul, M. Combarrieu attendit : son ami allait rentrer ; il devait affronter son regard ; et dans son angoisse il s'imaginait que M. Armihaud avait entendu les paroles de Dantin, comme si un fil téléphonique les avait transmises à son oreille. Quelques minutes s'écoulèrent, poignantes, éternelles. Puis la porte s'ouvrit ; mais ce ne fut pas son ami qui entra, ce fut un valet chargé de présenter les regrets de M. le président, « forcé de quitter le cercle pour une affaire urgente » ; et en écoutant ces excuses, M. Combarrieu se demandait si un regard échangé ne lui aurait pas été moins cruel que cette façon de se dérober qui, dans sa discrétion et sa pitié, disait tant de choses.

Quand il traversa le vestibule il n'osa pas lever les yeux sur les valets de pied, se disant que ces gens, pour qui le jeu n'avait pas de secrets, devaient en savoir autant que Dantin.

Il descendit l'escalier comme un homme ivre, sentant les marches de pierre s'enfoncer mouvantes sous ses pas.

Dans la rue, l'air plus vif calma un peu son trouble ; l'heure était venue de retourner à la Chevrolière ; mais qu'y ferait-il ? Comment aborderait-il sa femme ? Au premier coup d'œil elle lirait en lui, et il ne pourrait rien dire, rien expliquer ; elle le questionnerait sur Victorien avec cette passion maternelle qu'elle apportait dans tout ce qui touchait son fils ; elle le presserait, et il ne pourrait pas répondre.

Il entra dans un bureau télégraphique et envoya une dépêche pour dire qu'il était retenu à Paris ; puis, prenant une voiture, il se fit conduire aux Batignolles.

Lorsqu'il passa la porte de son usine, le travail était encore en pleine activité ; des forges et des fonderies jaillissaient des nappes rouges qui emplissaient les cours de lueurs fulgurantes, et au puissant ronflement des tours, des volants, des tambours, se mêlaient les vibrations claires des enclumes alternant avec les coups sourds des marteaux-pilons qui secouaient le sol, et les échappements de la vapeur.

En traversant ses bureaux, il n'adressa la parole à personne, et ceux des employés qui se trouvèrent sur son passage remarquèrent le bouleversement de son visage et la lourdeur de sa démarche. Comme un éclair, le même mot courut tous les bureaux :

— Le patron revient furieux ; gare l'explosion.

Cette attitude était d'autant plus frappante qu'ordinairement, lorsqu'il rentrait après une absence, il avait toujours un mot affectueux ou un sourire bienveillant pour chacun, en homme qui est heureux de se retrouver parmi les siens et tient à leur montrer son affection.

On était curieux et inquiet aussi de voir quel serait celui qui, le premier appelé, devrait affronter cette colère ; mais comme ce fut le directeur, M. Peyronic, on se rassura : si entre celui-là et le patron les choses allaient mal, l'affaire passait au-dessus des bureaux, qui pouvaient se calmer.

— Quoi de neuf en mon absence? demanda M. Combarrieu.

— Rien de grave, une chose exceptée : je crains qu'il n'y ait contrefaçon de nos tubes en Angleterre.

— Les chantiers de la Clyde?

— Vous savez?

— M. Armilhaud vient de m'apprendre qu'on avait proposé à la *Compagnie parisienne* des chaudières offrant certains points de ressemblance avec les nôtres.

— Dites les points essentiels : il semble que, comme le nôtre, leur métal soit un alliage de cuivre d'aluminium, de nickel et de chrome.

— Comment vous expliquez-vous cela ?

— Je ne me l'explique pas.

— Vous n'avez pas fait de recherches ?

— J'ai attendu votre retour ; d'ailleurs il n'y a que quelques jours que j'ai été informé, et j'ai cru que le mieux était de ne pas parler de ce que j'avais appris, de façon à ne pas entraver votre liberté d'action.

— Avez-vous des soupçons ?

— Aucun, mais un profond étonnement : car je croyais nos précautions bien prises ; toutes hypothèses examinées, je suis obligé de conclure à la trahison.

— De qui ?

— Je vous ai dit que je n'avais pas de soupçons ; en tout cas, si la trahison a eu lieu, ce n'est pas ici, c'est à Quevilly.

Longuement il entra dans des détails précis pour expliquer comment et pourquoi il concluait à cette trahison et la fixait à Quevilly, où se faisait la fonte des tubes.

— Et maintenant, dit-il quand il fut arrivé au bout, que décidez-vous ?

Contrairement à son habitude, M. Combarrieu se

montra hésitant : il voulait réfléchir, s'éclairer, ne se prononcer qu'en connaissance de cause ; et l'entretien en resta là.

Après le directeur il ne fit appeler personne et resta enfermé dans son cabinet. Au moment où la fermeture allait sonner Darlot arriva, et quand il apprit que le patron était à son bureau il alla frapper à la porte.

— Je viens vous demander vos instructions avant de partir pour Quevilly.

— J'ai besoin de toi à Paris ; provisoirement tu ne partiras donc pas.

Puis, avant que Darlot fût revenu de sa surprise, il lui posa plusieurs questions de peu d'intérêt, avant d'en venir à une qui fit trembler sa voix.

— Ne m'as-tu pas dit qu'en mon absence Victorien avait fait plusieurs visites ici et s'était intéressé à nos travaux en train, notamment à notre machine à pétrole ?

— Oui.

— Ne voulait-il pas que tu l'accompagnes à Quevilly ?

— Oui.

— Sais-tu s'il y a été seul ?

— Je le crois.

L'interrogatoire n'alla pas plus loin sur ce sujet vivement M. Combarrieu le mit sur un autre.

XVII

Les bureaux étaient vides depuis longtemps déjà, que M. Combarrieu restait toujours dans son cabinet, immobile, affaissé dans son fauteuil, reprenant sans cesse ce qui lui avait été dit par M. Armihaud, aussi bien que par son directeur.

Cette trahison était-elle possible ?

La nuit étant venue et le gaz n'ayant pas été allumé dans le cabinet, il demeurait enveloppé d'ombres.

Dans l'usine, quelques ateliers avaient éteint leurs feux, mais d'autres où le travail de nuit était organisé flamboyaient dans l'obscurité des cours, et leur ronflement monotone, plus fort dans le silence relatif du soir, faisait une sorte d'accompagnement à ses pensées pour les rendre plus sombres encore et plus sinistres.

Que d'heures de sa vie s'étaient ainsi passées dans ce cabinet, où le berçait cette musique douce à ses oreilles, autrefois près de son père, plus tard, en sa première jeunesse, tout seul ! Les temps étaient difficiles : car, bien souvent, on travaillait sous le poids de lourdes échéances, sans trop savoir si on en sortirait, mais combien moins douloureux que le présent ! Fiévreux oui, non désespérés. Quoi qu'il arrivât, on s'appuierait toujours sur un passé glorieux : si l'on succombait, resterait l'avenir. Comment prévoir alors qu'un jour viendrait où passé et avenir sombreraient d'un même coup de foudre, le plus effroyable, le plus lamentable qu'une imagination affolée de pessimisme pût rêver?

Après s'être dix fois convaincu par son examen personnel qu'on ne pouvait pas arriver à d'autres conclusions que celles de son directeur, et que malgré sa résistance obstinée il fallait quand même les subir, il se décida à quitter son cabinet.

Quand il fut dans la rue, ses pas le mirent machinalement sur la route qu'il suivait tous les soirs, et sans savoir comment il était venu, il se trouva avenue Hoche devant la porte de son hôtel.

Alors il pensa qu'il n'avait pas dîné; en cette saison, dans l'hôtel abandonné, il ne restait pour tout domestique que le concierge et sa femme, c'est-à-dire personne pour le servir. Mais comme il n'était pas en disposition de s'asseoir dans une salle de restaurant, il commanda qu'on allât lui chercher une tranche de viande froide, un petit pain, et qu'on lui montât le tout avec une bouteille de vin dans son cabinet de travail.

Mais, son couvert dressé sur une table, au lieu de s'asseoir, il continua de marcher à travers son cabinet, en tirant coup sur coup de grosses bouffées de fumée de son cigare, comme si c'était là pour lui une puissante distraction, une jouissance dans laquelle il s'anéantissait.

Le premier usé, il en alluma un second, puis un

troisième, et à la fin il alla se mettre au lit, sans avoir touché à son dîner, mais après avoir bu trois grands verres d'eau.

Après une nuit sans sommeil, agitée par la fièvre, troublée par des hallucinations et des effarements, il se leva au petit jour et, revenant dans son cabinet, il écrivit un court billet qu'il fit porter au cercle de la Concorde : sur l'adresse le nom de Dantin ; à l'intérieur, deux lignes.

« Je prie M. Dantin de me faire savoir où et quand je pourrai le rencontrer. »

A l'avance, il savait que cette rencontre pourrait avoir lieu au cercle, en y allant à l'heure à laquelle on y trouvait Dantin ; mais précisément il ne voulait pas, il n'osait pas y retourner.

Ce fut seulement à deux heures qu'on lui porta la réponse aux Batignolles, où il avait passé la journée : « J'aurai l'honneur de me présenter aujourd'hui, à trois heures, chez M. Combarrieu. »

Dantin fut exact ; à trois heures, il sonna à la porte de l'hôtel, et aussitôt il fut introduit auprès de M. Combarrieu, qui, depuis vingt minutes, l'attendait dans son cabinet en se promenant de long en large, les yeux attachés sur le cadran de la pendule.

— Je vous remercie, dit M. Combarrieu, d'avoir bien voulu vous déranger pour moi.

— J'ai pensé que vous aimeriez mieux me recevoir ici, répondit Dantin, de façon à indiquer, mais sans appuyer, qu'il était assez fin pour comprendre pourquoi on ne venait pas le trouver à son cercle.

— J'ai un service à vous demander.

Dantin s'inclina sans répondre, ce qui lui permettait de ne s'engager qu'après avoir appris ce qu'on voulait de lui.

— Vous vous êtes occupé des affaires de mon fils, dans son intérêt; je veux vous prier de vous en occuper encore, mais dans le mien.

— Je ne comprends pas.

— Je vais m'expliquer.

Après avoir fait asseoir Dantin, M. Combarrieu continua :

— Ce que vous m'avez dit m'a fait entrevoir ce qu'était la situation de mon fils au temps où il vous employait; j'ai besoin de savoir maintenant ce qu'elle est aujourd'hui.

— Je l'ignore.

— Eh bien ! il faut l'apprendre. C'est là ce que j'attends de vous. Des recherches de ce genre ne doivent pas vous être impossibles.

— Impossibles, non assurément, mais difficiles; quand je me suis occupé des affaires de M. Victorien, j'étais sans position; mon temps m'appartenait; aujourd'hui je n'ai plus ma liberté.

— N'avez-vous pas quelques heures à vous dans votre journée?

— Sans doute.

— D'autre part, ne pouvez-vous pas vous faire aider? Je suis disposé à reconnaître largement le service que je réclame; vous ne serez, en aucune circonstance, arrêté ou gêné par l'argent.

Cette fois, Dantin répondit plus vite :

— Mais je ne vois pas très bien en quoi consistent les recherches que vous désirez.

— Connaître au juste la situation actuelle de mon fils, ses dettes, ses ressources. J'insiste sur ce point tout particulièrement : d'où lui est venu l'argent qu'il a dépensé en ces derniers temps, soit pour son plaisir, soit pour apaiser ses créanciers ? Je sais, ou plutôt je crois savoir qu'il a eu de grands besoins ; comment est-il parvenu à les satisfaire ? Avec quels gens s'est-il trouvé en relations ? quelles sommes lui ont-ils versées ? de son côté, quels engagements a-t-il contractés ?

— Cela n'est pas commode.

— Si cela l'était, il va de soi que je n'aurais pas recours à vous : c'est la difficulté vaincue qui fait le prix du service rendu, et aussi l'habileté déployée, de même que la discrétion ; car il est bien entendu que mon fils ne doit pas soupçonner vos recherches, ni surtout le nom de celui qui les fait faire.

Dantin resta un moment pensif.

— Je ne vois que Mélicieux, dit-il, qui puisse m'aider.

— N'êtes-vous pas mal avec lui ?

— Mélicieux est un philosophe pratique, qui n'est mal qu'avec ceux dont il n'a rien à attendre de bon. Il a été mon adversaire quand il m'a cru dangereux ; mais il me prendra la main avec effusion s'il voit qu'elle n'est pas vide.

— Je n'ai pas à connaître ceux que vous emploierez, pas plus que les moyens auxquels vous aurez recours.

— Comme vous voudrez, monsieur; nous nous en tiendrons donc aux résultats.

— Voilà qui vous aidera à les obtenir rapides et autant que possible complets sur le point principal que je vous ai indiqué : les sources auxquelles mon fils a puisé pour faire face à ses dépenses.

Et ouvrant un tiroir de son bureau, il en tira un cahier d'où il détacha un chèque après l'avoir rempli.

— Si cette provision est insuffisante, vous me direz de combien. Quand vous aurez quelque chose à me communiquer, prévenez-moi par un mot, qui me donnera l'heure où je devrai vous attendre ici. Hâtez-vous.

Si Dantin était réellement l'homme intelligent qu'il croyait, et si Mélicieux justifiait sa réputation, peu de temps devait suffire à cette enquête.

Ses doutes seraient donc fixés, ses craintes écartées ou confirmées, sans que celui qui lui apporterait la lumière soupçonnât l'horreur du mystère qu'il avait éclairci.

Lui-même était resté debout la plus grande partie de la nuit, sans oser laisser sa pensée descendre jusqu'au fond et formuler une accusation précise.

C'était son fils celui que les faits et les inductions groupées autour accusaient, et son cœur de père, l'honneur de son nom, la fierté de sa vie, tout en lui se révoltait contre les conclusions qui, de tous côtés, l'enserraient à l'étouffer.

Mais il ne suffisait pas de dire et de répéter, decrier: « C'est mon fils que j'accuse! » pour que cette accusation ne fût pas justifiée.

Que prouvait l'honneur, la fierté du père, la considération qu'on accordait à son nom? c'était du fils qu'il s'agissait; ce n'était pas la vie du père qu'il fallait évoquer avec les journées prises par le travail, c'était celle du fils avec ses heures, si vides d'un côté et si pleines de l'autre.

Si le cœur paternel protestait contre cette pensée d'une trahison, l'esprit de l'homme d'affaires pouvait-il, raisonnablement, repousser les présomptions qui l'imposaient?

Les dénégations auxquelles il avait, tout d'abord, voulu se raccrocher n'étaient plus possibles; après son entretien avec son directeur, qui ne parlait pas à la légère, lui-même avait reconnu la trahison, et si le coupable n'était pas celui qui avait étudié ses nouveaux travaux, sans que rien expliquât cette étude, plus qu'étrange chez lui, c'était quelqu'un de la maison.

Comment hésiter entre ceux dont il avait si souvent éprouvé la fidélité, la probité, le dévoûment, et celui sur le compte de qui on venait de lui faire de si terribles révélations?

Qui vole au jeu, n'est-il pas capable de bassesses plus honteuses encore?

Dans ce que lui avait dit le policier, un mot l'avait frappé qu'il trouvait maintenant effroyablement vrai: c'est que ceux qui ont gaspillé leur fortune en arrivent facilement à se dire qu'ils seraient trop bêtes de ne pas chercher à se rattraper n'importe comment, et que leur tour est venu.

Ce n'était pas seulement « n'importe comment », que s'était dit ce misérable, c'était aussi « contre n'importe qui »; et sûrement le sentiment filial ne lui avait pas crié : « C'est ton père que tu trahis. »

Depuis dix ans, en quelle occasion s'était-il affirmé et manifesté, ce sentiment filial? A bien chercher, il n'en trouvait pas une seule; le père avait un fils : le fils, n'avait pas de père.

Coûte que coûte, il fallait donc que l'auteur de cette trahison fût découvert, et que le doute ne pût pas rester suspendu au-dessus des innocents : pour cela la seule chose à faire était, semblait-il, celle à laquelle il s'était arrêté après sa cruelle nuit d'insomnie: recourir à Dantin, et pendant que celui-ci ferait son enquête à Paris, en faire une à Quevilly.

Assurément sa répugnance à se servir de pareils moyens avait été profonde, et longtemps il avait hésité, balançant le pour et le contre; mais de quels autres pouvait-il disposer?

Procéder soi-même à cette enquête, aller droit chez Victorien, l'interroger, le presser, de force lui arracher un aveu? Il ne fallait pas y songer. Victorien n'était-il pas le mensonge même? Qu'attendre de lui si ce n'est la tromperie la plus audacieuse? Quoi de plus effronté que cette histoire des cent mille francs perdus dans un cercle où il n'avait pas mis les pieds, et contre quelqu'un avec qui il n'avait pas joué? N'était-elle pas la preuve que tout lui était bon pour sortir d'embarras, même l'absurde?

Avec Dantin point de mensonges, puisqu'il n'y aurait pas d'interrogatoire; mais une enquête secrète et qui, jusqu'à un certain point, aurait le caractère de celles de la justice.

N'était-ce pas elle qui d'un moment à l'autre pouvait maintenant abattre sa main sur lui?

XVIII

Les raisons qui la veille avaient empêché M. Combarrieu de retourner à la Chevrolière étaient toujours les mêmes, puisque son état moral était le même aussi; mais comme il ne pouvait pas rester à Paris jusqu'à ce que Dantin eût achevé son enquête, il fallait bien qu'il se décidât à rentrer chez lui.

Ce que serait son attitude avec sa femme, il ne le savait pas; ce qu'il voulait, c'était ne point laisser paraître ce qu'il éprouvait et ne dire rien de ce qu'il avait appris; mais le pourrait-il?

Jamais il n'avait eu, jusqu'à ce jour, rien à lui cacher, et il suffisait qu'elle levât les yeux sur lui pour lire sur ses lèvres la pensée qu'elles allaient exprimer, pour deviner le mot qu'elles n'avaient point encore formé. Son regard serait-il plus ferme qu'il ne l'avait été jusque-là, son cœur moins facile à la tendresse? Il l'ignorait, et sentait très bien que tout ce qu'il combinerait à l'avance, loin d'elle, ne servirait à rien lorsqu'ils seraient en tête-à-tête. Ce n'est pas avec la raison qu'on écoute la voix de la femme qu'on aime, c'est avec son cœur, comme c'est au cœur que frappe la commotion de son regard ; et près d'elle, il n'avait jamais été maître de son cœur.

Comme il n'arriva à la Chevrolière qu'à l'heure du dîner, elle ne put pas l'interroger devant Antonine, et elle dut laisser la conversation se traîner dans les banalités ordinaires ; mais aux regards qu'elle attachait sur lui, il devinait combien elle avait hâte de le questionner, et comme, malgré la contenance qu'il cherchait à se donner, il n'arrivait pas à ne pas trahir sa préoccupation, aussi bien par de trop longs silences que par des paroles trop pressées, cette hâte s'accroissait de minute en minute.

Aussitôt qu'ils se levèrent de table, elle lui demanda de faire une promenade dans les jardins et Antonine les laissa seuls : elle aussi aurait voulu un tête-à-tête avec son oncle, dans lequel elle aurait appris son sort, mais comme elle ne pouvait pas le demander, il fallait qu'elle se résignât à attendre; en voyant la préoccupation sombre de son oncle pendant le dîner et son embarras, elle s'était dit que la réponse de Victorien devait être opposée au mariage ; mais ne se trompait-elle point en prenant ses espérances pour la réalité ? Son oncle pouvait avoir d'autres raisons de contrariété que celle-là.

Tant que madame Combarrieu fut dans le voisinage du château, elle ne parla que de choses insignifiantes ; mais quand, après être descendus dans le jardin déjà à demi-noyé dans l'ombre du soir, elle n'eut plus à craindre d'être entendue, elle en vint au sujet qu'elle avait à cœur.

— J'ai reçu une dépêche de Victorien hier soir, dit-elle.

— Une dépêche, non une lettre ?

— Une dépêche, il n'aura pas eu le temps d'écrire une lettre... inutile d'ailleurs, puisque par vous je devais être instruite de ce qui s'est passé.

— Et que dit cette dépêche ?

— « J'ai vu mon père ; tout est en voie d'arrangement pour le mieux ; tu seras contente. » Vous voyez, c'est à moi qu'il pense avant même de penser à lui. Mais de quoi dois-je être contente ? Voilà ce que je tiens à savoir précisément.

Sur ce point, il n'avait pas de raisons pour ne pas répondre, et même il semblait impossible qu'il ne répondît pas ; il dit donc les propositions qu'il avait faites à Victorien et les réponses de celui-ci, au moins dans le sens qu'il avait compris, c'est-à-dire celui de l'acceptation.

Pendant qu'il parlait, elle laissait paraître son émotion :

— Oh ! le cher enfant, le cher enfant !

Dans son trouble, elle s'était rapprochée de son mari et se serrait contre lui : aux secousses qu'elle imprimait à son bras, il sentait combien profondément elle était agitée.

— Il veut bien épouser Antonine ? dit-elle.

— Avec une dot d'un million pour elle s'ajoutant à un million pour lui.

— Il veut bien travailler avec vous ?

— Est-ce donc une grâce qu'il me fait ?

— C'est une preuve de courage et de bon vouloir dont nous devons être heureux ; combien d'autres à sa place trouveraient qu'ils n'ont qu'à jouir de la vie ; lui veut bien travailler.

— Je ne travaille donc pas, moi ?

— Allez-vous vous comparer à lui ?

— Non, certes.

— Avez-vous été élevé dans le luxe, avec la perspective assurée d'une belle fortune ?

— Non, par bonheur.

— Eh bien ! alors, comment n'avez-vous pas été heureux de sa réponse ?

— Je l'ai été.

— Que lui avez-vous dit ?

— Je l'ai embrassé.

Elle lui jeta les deux bras autour du cou et, ce qu'elle n'avait pas fait depuis plusieurs années, spontanément, franchement, elle l'embrassa.

Bien qu'il comprît que ce baiser était donné au fils absent bien plus qu'au mari, il sentit son cœur se gonfler sous cette caresse qui remuait délicieusement le souvenir de celles dont elle était si prodigue autrefois.

A son tour, il voulut la prendre dans ses bras, mais elle se dégagea de façon à ce qu'il ne pût pas la retenir.

— Et quand doit commencer cette vie de travail ? demanda-t-elle en suivant sa pensée.

A cette question, la réponse devenait difficile, car, entre le moment où il avait embrassé son fils et celui où ils se trouvaient, des choses s'étaient passées qui avaient bouleversé ses dispositions : était-ce d'un grec, d'un traître peut-être, qu'il pouvait faire son second, à qui il pouvait livrer sa maison, sa fortune, son honneur ?

— Il n'y a pas eu d'époque fixée.

— Eh bien! il faut en fixer une ; la plus rapprochée sera la meilleure. Quand voulez-vous ?

Il ne répondit pas.

— Pourquoi vous taisez-vous ?

Ce qu'il avait prévu se réalisait ; elle allait le presser, le pousser jusqu'à ce qu'elle eût obtenu ce qu'elle voulait :

— Il faut voir, dit-il.

— Voir quoi ? Que voulez-vous de plus ?

— J'ai besoin de prendre des renseignements.

— Des renseignements sur votre fils ?

— Je ne puis pas livrer ainsi ma maison, nos intérêts, sans savoir...

— Mais c'est à votre fils que vous livrez votre maison ! s'écria-t-elle.

Les dernières lueurs restées au couchant s'étaient éteintes, mais un croissant de lune, déjà haut dans le ciel limpide, les éclairait d'une lumière argentée. S'arrêtant brusquement, elle se retourna de façon à voir en plein le visage de son mari :

— Qu'avez-vous ? demanda-t-elle, que se passe-t-il ?

Comme il ne répondait pas, elle reprit plus vivement encore :

— Il y a quelque chose. Quoi ? Je vous connais trop bien pour ne pas lire en vous. Pendant le dîner, vous étiez troublé, sombre, embarrassé, sous le poids d'une préoccupation grave, douloureuse même. Quelle est-elle ?

Il garda le silence.

— Il s'agit de mon fils ; vous ne pouvez pas vous taire quand je vous interroge.

— Je t'ai dit que j'avais besoin de voir.

— Ce n'est pas sérieux. Vous allez chez Victorien ; vous vous mettez d'accord ; il cède à tout ce que vous demandez ; vous en êtes si satisfait que, dans un élan de joie, vous l'embrassez ; à la suite de cette entrevue, il m'envoie une dépêche : « Tout est en voie d'arrangement pour le mieux, tu seras contente » ; et maintenant vous avez besoin de voir. Ce n'est là ni de la sincérité ni de la franchise. Voir quoi ? Expliquez-vous.

C'était précisément devant cette explication qu'il reculait, non seulement parce que, s'il commençait, il se laisserait entraîner à en dire plus qu'il ne voudrait, mais encore, mais surtout parce que ses paroles seraient pour cette mère passionnée une blessure dont il pouvait apprécier l'atrocité par le mal qu'elle lui avait fait en le frappant le premier.

— Je vous en prie, s'écria-t-elle, expliquez-vous ; ne voyez-vous pas mon angoisse ? pourquoi ne voulez-vous pas parler? Qui peut vous retenir? La crainte de me causer un chagrin ? Mais vos hésitations ne sont-elles pas plus cruelles que ne peuvent l'être vos explications ?

La situation était pour elle la même que celle qu'il avait traversée quand Dantin ne voulait pas parler : et par les craintes qu'il avait éprouvées, il sentait la violence de celles qui rendaient sa femme haletante.

— Quand j'ai proposé cet arrangement à Victorien, dit-il, je ne savais pas ce que j'ai appris depuis.

— Mais dites donc ce que vous avez appris, dites-le.

Évidemment il devait faire la part du feu, et puisqu'un jour ou l'autre, le lendemain peut-être, il faudrait qu'il avouât la vérité, ce qu'il dirait dès ce moment serait une préparation.

— Cette histoire des cent mille francs perdus au cercle de la Concorde, n'est pas vraie; j'ai rencontré Armihaud, le vice-président du cercle, qui m'a prouvé que cette partie n'avait pas eu lieu.

— Si elle n'a pas eu lieu là, elle a eu lieu ailleurs. Qui vous a parlé du cercle de la Concorde ?

— Victorien lui-même.

— Vous aurez mal entendu, confondu; qu'importe que ce soit ici ou là ?

— Ce n'est ni ici ni là; cette histoire a été inventée pour te tirer cent mille francs.

— Eh bien ! quand cela serait ; si, pour une raison quelconque, il lui fallait ces cent mille francs, à qui vouliez-vous qu'il les demandât ?

Il ne fut pas maître de retenir la réplique qui lui monta aux lèvres :

— J'aurais voulu qu'il les demandât autrement, et ne t'entraînât pas dans cette tromperie du chèque antidaté.

Elle fut décontenancée, mais sa confusion n'eut que la durée d'un éclair.

— Puisqu'il lui fallait cette somme immédiatement, nous ne pouvions pas vous la demander ; vous auriez voulu savoir...

— Et j'aurais eu raison.

— Moi, je n'ai vu que le danger immédiat qui le menaçait.

— Et tu es fière de l'avoir sauvé.

— Assurément ; ce n'est pas quand je donnerais ma vie pour lui que je vais regretter une misérable somme d'argent.

— Alors, apprête-toi à lui en fournir d'autres, car il est à bout ; mais pour cela, ne compte pas sur moi : je t'ai prouvé en cette circonstance que j'étais capable de m'associer à toi, mais c'est assez, je n'irai pas plus loin ; voilà pourquoi je te réponds, quand tu me presses de le prendre près de moi, qu'avant de lui livrer ma maison, j'ai besoin de voir ; car ce que j'ai appris n'est rien probablement à côté de ce que nous avons à craindre, et si ces craintes, qui me font monter la rougeur au front, se trouvent fondées, non seulement je ne lui livrerai pas ma maison, mais encore je ne lui donnerai pas ma nièce...

— Il ne serait pas digne d'elle, peut-être ?

— Il ne le serait pas.

— Que voulez-vous donc ?

— Je n'ai rien décidé, puisque j'attends des éclaircissements : mais ce que je sais, c'est que je ne tolérerai pas plus longtemps la continuation de ce qui est un déshonneur pour nous.

— Ne me réunissez pas à vous, je vous prie.

— Trop longtemps, par faiblesse pour vous, par lâcheté, j'ai laissé faire ; si au début je lui avais imposé un conseil judiciaire, peut-être les choses n'en seraient-elles pas venues au point où elles sont.

— Vous perdez la tête : un conseil judiciaire à votre fils, parce qu'il a perdu cent mille francs ; mais c'est vous qui mériteriez d'être interdit si vous faisiez cela ! Votre fierté vous affole. Parce que Victorien n'a pas réalisé ce que votre orgueil attendait de lui, vous l'avez pris en aversion. Votre cœur se met à nu : il n'est pas un fils pour vous.

— Plût à Dieu qu'il ne le fût pas réellement.

— Voulez-vous donc sa mort ?

— Pour notre bonheur, notre honneur, je voudrais qu'il ne fût pas né.

— Vous n'êtes pas digne d'être son père. Mais s'il n'est plus votre fils, il ne cessera jamais d'être le mien. Ce ne sont pas ces accusations qui changeront mes sentiments pour lui, au contraire ; qu'on l'attaque, et vous me trouverez près de lui, avec lui, pour le défendre.

XIX

Avant de demander le concours de Mélicieux, Dantin avait jugé à propos de prendre quelques renseignements sur la situation présente de Victorien : ce n'était pas de but en blanc et sans précaution qu'il pouvait se présenter rue de l'Échelle ; il lui fallait une entrée, tout au moins un prétexte, pour justifier son retour, et il devait, semblait-il, les trouver au milieu des nombreuses affaires que Victorien poursuivait.

Ces renseignements furent faciles à obtenir ; car dans le monde des cercles, du sport, de l'usure et de la haute noce, le nom de Victorien Combarrieu était prononcé à chaque instant ; c'est dans son ensemble que Paris est incommensurable et insondable, mais dans chacune des parties de cet ensemble, il est aussi petite ville que le moindre des Landernau ; en une heure de promenade sur le boulevard, de la rue Montmartre à l'Opéra, Dantin apprit tout ce qu'il voulut.

Sa question avec tous était la même : « Comment donc va Victorien Combarrieu chez vous ? » et en choisissant ses interlocuteurs dans des milieux différents, les réponses finirent par former un tout complet qui aurait pu présenter un tableau de l'existence de Victorien... s'il avait voulu se contenter d'à peu près ; mais si ces on-dit n'étaient pas suffisants pour les exigences précises de M. Combarrieu père, au moins l'étaient-elles bien assez pour celles de Mélicieux.

Le lendemain, à l'heure à laquelle Victorien devait être aux courses, Dantin monta donc le majestueux escalier de la rue de l'Échelle et demanda au groom qui lui ouvrit la porte s'il pouvait parler à M. Mélicieux.

— Tiens, ce brave monsieur Dantin, dit celui-ci sans quitter le pupitre sur lequel il écrivait, on ne le voit plus.

— A qui la faute? Vous vous êtes cru malin en vous alliant à Vassiette, à la baronne et à la comtesse pour me supprimer; ce qui, soit dit sans vous offenser, n'a pas été le fait d'un homme fort! j'étais moins dangereux — pour vous — que Vassiette.

— Vous croyez?

— J'en suis sûr; mais ce n'est pas du passé qu'il s'agit, c'est d'une affaire dans laquelle il y a gros à gagner pour des intermédiaires intelligents.

— Asseyez-vous donc, mon cher Dantin.

Dantin prit la chaise qui lui était si gracieusement offerte.

— Vous êtes un de ces intermédiaires? dit Mélicieux, qui avait pour premier — et pour seul principe de bien établir d'abord les qualités de ceux qui lui adressaient des demandes ou des propositions.

— Et vous serez l'autre si la chose vous convient.

— Je vous écoute.

— C'est des billets du prince de Chaumes que je veux vous entretenir.

— Les billets du prince de Chaumes? interrompit Mélicieux d'un ton indéfinissable, qui pouvait être aussi bien celui de l'ignorance que celui de la surprise.

— Soyez donc tranquille, je connais l'affaire aussi bien que vous : cinq cent mille francs de billets souscrits par le prince de Chaumes, endossés par le patron, qu'on trimbale dans Paris sans trouver à les escompter. Eh bien! moi, j'ai un escompteur, et je viens vous le proposer.

— Proposez.

— Pas si vite que ça. Avant, il y a certaines conditions à remplir et certains renseignements à fournir; c'est pour ces renseignements que j'ai pensé à m'adresser à vous. Il faut vous dire que j'ai été élevé à pratiquer le pardon des injures...

— Moi aussi.

— ... Et à rendre le bien pour le mal, quand cela arrange mes intérêts.

— Moi aussi, dit Mélicieux en riant.

— C'est pourquoi, depuis hier, je ne me souviens plus du mauvais tour que vous m'avez joué ici autrefois.

— Moi non plus.

— Pour le prince de Chaumes, je n'ai rien à vous demander, je trouverai d'un autre côté et de première main ce qu'il me faut, mais pour le patron, c'est différent; j'ai besoin d'un état exact de sa situation et il n'y a que vous qui puissiez me le donner.

— Ça vaut?

— Dix mille francs à partager si l'escompte se fait, cinq cents francs tout de suite.

Tirant de sa poche une petite liasse de billets, Dantin allait la poser sur le pupitre quand, vivement, Mélicieux la lui prit dans la main.

— Vous savez, dit Dantin d'un ton moins insinuant et où déjà il y avait du commandement, ce qu'il nous faut, ce n'est pas de la fantaisie ; ceux pour qui je travaille ont déjà commencé une enquête de leur côté, il importe que vos renseignements concordent avec les leurs et surtout les complètent.

— Voulez-vous aller m'attendre au café de la rue Saint-Roch ? je n'aime pas à causer longuement sans m'humecter la gorge.

Ce que Mélicieux n'aimait pas, Dantin le savait, c'était parler en étant exposé à ce qu'on l'entendît ; au café de la rue Saint-Roch, il n'aurait pas à craindre les oreilles du personnel de la maison.

Dantin n'était pas assis depuis cinq minutes que Mélicieux fit son entrée dans le café à peu près vide, à pas glissés, traçant son sillage dans le sable jaune répandu sur le carreau rouge.

— Qu'est-ce que vous prenez ? demanda Dantin.
— Un verre de fine.

Quand les deux verres de fine furent servis, Mélicieux, qui avait longuement regardé autour de lui, en jetant des yeux coulés à droite et à gauche, commença d'une voix sifflée :

— C'est des vins champagnisés et des ficelles que vous vous êtes occupé à la maison, n'est-ce pas ?

— Oui.

— Eh bien! depuis ce temps-là, les choses ont continué comme elles allaient à ce moment, avec cette différence cependant que l'expérience lui étant venue, il s'est formé; s'il se laisse encore manger, il mange les autres, chacun son tour, sans quoi il serait depuis longtemps fini, comme vous pensez bien.

— Évidemment.

— Faut-il que je remonte à cette époque et suive jusqu'à aujourd'hui?

— Remontez seulement à six mois, c'est assez pour nous donner l'état actuel.

— Il y a six mois, précisément, se place un fait qui montre combien cet homme-là, malgré tout l'argent perdu par lui, a le génie des affaires. Fatigué d'être exploité par tous ceux qui le dévorent, il profite d'un gain inespéré de quatre cent mille francs pour fonder, rue Chauchat, une petite maison de banque dont la principale fonction sera d'escompter ses valeurs. Bien entendu, pour les grosses sommes, elle ne lui rend guère de services; mais combien, au contraire, pour les petites, pour les dettes criardes, le train-train de chaque jour et le papier de circulation!

— On ne peut pas nier qu'il n'ait le génie des affaires, comme vous dites.

— Ce qui ne l'empêche pas d'en faire de mauvaises au delà de toute moyenne; mais il ne s'en occupe pas et passe à d'autres; grosses ou mesquines, toutes lui sont bonnes. Celle de la banque serait des meilleures si, comme il avait été convenu, j'en avais eu la direction; mais Vassiette a su la faire donner à un homme à lui, Éphraïm Bing, que vous avez dû connaître.

— Éphraïm la gobe?

— Justement. Eh bien! Éphraïm, Vassiette et d'autres le fourrent dans une affaire qui pourrait bien le conduire loin: celle des mines d'or de M'ta, au Mozambique, qui n'est rien moins que l'ancien Ophir de Salomon : exploitation de sables aurifères d'une richesse extraordinaire, chemin de fer de la côte aux mines ; port avec appontements, tout est merveilleux dans le prospectus ; on fait une émission en apparence à Londres, mais en réalité en France, d'actions de vingt-cinq francs, selon la mode anglaise, et l'on réunit un capital de deux millions cinq cent mille francs. L'affaire serait peut-être superbe s'il y avait un port, un chemin de fer comme le dit le prospectus, mais il n'y en a pas, et je ne suis même pas sûr que la Société soit propriétaire de la mine. Qu'arrivera-t-il quand les actionnaires verront comment ils ont été volés, et contre qui se retourneront-ils ?

— Ça c'est grave.

— Je vous crois. Passons à son écurie de courses: dégoûté d'être volé de tous côtés, il se décide à la vendre en grande partie. Vassiette lui procure un acquéreur, nom superbe, le comte d'Arson. On convient d'un prix de deux cent soixante-quinze mille francs : le comte fait des billets pour deux cent mille et prend l'écurie qu'il s'empresse de bazarder ; à l'échéance du premier billet, pas de paiement; on découvre que le comte est mineur ; le patron rend les billets, on ne lui rend pas ses chevaux. Ce qu'a gagné Vassiette là-dedans, je vous laisse à le deviner.

— Je n'oserais pas.

— J'ai cru l'occasion bonne pour le faire sauter, je n'ai pas réussi ; si cela arrive jamais, ce ne sera qu'à coup d'argent, et ces procédés-là ne sont pas dans mes moyens : Vassiette le tient par trop de liens. Nous voilà au mois d'août. A Deauville, au tir aux pigeons, il parie cinq mille louis pour le capitaine Skewton, connu pour ne jamais manquer ; le capitaine tire et manque. Heureusement il se rattrape, et en cinq points d'écarté il gagne deux cent mille francs au duc d'Arcala ; un coup qui vous fait grand honneur, vous qui avez été son professeur.

Dantin ne jugea pas à propos de relever ce mot, ce qui eût pu l'entraîner loin du but qu'il poursuivait.

— Pendant ce temps, les affaires ordinaires suivent leur train-train ; les rabatteuses que vous avez connues, la vieille baronne Suippe, la comtesse de Mindel, continuent leur métier et procurent au patron des emprunteurs ou des prêteurs, selon les circonstances. Lui-même ne dédaigne pas d'être son propre courtier. Souvent, le matin, il déjeune au Café international où se réunissent quelques gros entrepreneurs ; il cause avec eux, surtout il les écoute, et quand il a appris qu'un de leurs clients est en retard, il fait proposer de l'argent à celui-ci par la comtesse ou quelque autre intermédiaire.

— Il en est là ?

— Et moins haut que ça encore, car il n'y a pas pour lui d'argent qui ne soit bon à prendre : l'année dernière, il est obligé d'accepter en paiement d'une vingtaine de mille francs une certaine quantité de bronzes d'art ; il les a vendus lui-même en les exposant un à un dans son salon ; il n'en reste pas plus de trois maintenant, et il a bien gagné une dizaine de mille francs sur son marché. C'est la comtesse de Mindel qui a été la courtière dans cette affaire de bronzes, comme dans celle des billets du prince de Chaumes.

— Est-ce que ?...

— Elle ? Ah ! non, par exemple. Rien que des affaires entre eux. Il n'est pas plus l'homme qui convient à une femme comme elle, qu'elle n'est la femme qu'il faut à un homme comme lui. Vous ne savez donc pas que ce bourreau d'argent, entre les mains de qui les billets de mille francs fondent comme beurre, met toute sa gloire à ne pas dépenser un sou pour ses maîtresses ? Les seules qui lui arrachent quelque chose sont celles qui le fourrent dans des placards, le font passer par les escaliers de service et lui prouvent ainsi qu'il est l'ami de cœur ; avec les autres, c'est le plus grand poseur de lapins de tout Paris ; sa réputation est si bien établie et ses victimes sont si nombreuses qu'au dernier concours hippique les gueuses du Parc aux Cerfs l'ont hué.

Pendant que Mélicieux s'amusait à ce récit sans intérêt pour Dantin, celui-ci, avec un crayon qu'il avait tiré de sa poche, alignait des chiffres sur le marbre blanc de la table.

— Ainsi, dit-il, depuis six mois, il aurait perdu 300,000 francs et il en aurait gagné 575,000, d'où un bénéfice total de 275,000 francs ?

— Votre compte serait juste si j'avais fini, mais je n'ai pas tout dit : aux courses de Dieppe, il perd cinquante mille francs ; au Casino, quatre-vingt mille ; aux dernières courses d'Auteuil, plus de cinquante mille avec sa jument *Morning Star*.

— Il avait joué contre ?

— Il faut le croire, puisqu'elle a gagné ; et puis il y a eu deux grosses échéances ce mois-ci, deux cent mille francs, il y a un mois, et cent mille qu'il a payés le 13.

— Avec quoi ?

— Je l'ignore pour les deux cent mille ; avec un un chèque qu'il a arraché à madame Combarrieu pour les cent mille.

— Il faudrait savoir pour les deux cent mille, sans quoi nous avons là un trou qu'on peut nous reprocher.

— On tâchera ; seulement, avec lui, ce n'est pas facile.

— Tout cela n'est pas rassurant et n'indique pas que l'escompte des billets de Chaumes pourra se faire.

— Certainement la position n'est pas belle, mais elle peut s'améliorer ; ainsi, il n'est pas impossible que l'*Omnium* soit pour lui dimanche, son cheval *Canotier*, réservé et préparé pour cette course, va très bien, et le patron a dû en ramasser assez à une grosse cote pour gagner peut-être un million ; de plus, il est à la veille d'entrer dans la maison du père ; il y a eu réconciliation, ils se sont embrassés. Attendons donc jusqu'à lundi.

— Est-ce qu'on peut prendre *Canotier?* demanda Dantin en se levant.

— Je vais vous répondre en ami : Voyez à quelle cote Vassiette le donnera au moment de la course.

— Vous vous défiez de Vassiette ?

— Surtout quand ses intérêts sont en opposition avec ceux du patron, et cette opposition existe toutes les fois que M. Victorien peut, par une bonne affaire, lui échapper.

XX

En quittant Mélicieux, Dantin prit une voiture et se fit conduire aux Batignolles : vaguement il savait l'importance de ces ateliers, mais n'ayant jamais franchi leur porte, il n'avait aucune idée de leur étendue et de leur activité : le nombre des cheminées qui vomissaient des tourbillons noirs, le mugissement majestueux des machines en marche, le brouhaha des ouvriers lui inspirèrent une sorte de respect, et ce fut avec déférence qu'il suivit le chemin d'escarbilles qui conduisait aux bureaux.

Après avoir donné son nom à un garçon, il fut presque tout de suite introduit dans un vaste cabinet où M. Combarrieu se trouvait seul.

— Je viens de voir Mélicieux, dit-il en saluant.
— Il a parlé?
— Oui.
— Baissez la voix.

Tout ce que Mélicieux avait dit, Dantin le répéta textuellement, en bon ordre, avec une mémoire sûre qui n'a pas besoin de notes écrites pour se guider. Il avait balancé s'il parlerait des procédés de Victorien avec ses maîtresses, trouvant assez embarrassant d'entrer dans ces détails en s'adressant à un père; mais, tout bien examiné, il ne crut pas pouvoir les passer sous silence; n'étaient-ils pas caractéristiques en montrant cet homme de vingt-cinq ans, si prodigue pour tant de choses, esclave de l'argent dans ses plaisirs, à ce point qu'on pouvait croire qu'il n'y avait pour lui en ce monde que l'argent?

En parlant, il tenait les yeux levés sur M. Combarrieu, et il voyait la physionomie de celui-ci traduire les émotions par lesquelles il passait : l'étonnement, la stupéfaction, l'indignation, la colère, la honte, la douleur, le désespoir.

Tout à coup M. Combarrieu l'interrompit :

— Connaissez-vous les usages du sport comme ceux du jeu?
— A peu près.
— Moi, je les ignore absolument. Expliquez-moi donc comment, sa jument ayant gagné le prix aux

courses d'Auteuil, il a perdu plus de cinquante mille francs ?

— C'est qu'il avait parié contre.

— Cela se fait?

— Quelquefois.

— Je veux dire cela est licite?

— Non.

— L'honneur de celui qui le fait est-il entaché?

— Aux courses, il y a différentes manières de comprendre l'honneur.

— Il suffit. Autre question : Vous me dites qu'il y a un mois, se trouvant aux abois, il s'est procuré deux cent mille francs; où, comment, près de qui?

— Mélicieux l'ignore.

— Eh bien ! c'est là précisément le point le plus important, et il est étonnant que ce secrétaire, qui est si bien renseigné sur les affaires de son maître, ne sache rien de celle-là.

— C'est qu'on la lui a cachée.

— Raison de plus pour que je tienne à la connaître.

— Mélicieux demande jusqu'à lundi ou mardi.

— Attendons donc, mais pressez-le; si vous apprenez quelque chose avant mardi, envoyez-moi une dépêche par exprès. Je ne viendrai à Paris ni dimanche ni lundi.

— Lundi, nous saurons ce qu'il a perdu dans l'Omnium.

— Vous dites qu'il peut perdre un million?

— Le gagner, oui ; le perdre, non.

— Je ne comprends pas.

— Il n'a pas pris son cheval à égalité, mais au contraire à une cote plus ou moins favorable pour lui, cent louis contre cinq cents, contre mille, contre quinze cents peut-être ; s'il perd, il n'a donc que cent louis à payer ; s'il gagne, on lui en doit quinze cents. C'est ainsi que cent mille francs peuvent rapporter un million et même plus.

— Il est entendu que si vous apprenez quelque chose avant lundi vous m'en avertirez aussitôt.

Mais jusqu'au dimanche Dantin n'apprit que des nouvelles sur la victoire probable de *Canotier*, et il ne jugea pas à propos de les transmettre à M. Combarrieu.

Qu'importait à un homme aussi peu au courant des choses du sport que Jo. Rayburn, le célèbre jockey anglais, vînt monter *Canotier* à Longchamps ; que le cheval eût pris de bons galops ; et que ceux qui l'avaient vu en trompant la surveillance du sévère Corringham, aussi bien que les *touts* au service des bookmakers fussent d'accord pour déclarer qu'il avait fait tout ce qu'on lui demandait, et que décidément c'était un *crack ?* cela n'avait d'intérêt que pour les gens qui s'occupent des courses, s'en amusent ou en vivent.

Il est vrai que c'est tout un monde, aussi parlait-on beaucoup de *Canotier* et de son propriétaire.

Vainqueur probable le jeudi, il avait vu les chances qu'on lui reconnaissait contestées le vendredi, et plus encore le samedi : il était resté un jour sans sortir ; un vétérinaire avait été rencontré le soir aux environs de l'écurie de Fred. Collier, son entraîneur ;

non seulement il ne ferait pas la belle course que ses partisans attendaient, mais même il ne partirait pas ; ceux qui savent tout avaient lu la dépêche, par laquelle son propriétaire disait à Jo. Rayburn de ne pas se déranger.

Et la cote, abîmée par l'assurance de sa victoire, s'était alors relevée.

Cependant, le dimanche matin, il était le favori de la plupart des journaux et ceux qui ne se contentent pas d'indiquer les noms des vainqueurs démontraient par des raisonnements serrés que ses performances le rendaient imbattable sur le papier ; ce qui, ajoutait l'un, ne voulait pas dire sur la piste.

Et comme celui-là était très lu, ce mot à double entente, qui permettait toutes les suppositions, sans rien articuler de précis, avait été répété et colporté avec toutes sortes d'interprétations.

L'histoire de *Morning Star* à Auteuil n'était pas assez éloignée pour être déjà tombée dans l'oubli ; n'était-ce point une seconde édition que *Canotier* préparait à Longchamps ? Avec Victorien Combarrieu tout était possible, bien qu'il fût connu que, depuis longtemps, il prenait de son cheval tout ce qu'on voulait lui donner ; mais l'avait-il gardé, c'était ce qu'on ignorait, et alors la défiance était bien permise vis-à-vis d'un homme qui... ; chacun avait son fait caractéristique à raconter, et pas un seul n'était à l'honneur de Victorien ; de son audace, de son *estomac*, de son mépris du qu'en dira-t-on, oui ; de sa droiture, non.

C'était donc dans ces dispositions que, par une

belle journée d'automne, qui dorait les coteaux de Suresnes d'une chaude lumière, on était arrivé au champ de courses.

— Il fallait voir.

C'était le mot d'ordre qui se répétait aussi bien au pesage, sous le champignon, dans les tribunes, aux pavillons, que sur la pelouse et dans les quatre rues formées par les piquets des bookmakers plantés sur la terre dure et chauve, battue comme l'aire d'une grange. On se tenait sur la défensive. Cependant les pronostiqueurs qui, pour un franc, vendent leurs oracles, tiraient tous de leur tiroir des enveloppes dans lesquelles c'était le nom de *Canotier* qu'ils indiquaient pour vainqueur. De même les donneurs de tuyaux vous le glissaient à l'oreille : « L'équiourie il était soure de gaigner avec ; ce était un grand chival. »

Dans le paddock, « le grand chival » tournait en rond, de ce pas allongé dont les chevaux de course se sont fait une allure naturelle ; le « head lad » de l'écurie le tenait par la tête, et un gamin qui ne pesait pas cinquante livres le montait ; mais sous les couvertures marquées d'un V et d'un C qui l'enveloppaient, on ne pouvait que difficilement le juger ; l'œil était ardent, l'attitude générale calme et fière pour ses partisans ; pour ses adversaires, au contraire, elle était agitée et molle.

Si confiants que soient d'ordinaire les connaisseurs dans leur opinion, il y en eut qui, avant de parier, trouvèrent prudent de se renseigner et cherchèrent à tirer parti de leurs relations avec Fred.

Collier pour le questionner plus ou moins franchement.

— Eh bien ! Freddy, vous allez nous gagner ça haut la main, j'espère ?

Mais Freddy n'était point bavard ; aussi poli qu'était brutal le vieux maître chez qui il avait appris son métier et qu'ont connu les habitués du turf sous le nom de *old hat*, on ne le faisait pas plus parler que celui-ci. Élégant de manières, recherché dans son costume, frisé, bichonné, appartenant à la génération des *gloves trainers* comme on dit à Chantilly, celle qui ne sort pas sans gants et parade à cheval, il avait toujours un langage adroit pour ne rien dire : « Monsieur le comte s'y connaît mieux que moi ! » ou encore : « Le cheval est aussi bien que possible ! » et c'était tout.

N'ayant rien obtenu de lui, ils se rabattirent sur Victorien lorsqu'après la première course il fit son entrée dans le pesage, suivi de son secrétaire Mélicieux chargé d'inscrire ses paris. Jamais il n'avait été plus correct, plus chic, dans ses vêtements de couleur claire ; une rose à la boutonnière, ganté de gris perle, la lorgnette en sautoir ; il marchait raide, sans plier les jambes, pour que son pantalon eût plus de grâce, la tête haute, l'air superbe, le sourire de la confiance aux lèvres, ne ressemblant en rien à l'homme sombre et congestionné qu'on était habitué à voir depuis quelque temps. Il fut promptement entouré ; et des gens considérables, qui d'ordinaire ne lui adressaient qu'un court salut du bout des doigts, lui firent l'honneur de lui parler des chances de son cheval, non pour le questionner ni tirer profit de ses réponses, bien entendu, simplement par sympathie : n'était-il pas le héros du jour ?

L'autre c'était Jo. Rayburn qui n'avait daigné venir en France que quatre ou cinq fois pour des grandes courses, qu'il avait toujours perdues d'ailleurs. Quand il parut, coiffé d'un chapeau mou, vêtu d'une jaquette jaune à carreaux violets, on se le montra, curieusement ; il était accompagné d'un gentleman qui provoqua aussi l'attention, car ce n'était rien moins que le capitaine Trost, son fanatique, son inséparable et aussi son parasite, dont tous les journaux ont si souvent parlé. Le temps n'est plus où le jockey arrivait au pesage traînant difficilement une valise souvent aussi grosse que lui ; aujourd'hui, ceux qui ont une réputation se font accompagner de leur *footman* ; Jo. Rayburn, dont la monte se payait cinq mille francs, ne jugeant pas le footman digne de lui, avait accepté les services d'un vrai capitaine, qui lui mettait ses bottes et lui attachait ses éperons ; et tandis que le jockey, tout en buste et en bras, sans jambes, avec une grosse tête fort laide, était une espèce de brute, jurant, sacrant à chaque mot, ne lâchant que des ordures ou des grossièretés, le capitaine, bel homme, grand, souple, distingué, était tout miel.

L'intérêt de la journée reposait sur l'Omnium, on ne parlait, on ne s'occupait que de lui, les autres courses n'étant que des petites pièces, jouées par des comparses avant la grande, et les paris allaient leur train. *Canotier*, qui tout d'abord s'était franchement affirmé comme favori, descendait peu à peu dans la faveur publique : on le prenait moins franchement, on l'offrait plus volontiers ; dans le ring, on criait : « *Canotier*, je parie contre » ; et les bookmakers, qui tout d'abord l'avaient affiché à 3 contre 1, le donnaient maintenant à 4.

C'était au piquet de Vassiette que la dégringolade avait commencé ; on avait remarqué avec surprise que, plus que ses confrères, il donnait *Canotier*, et l'on s'était demandé ce que cela signifiait ; comment, lui dont les relations avec Victorien étaient connues de tous, lâchait-il un cheval qui le touchait de si près et qu'il connaissait mieux que personne ? A la vérité, il en avait un dans la course qui lui appartenait, mais à qui l'on reconnaissait si peu de chance qu'il ne comptait pas, le dernier des outsiders. Tout à coup on avait vu Vassiette avec son éponge effacer le chiffre 3 inscrit sur son tableau et le remplacer par le chiffre 4. Deux minutes après, sur tous les cartons, le cheval était à 4. Vassiette presque aussitôt avait effacé son 4 et inscrit un 5 ; immédiatement toutes les mains avaient saisi l'éponge d'un même mouvement et partout un 5 s'était montré. Le cheval ne partirait-il pas ? L'*all right* avait crié son numéro. Il partait donc ; cependant Vassiette avait encore haussé son chiffre, et ses voisins avaient fait comme lui.

Cependant les chevaux sellés défilent pour aller prendre leur galop. *Canotier*, accompagné d'un côté par son propriétaire toujours souriant, car il ignorait ce qui s'était passé aux piquets, de l'autre par le capitaine Trost.

They are off, ils sont partis ! et Victorien monte sur une chaise que Mélicieux lui garde ; malgré les ordres qu'il a donnés, *Canotier* est en tête du premier peloton. Alors l'inquiétude l'étreint, et de plus fort en plus fort, à mesure que le cheval augmente son avance : Jo. juge-t-il donc son cheval assez bon pour écraser ses concurrents par un train sévère et les égrener derrière lui ?

Après avoir fait la moitié du parcours, les chevaux se trouvent en face des tribunes à la croisée des pistes. *Canotier*, qui est douze ou quinze longueurs en tête, prend la mauvaise. Une clameur s'élève, et Victorien entend derrière lui une formidable poussée de cris : il se retourne et voit des poings qui le menacent :

— Voleur ! Voleur !

La terre tremble ; les chevaux arrivent ; mais ce n'est point une diversion ; il est serré de plus près, menacé, frappé, on arrache son chapeau, on déchire ses vêtements. Il veut protester.

— Voyez mon livre !

Mais ceux auxquels il s'adresse, et qui quelques minutes auparavant étaient si gracieux pour lui, détournent la tête. Il en prend un par le bras :

— Lâchez-moi ! Je ne vous connais pas !

Et les coups continuent de pleuvoir, les bousculades de le pousser, avant que quelques sergents de ville n'arrivent.

XXI

Mélicieux n'avait rien d'héroïque dans le caractère. En voyant la tournure que les choses prenaient quand *Canotier* avait quitté la bonne piste pour la mauvaise, il s'était laissé glisser à bas de sa chaise. A lui seul il n'allait pas tenir tête à ces furieux ; ce n'était donc pas la peine de s'exposer aux horions, peut-être à se faire assommer, en tout cas à faire déchirer ses vêtements que le patron, certainement, ne lui paierait pas. Et loin de la mêlée il avait regardé les bras et les jambes s'agiter, les poings tournoyer.

— Voleur! Voleur!

Alors, quoiqu'il ne fût pas du tout l'homme des protestations, il lui en était monté une aux lèvres :

— Sont-ils bêtes!

Car bien qu'il n'eût pas assisté à ce qu'en argot de sport on appelle l'ouverture des robinets chez Vassiette, il n'avait pas eu une seconde d'hésitation ni de doute en voyant *Canotier* profiter de son avance pour se tromper de piste. Victime le patron, non coupable de cette volerie effrontée dont l'auteur était Jo. Rayburn, avec la complicité de Vassiette probablement, qui avait tout intérêt à ce que *Canotier* fût battu : d'abord pour que son cheval eût une chance de plus ; ensuite pour que sa vache à lait ne gagnât pas une grosse somme qui la tirerait de ses mains.

A l'instant même où il faisait ce raisonnement, l'affichage des gagnants lui en prouva la justesse : *Marcassin*, le cheval de Vassiette, était deuxième.

Ainsi la volerie était claire : Vassiette avait acheté Jo. Rayburn et la chose avait été d'autant plus facile, que la réputation de ce grand jockey était faite autant par ses courses gagnées, quand il voulait bien employer sa vigueur et son talent, que par ses courses perdues, quand son intérêt personnel était de perdre : 5,000 francs pour l'une, 12 à 15,000 pour l'autre, son tarif était connu, un procès venait de le révéler en Angleterre et d'apprendre au public que les versements à son compte de banque faits par lui variaient entre trois cent et quatre cent mille francs par an.

A ce moment, une clameur plus forte encore que celle qui s'était élevée contre Victorien avait éclaté, c'était *Canotier* qui rentrait au pesage : la foule venait de se ruer sur lui et, malgré les poings vigoureux du capitaine Trost, jetait Jo. Rayburn à bas de son cheval, le rouait de coups, le dépouillait de sa casaque, même de sa chemise qui s'en allait en lambeaux.

Cette fois, ce ne fut pas : « Sont-ils bêtes ! » que dit Mélicieux, mais : « C'est bien fait ! » et, jouant des coudes, poussant, se faufilant, il se rapprocha du champ de bataille pour jouir du spectacle de cette correction d'autant plus agréable à un misérable tel que lui qu'elle tombait sur le dos d'un homme gagnant quatre cent mille francs par an.

A la fin, une charge de police, qui arrivait un peu tard, vint dégager Jo. Rayburn et son capitaine; aussi Mélloleux, n'ayant plus rien à faire, se mit à la recherche de son patron, qui devait avoir besoin de ses services, ou tout au moins de ses soins.

Comme il allait de groupe en groupe, le nez en l'air et aussi les oreilles aux écoutes, bien que les propos qui lui arrivaient, hachés et incohérents, fussent toujours les mêmes, il aperçut Dantin et alla à lui.

— Eh bien! avais-je du flair, de vous conseiller de surveiller la cote de Vassiette? dit-il. Aviez-vous donné *Canotier* ?

— Ni donné ni pris; je ne suis pas assez naïf pour risquer deux sous sur un de vos chevaux. Est-ce qu'on peut jamais savoir ?

— Vassiette le donnait à robinet ouvert; au dernier moment, il a accepté un pari à dix.

— Puisqu'il était sûr du résultat, il aurait pu l'accepter à cinquante. Savez-vous que cela ne va pas faciliter l'escompte des billets de Chaumes !

— Pourquoi donc?

— Comment va-t-il régler sa culotte d'aujourd'hui?

— Plus elle sera forte, plus sa situation s'améliorera: à bout de ressources, il va être obligé d'entrer dans la maison de son père; alors quelles garanties n'offrira-t-il pas ?

— Voudra-t-il encore faire des affaires ?

— Vous ne le connaissez guère ; soyez sûr qu'à ses derniers moments il en proposera une au curé qui l'administrera.

— Alors, nous verrons.

— A propos, j'ai votre renseignement.

Dantin prit son air ingénu :

— Lequel ?

— Celui pour les deux cent mille francs ; ils lui ont été payés par un Anglais, James Wood, en un chèque sur la banque Baring brothers, de Londres ; mais pour prix de quoi et dans quelles conditions ? je l'ignore : il s'est fait là une affaire mystérieuse dont je ne connais ni le premier ni le dernier mot.

— Vous ne soupçonnez rien ?

— Tout, et bien d'autres choses encore ; mais les soupçons n'ont d'intérêt que quand ils reposent sur des faits certains, et ces faits manquent.

Dantin ne perdit pas de temps ; tout de suite il alla au télégraphe et envoya cette dépêche à M. Combarrieu :

« Les deux cent mille francs ont été payés par James Wood, en un chèque sur Baring brothers. »

Devait-il parler de ce qui venait de se passer ? Cela n'était pas facile, surtout en style télégraphique, qui appelle les choses par leur nom. Il hésita ; puis, considérant qu'il ne pouvait pas garder le silence, il s'en tint à cette rédaction qui, lui semblait-il, conciliait tout :

« Course perdue ; journaux vous donneront détails. »

Mais relisant ces deux lignes et trouvant qu'elles en disaient beaucoup ; il ajouta :

« Ne les accepter que sous réserves. »

L'exprès ayant plus de sept kilomètres à faire, la dépêche de Dantin n'arriva à la Chevrolière qu'au moment où M. et Mme Combarrieu, qui avaient dîné en petite intimité avec Antonine, quittaient la salle à manger pour s'installer sur la terrasse du château, d'où la vue, en passant par-dessus les pelouses des jardins, s'étendait jusqu'à la Vègre, dont le cours sinueux était marqué par un ruban de légères vapeurs grises, serpentant entre une double ligne de hauts peupliers.

M. Combarrieu allumait son cigare à une allumette que lui présentait sa nièce quand le maître d'hôtel lui présenta la dépêche qui faisait une tache d'un bleu pâle sur la blancheur d'argent du plateau. L'arrivée d'une dépêche à la Chevrolière était un fait commun en semaine ; au contraire, c'en était un rare les dimanches à cette heure, l'exprès devant venir de Dreux où le bureau télégraphique restait ouvert toute la journée.

Madame Combarrieu, qui vivait avec la constante pensée de son fils et ramenait tout à cette unique préoccupation, avait levé la tête, s'attendant à ce que son mari, comme toujours, lui tendît le télégramme pour qu'elle le lût ; mais au lieu de le lui passer, il le mit dans sa poche.

— Vous ne le lisez pas ? demanda-t-elle, surprise de ce manquement à des habitudes toujours exactement suivies.

— Je n'ai pas mon lorgnon.

— Je vais aller te le chercher, dit Antonino vivement ; où crois-tu l'avoir laissé ?

— Je ne sais pas ; je vais y aller moi-même.

Et se levant, en écartant brusquement les chiens couchés à ses pieds, il quitta la terrasse pour se diriger vers la bibliothèque qui lui servait de cabinet et où il avait travaillé une grande partie de la journée.

Mais il ne chercha point son lorgnon, qu'il avait dans sa poche ; vivement il alluma une bougie et d'une main tremblante il ouvrit la dépêche en déchirant sa ligne pointillée.

Son pressentiment ne l'avait pas trompé, le nom de Dantin lui sauta aux yeux, comme presque aussitôt un autre le frappa au cœur — celui de James Wood.

Il le connaissait, ce James Wood, l'agent en France des *Chantiers de la Clyde;* quelques mois avant son voyage, ils avaient été en relations, James Wood voulant lui acheter une licence pour la fabrication en Angleterre de ses chaudières — ce qu'il avait refusé dès le premier mot, sans même vouloir entrer en discussion sur cette proposition.

Ainsi cette accusation qu'il n'avait pas osé formuler lorsqu'elle s'était présentée à son esprit, qu'il avait écartée, repoussée malgré les présomptions qui l'appuyaient et l'imposaient, éclatait, foudroyante, sans qu'aucune dénégation fût possible.

C'était vrai ! c'était vrai !

Il s'affaissa écrasé, défaillant, et longtemps il

resta dans le fauteuil où il s'était laissé tomber sans même penser à lire la fin de la dépêche.

Jamais il n'avait éprouvé pareil anéantissement, le cœur lui manquait, une sueur froide mouillait ses mains, baignait ses yeux comme des larmes et, machinalement, il s'essuyait avec son mouchoir, se demandant s'il allait s'évanouir ; ses mains étaient glacées, il respirait à peine, dans sa tête le trouble se faisait de plus en plus vague.

Était-ce l'apoplexie, la mort ? Cette pensée confuse, au lieu de l'épouvanter, lui fut douce ; fermant les yeux, s'abandonnant, il s'y laissa aller : ce serait fini.

Mais au bout d'un certain temps, dont il n'apprécia pas la durée, sa respiration reprit de la force, ses yeux se rouvrirent, ses idées s'enchaînèrent.

Non, ce n'était pas la mort, c'était la honte et la lutte.

Il ramassa la dépêche qu'il avait laissée tomber et acheva de la lire.

« Course perdue ! » Que lui importait ? C'était bien d'argent qu'en ce moment il avait souci !

Il ne comprit pas la fin : « Journaux donneront détails : ne les accepter que sous réserves. » Que fallait-il n'accepter que sous réserves ? Il ne le devina pas. Sans doute, c'était le chiffre des sommes perdues.

La nuit s'était faite ; l'obscurité au dehors lui dit que le temps avait marché depuis qu'il était là. Sans doute on allait s'étonner de la longueur de son absence. Il ne fallait pas que sa femme le surprit car, dans l'affolement qui l'emportait, il ne saurait que répondre si elle l'interrogeait. Il ne fallait pas surtout qu'elle pût lire cette dépêche. Il la mit dans sa poche et, soufflant la bougie, il sortit par une porte opposée à la terrasse.

Droit devant lui, il se mit à marcher, prenant la première allée qu'il trouva et qui le mena dans le parc, où ses chiens le rejoignirent.

Sans doute, cette fuite était absurde et ne pouvait que provoquer l'inquiétude de sa femme, déjà éveillée par ce qui s'était passé à l'arrivée de la dépêche ; mais il était trop tard pour réparer les maladresses du premier mouvement. Quoi qu'il essayât maintenant, il n'aurait pas la force de se maîtriser, de jouer l'indifférence ; et il valait mieux encore qu'elle s'inquiétât dans le vague que de se désespérer dans l'horreur de la certitude.

Il chercherait, il trouverait une raison pour expliquer cette sortie extraordinaire, et s'il n'en trouvait point, il ne répondrait pas, ce qui serait encore préférable à l'aveu de la vérité.

Cette résolution arrêtée, il s'enfonça dans le parc, décidé à ne rentrer que lorsque sa femme serait couchée et endormie ; et longtemps, longtemps, il alla au hasard, sans savoir où, jusqu'à ce que la fatigue l'obligeât à se reposer un moment. Il était arrivé au bout du parc, à l'endroit où les bois viennent finir dans les prairies que traverse la rivière ; il s'assit sur un banc rustique et resta là, absorbé dans ses pensées, regardant sans les voir les feux de la lumière, dont la lune frappait capricieusement les eaux de la Vègre, caressant machinalement ses chiens couchés à ses pieds.

Ce fut le froid, un froid pénétrant et humide qui le fit quitter son banc ; dans le silence de la nuit tranquille, il venait d'entendre onze heures sonner à l'horloge du village ; il pouvait rentrer.

Mais il se trompait : quand, doucement, il se glissa dans sa chambre, sa femme, qui n'était point encore couchée, vint le rejoindre.

— Êtes-vous malade ? lui demanda-t-elle.

— Pas du tout.

— Vous êtes sorti ?

— J'ai voulu voir si, comme je l'ai recommandé, on faisait régulièrement des rondes pour surveiller les braconniers.

— Mais c'est imprudent de parcourir ainsi le parc la nuit.

— J'avais mon révolver.

— Vous avez rencontré les gardes ?

— Non.

Elle fit une pause, et d'une voix qui trahissait un certain embarras :

— Est-ce que la dépêche que vous avez reçue vous apportait une mauvaise nouvelle ?

— Oui ; en ce sens qu'elle me confirme ce que je craignais relativement à la contrefaçon de notre nouvelle chaudière.

Cela fut répondu assez simplement pour que madame Combarrieu s'y laissât prendre.

— Bonsoir, dit-elle.

— Bonne nuit.

XXII

Si le père ne lisait jamais les articles de sport dans les journaux, pour n'y pas trouver son nom, la mère, au contraire, les suivait religieusement pour y chercher le nom de son fils.

Assurément, elle avait rêvé pour son bien-aimé d'autres gloires que celles du turf, cependant elle en dédaignait point celle-là, qui s'ennoblissait d'ailleurs à ses yeux quand c'était lui qu'elles couronnaient. Et puis, il y avait dans l'*Omnium*, en plus de la gloire, l'importance du prix et surtout celle des paris qui pouvaient lui faire gagner une grosse somme, dont il avait si grand besoin, le pauvre enfant ! Aussi, avait-elle suivi de près la cote donnée par les journaux à la fin de la semaine, et en voyant *Canotier* favori, elle avait espéré qu'il serait le vainqueur. Comment ne le serait-il point, puisqu'il portait les couleurs de Victorien ?

Le lundi matin elle attendait donc avec impatience l'arrivée du facteur ; mais l'heure passa sans qu'on lui montât les journaux comme à l'ordinaire : car c'était elle qui toujours les ouvrait la première, et alors elle les envoya chercher.

Mais on ne les lui apporta point.

— Comment le facteur n'est-il pas encore arrivé ?

demanda-t-elle en voyant la femme de chambre revenir les mains vides.

— Il est arrivé il y a déjà un grand quart d'heure.

— Eh bien ?

— Monsieur avait recommandé à Edmond de porter les journaux dans son cabinet, aussitôt qu'ils arriveraient.

— Alors, allez en demander un à monsieur.

Que pouvait signifier ce changement à des habitudes établies depuis longtemps, et cette hâte à lire les journaux, un lundi surtout, alors qu'ils ne donnaient pas la Bourse ?

Cette fois encore la femme de chambre revint sans rien apporter :

— Monsieur a répondu qu'il allait les monter lui-même à madame.

Décidément il se passait quelque chose. Déjà l'histoire de la dépêche l'avait inquiétée, surtout par la précipitation avec lequelle son mari, qui semblait l'attendre, l'avait prise. La sortie dans le parc était aussi bien étrange. Enfin les bruits qu'elle avait entendus la nuit dans la chambre de son mari l'avaient tourmentée : il avait marché, ouvert la fenêtre, certainement peu dormi. Maintenant cet empressement à se faire apporter les journaux et leur confiscation étaient plus caractéristiques encore.

Pourquoi était-il si pressé de les lire, lui qui restait quelquefois plusieurs jours sans les ouvrir ?

Pourquoi ne voulait-il pas qu'elle-même les lût ?

Evidemment, il y avait quelque chose, et ce quelque chose touchait Victorien.

Pouvait-elle attendre ?

Vivement, en courant, elle descendit au-rez-de-chaussée, et brusquement elle ouvrit la porte du cabinet de son mari.

— Qu'est-il arrivé à Victorien? s'écria-t-elle.

Si elle avait eu des yeux pour voir, son premier cri aurait été :

— Que t'est-il arrivé ?

Blême, les lèvres décolorées, crispées, il tenait un journal qui tremblait dans ses mains comme une feuille secouée par le vent au bout d'une branche.

Elle courut à lui :

— Est-il blessé ?...

Il la regarda, hébété.

— Mort ?

Il comprit :

— Non, par malheur.

Elle poussa un cri terrible.

— Blessé, mort, mieux vaudrait qu'il le fût !

— Vous êtes fou !

— Dieu m'est témoin que j'aurais voulu t'adoucir le coup, te préparer.

— C'est de lui qu'il s'agit, non de moi.

Elle avait sauté sur un journal, et tout de suite couru à la troisième page, mais dans son effarement elle ne trouvait pas la rubrique : « Courses à Longchamps. »

Il mit le doigt dessus.

« Décidément, le métier de propriétaire devient
» plus dangereux que celui de jockey : il y a quelques
« jours, à Auteuil, M. Victorien Combarrieu est

» sifflé parce qu'il gagne avec *Morning Star*, aujour-
» d'hui il est assommé parce qu'il perd avec *Cano-*
» *tier*. Comment faire ? ô mon Dieu ! Et comment
» trouver un endroit écarté où d'être propriétaire on
» ait la liberté ? Un commissaire, parent de M. Prud-
» homme, a dit un mot profond qui peint la situa-
» tion. Comme on amenait devant lui un assommeur
» qui avait tapé un peu fort, il s'est écrié : « Oh !
» monsieur, à Longchamps ! » Et pourquoi donc le
» public se conduirait-il à Longchamps autrement
» que sur un simple suburbain, si les usages extra-
» muros se retrouvent intra-muros ?

» Mais prenons les choses au début, et suivons
» avec ordre les incidents de cette journée mémo-
» rable. »

Et fidèlement, mais avec çà et là quelques mots
ironiques, l'article racontait cette journée : la faveur
de *Canotier*; son abandon par les bookmakers au
dernier moment; la monte de Jo. Rayburn plus extraordinaire que jamais ; l'erreur prodigieuse qui
l'avait fait se tromper de piste, la fureur du public;
les cris « Au voleur », les coups de poing distribués
au propriétaire et au jockey.

Arrivée à ce passage de l'article, elle se tourna
vers son mari :

— Vous restez là !
— Quoi ?
— Partons.

Sans attendre sa réponse, elle courut à la cheminée et pressa le bouton de la sonnerie.

— Que veux-tu ?

— Aller à Paris.

Un domestique entra.

— Ma voiture pour la gare, tout de suite.

Puis revenant à son mari quand le domestique eut refermé la porte.

— Que disent les autres journaux ?

— Tous sont d'accord.

— Disent-ils qu'il est blessé ?

— Ils ne parlent pas de cela.

— Il doit l'être, le pauvre enfant ! il faut le soigner, le consoler, partons.

Mais il ne bougea point.

— Vous ne voulez pas venir? s'écria-t-elle, stupéfaite et indignée.

— Non.

— En savez-vous plus que moi ?

— Je ne sais que ce que disent ces journaux.

— Alors.

— N'est-ce pas assez pour que je ne pense pas à lui porter des consolations ?

Sans lui répondre, elle se dirigea vers la porte, mais au moment de l'ouvrir elle se retourna :

— Si je ne rentre pas aujourd'hui, c'est qu'il a besoin de moi.

Elle allait sortir, il l'arrêta :

— Un seul mot.

— Vite.

— J'ai le regret de te dire que si tu te laissais entraîner à prendre des engagements, je ne les ratifierais pas.

— Vous pensez à l'argent !

— Je te préviens.

— Eh bien ! je vous réponds que je ne sais pas ce que je ferai ; mais, de mon côté, je vous préviens que tous les engagements qu'il faudra prendre pour sauver son honneur...

— Son honneur !

— Le nôtre ; je les prendrai.

— Tu oublies que je suis le maître.

— Nous verrons bien ; moi aussi j'ai des droits ; je les défendrai — ceux de la mère — jusqu'au bout, contre vous, contre tous.

Peu d'instants après, il entendit le roulement d'une voiture lui annonçant qu'elle venait de partir.

Et pour la première fois de sa vie, il éprouva du soulagement à se trouver seul.

Le temps n'était plus où dans les difficultés, comme dans les embarras de la vie, il était assuré de reprendre des forces, du calme ou de la volonté en s'appuyant sur sa femme.

Maintenant les seules difficultés et les seuls embarras qui se missent au travers de la route droite, large et facile qu'il s'était tracée, lui venaient de son fils, et alors, ce n'était jamais de son côté que sa femme se rangerait ; nul secours à attendre d'elle, nul appui, mais au contraire l'opposition et la lutte.

C'était cette expérience des choses qui dans la nuit précédente l'avait empêché de s'ouvrir à elle, quand, agité par l'insomnie, la fièvre et l'angoisse, il cherchait les résolutions qu'il devait prendre.

Quel soutien lui eût-elle apporté ? quelle lumière dans l'ombre où il se débattait ? Elle n'eût admis aucune des accusations qui se dressaient contre Victorien, et celles qu'elle n'aurait pas repoussées, elle les aurait expliquées de façon à prouver qu'il ne pouvait pas être coupable.

Mieux valait donc qu'elle l'eût laissé seul : il aurait sa journée pour examiner la situation et peser, quand son agitation se calmerait un peu, le pour et le contre des partis qui s'imposaient.

Déjà, pendant la nuit, se sentant incapable de saisir une idée raisonnable, allant de l'une à l'autre pour l'abandonner aussitôt, autant parce que celles qui se présentaient étaient irréalisables, absurdes ou impossibles, que parce qu'une résolution qui devait entraîner des conséquences aussi graves ne pouvait pas être prise dans un accès de fièvre, il avait compté sur l'apaisement du matin pour lui rendre le sang-froid. Mais le matin l'avait trouvé aussi agité, aussi indigné, aussi peu maître de soi. Puis les journaux étaient arrivés, et ces articles dans lesquels son nom était accolé au mot voleur, ces récits de huées, de sifflets, de coups qui le frappaient en plein cœur comme si en réalité ils étaient tombés sur lui, l'avaient jeté dans une nouvelle crise de fureur et de prostration, au milieu de laquelle sa femme était venue le surprendre.

Et maintenant ce n'était plus seulement contre son fils qu'il devait se défendre, c'était aussi contre sa femme.

Comment ?

Comment arrêter celui-ci dans sa marche néfaste et le rendre impuissant pour le mal, sans que la sévérité des moyens employés poussât celle-là à la révolte et à la rupture ?

C'était là ce qui l'avait empêché d'aller à Paris lorsque sa femme lui avait demandé de l'accompagner. Si l'âge n'avait pas encore refroidi ses emportements, au moins lui avait-il appris à se connaître et à se tenir en garde contre son premier mouvement. Qu'eût-il dit, qu'eût-il fait, encore tout bouillant d'indignation, quand il se serait trouvé en face de Victorien, alors surtout qu'il n'avait arrêté ni ce qu'il devait dire ni ce qu'il devait faire ?

Ce n'était pas trop d'une journée de solitude pour réfléchir et n'écouter que la raison, sans rien laisser aux suggestions et aux affolements de la colère. Car telle était sa situation qu'il ne pouvait prendre conseil de personne, puisqu'il devrait commencer par une confession de toutes les hontes de son fils impossible pour lui, et que dès lors c'était seul qu'il devait se décider, seul qu'il devait agir.

Des moyens que la loi met aux mains d'un père pour se défendre contre un fils indigne, il n'en voyait aucun qui fût applicable à Victorien : le conseil judiciaire, parce qu'il n'aurait d'efficacité que pour sa fortune, s'il lui en restait, et que la fortune n'était que de peu d'importance quand l'honneur était engagé ; l'interdiction, parce qu'elle ne peut être prononcée que pour des faits d'imbécillité, de démence ou de fureur, et que ces faits, malgré tout le désordre de sa vie, ne pouvaient pas lui être imputés ; imbécile, dément, celui qui menait toutes ces affaires de spéculation, qui pourrait le soutenir ?

Et cependant, il fallait qu'il trouvât un moyen de défense ; c'était pour avoir trop attendu que les choses en étaient arrivées à ce point ; il serait intervenu plus tôt que sa responsabilité n'aurait pas à porter le poids qui la chargeait.

Évidemment, la première chose à faire était d'isoler Victorien et de le mettre dans une situation telle qu'il n'eût pas d'aide à attendre de sa mère. Étant rentré en possession de ses cahiers de chèques, il n'y avait rien à craindre de ce côté ; alors même que sa femme voudrait en souscrire de nouveaux, elle ne le pourrait pas. Mais il n'en était pas de même pour la procuration générale qu'il lui avait donnée avant son départ, et qu'il n'avait point encore révoquée.

Cette révocation s'imposait donc immédiate, et c'était par cette précaution qu'il devait commencer sa défense.

Comme il allait se mettre à son bureau pour écrire à son notaire de préparer cet acte qu'il signerait le lendemain, une voiture roula dans le jardin.

Est-ce que sa femme revenait déjà ?

Il alla à la fenêtre : ce n'était pas elle, c'était son fils.

XXIII

N'ayant pas trouvé de voiture à la gare de Houdan, Victorien avait été en commander une chez un loueur ; et pendant qu'on l'attelait, sa mère était passée par la route directe, sans qu'il sût qu'elle entrait dans la gare, au moment même où lui partait pour la Chevrollère.

Ce fut Antonine qui justement arrivait sur le perron en même temps que lui qui l'en avertit.

— Sais-tu où est ma mère?

— Elle vient de partir pour Paris.

Il laissa échapper un geste de mécontentement.

— Avec mon père?

— Mon oncle est ici.

Mais au lieu de le satisfaire, cette parole l'assombrit encore. Il eut un mouvement d'hésitation.

— Où?

— Dans son cabinet.

— Au surplus...

Sans achever sa phrase, il la quitta pour se diriger vers le cabinet de son père, marchant plus raide encore que de coutume, comme s'il avait peine à avancer les jambes et à remuer les bras, et elle resta au milieu du vestibule, se demandant jusqu'à quel point elle allait être engagée dans cet entretien auquel elle ne pouvait pas assister.

Depuis que son oncle lui avait demandé d'être la femme de Victorien, elle vivait dans la fièvre de l'angoisse, ne sachant ce qu'elle devait craindre pas plus que ce qu'elle pouvait raisonnablement espérer. Victorien acceptait-il ce mariage? Le refusait-il? Ou bien, comme elle-même, avait-il trouvé quelque moyen pour ne pas s'engager et laisser les choses en suspens? Elle allait de l'une à l'autre de ces alternatives, sans oser s'arrêter à celle-ci plutôt qu'à celle-là, trouvant de bonnes raisons pour espérer, en trouvant de plus fortes pour n'espérer point.

Quand elle avait vu son oncle revenir de Paris sombre et préoccupé, le jour où il avait dû traiter avec Victorien la question de leur mariage, elle s'était dit que son cousin, très probablement, ne voulait point d'elle. Et quand, le lendemain, elle avait par hasard appris de sa tante que Louis, au lieu de partir pour Quevilly, restait à Paris, elle s'était confirmée dans cette idée. Cependant le doute l'avait aussitôt reprise : son oncle parlerait si quelque chose était décidé ; pour qu'il gardât le silence, il fallait que Victorien eût demandé du temps ; et jusqu'à ce qu'il eût donné sa réponse, elle devait tout craindre. Mais voilà qu'il arrivait dans des circonstances qui semblaient critiques et décisives : elle aussi s'était étonnée du mystère de la dépêche, et le brusque départ de sa tante après le brouhaha qui l'avait précédé, n'était pas fait pour la rassurer ; maintenant c'était Victorien qui tombait à l'improviste au château, espérant rencontrer sa mère, mécontent de trouver son père. Pourquoi venait-il ? Qu'allait-il se passer ? C'était toute frémissante, toute tremblante, le cœur serré qu'elle se le demandait.

Pour entrer dans le cabinet, Victorien avait affermi sa marche, en se donnant un air dégagé, mais au premier pas, il s'arrêta : plus d'une fois il avait eu à affronter les regards irrités de son père, mais jamais ils ne s'étaient fixés sur lui avec cette expression farouche ; le visage aussi était convulsé, le front congestionné et les sourcils contractés, les lèvres rétractées, laissant à découvert les dents serrées, indiquaient une émotion violente qui ne pouvait être que celle d'une colère difficilement contenue.

— Bon, se dit-il, il a lu les journaux.

En effet, il y en avait un tas qui se trouvaient à terre, dépliés, jetés là pêle-mêle.

Il était dans son caractère de ne marcher au danger que lorsqu'il croyait ne pas pouvoir l'éviter et c'était le cas.

— Je vois que tu as lu les journaux, dit-il.

— En effet.

— Ils t'ont dit comme j'ai été volé.

— C'est toi le volé ?

— Evidemment.

— Après qui a-t-on crié : « Au voleur ! »

— Quel journal as-tu donc lu ?

— Tous ne sont-ils pas l'écho du public ?

— Oh ! le public !

C'était avec peine que les paroles s'échappaient en sifflant de la bouche serrée de M. Combarrieu ; sur ce mot il éclata :

— Tais-toi !

Et il s'élança sur son fils les poings levés.

Victorien avait trop souvent vu ces explosions de colère qui, toujours, faisaient plus de bruit que de mal, pour s'en effrayer sérieusement : combien de fois ces poings s'étaient-ils levés sur lui sans jamais s'abattre ; mais le temps n'était plus où il les affrontait en silence, ne leur opposant que l'inertie ; il s'était habitué à une sorte de goguenardise blagueuse qu'il trouvait chic et qui, chez lui, était devenue une seconde nature.

— Ici aussi, dit-il en reculant de deux pas ; j'aime mieux m'en aller.

Mais avant qu'il fût arrivé à la porte, son père s'était placé devant :

— Tu ne partiras pas.

— Alors causons raisonnablement, sans tous ces éclats de voix qui ne servent à rien, ou bien, si tu ne peux pas te contenir, laisse-moi m'en aller.

— Je te dis que tu ne partiras pas.

— Eh bien! causons.

Malgré l'attitude légère qu'il tâchait de se donner, il n'était pas sans inquiétude ; vingt fois il avait bravé les colères de son père, mais jamais il n'en avait vu qui s'annonçât aussi menaçante ; il crut donc habile d'essayer de la calmer tout en affectant de ne pas la prendre au tragique.

— Je comprends que ces journaux t'aient blessé, dit-il ; s'ils n'avaient pas été idiots, comme toujours, ils auraient raconté les choses de telle sorte, que tout le monde aurait vu, qu'engagé comme je l'étais sur mon cheval, je ne pouvais que vouloir gagner.

Il fouilla dans la poche de son veston et en tira un carnet :

— Regarde mon livre ; un coup d'œil te montrera tout l'intérêt que j'avais à courir droit.

Mais M. Combarrieu repoussa violemment le carnet qu'il lui présentait tout ouvert.

— Si ta réputation avait été établie de courir droit, comme tu dis, le public t'aurait jugé sur ta réputation, sinon sur les faits ; il aurait accusé le jockey, non le propriétaire ; celui qu'il a hué, poursuivi de ses cris : « Au voleur ! » c'est le propriétaire qui, à Auteuil, essayait de lui voler son argent en pariant contre son cheval ; et comme lui je te crie : « Voleur ! voleur ! »

Victorien resta interloqué, tant sa surprise fut grande de voir son père, si ignorant des choses du sport, au courant de ce qui s'était passé à Auteuil. Cela révélait un danger sérieux et expliquait, jusqu'à un certain point, la fureur de son emportement ; il fallait donc se défendre sans perdre la tête.

— Chez moi, je te ferai la preuve qu'à Auteuil j'étais dans mon droit ; mais, puisque pour la course d'hier je peux te démontrer, pièces en main, l'absurdité des accusations du public, ne ferme pas les yeux à la lumière que je t'apporte ; si mon honneur est engagé, le tien l'est aussi, et...

Mais il ne put pas achever ce qu'il voulait dire ; d'une voix terrible, son père lui coupa la parole.

— C'est là ton infamie, que la honte dont tu t'es couvert rejaillisse sur mon nom, et que les cinquante années de travail glorieux du grand-père, les trente années de probité et de droiture du père s'engloutissent en un jour dans les turpitudes du fils. Que de fois, depuis, voyant la prospérité de notre maison, ai-je regretté que mon pauvre père ne fût plus de ce monde pour s'en réjouir ! Aujourd'hui, tu me fais remercier la mort de l'avoir pris avant de lire le mot voleur accolé à mon nom ; que n'en a-t-elle fait autant de moi !

Comme l'émotion le serrait à la gorge, Victorien essaya d'en profiter pour reprendre sa défense : ce n'était pas pour le plaisir de voir sa mère et son père qu'il était venu à la Chevrolière ; il fallait, coûte que coûte, qu'il tâchât de tirer parti de son voyage.

— Si, au lieu de te laisser emporter par la colère, dit-il, tu voulais m'écouter cinq minutes et me suivre, tu comprendrais que cette indignation n'a aucune raison d'être ; que ce n'est pas le complice d'un voleur qui se défend, mais une victime qui apporte les preuves de son innocence. N'as-tu pas été volé dans ta vie ?

— Jamais personne n'a eu l'idée de m'accuser de complicité avec les voleurs.

— Tu as eu de la chance.

— N'ont cette chance que ceux qui la méritent, comme n'ont le malheur d'être exposés à ces accusations que ceux aussi qui les méritent. Celui que le public a fait le complice de ce jockey, c'est l'associé du bookmaker Vassiette, de la baronne Suippe, de la comtesse de Mindel ; le propriétaire de *Morning-Star*, le marchand de vins champagnisés et de ficelles ; le joueur qui se fait enseigner les tricheries des grecs et gagne deux cent mille francs à don José Rivadeynera en dix parties sur douze jouées; c'est l'auteur du scandale du cercle de la rue Auber; l'escompteur de la rue Chauchat et le commanditaire d'Ephraïm la gobe; le lanceur des mines de M'ta; le courtier des entrepreneurs; le brocanteur de bronzes; l'intermédiaire du prince de Chaumes; c'est...

Mais cette fois ce fut Victorien qui interrompit : tant qu'il s'était imaginé qu'avec de l'adresse et de la souplesse il adoucirait cette colère de façon à obtenir ainsi ce qu'il voulait, il avait pu comprimer les mouvements de révolte qui le soulevaient; mais maintenant que la soumission qu'il s'était si péniblement imposée ne servait à rien, il n'allait pas plus longtemps se contraindre.

— Alors c'est un réquisitoire, dit-il de son ton goguenard; peut-on te demander où tu en as puisé les éléments?

— A bonne source, tu le vois.

— C'est que, précisément, je nie qu'elle soit bonne; comment un homme d'affaires tel que toi peut-il prêter attention à de pareilles niaiseries?

— Prouve donc au public qu'elles ne sont pas fondées sur la réalité, ces niaiseries.

— Que m'importe ce que croit ou ne croit pas le public? je n'ai souci que de toi...

— Prouve-moi alors que dans ton besoin de trafiquer de tout, tu n'es pas descendu jusqu'à vendre la composition de mes tubes.

— Comment l'aurais-je pu?

— ... Et que tu n'as pas été payé par James Wood

en un chèque de deux cent mille francs sur les frères Baring. Parle.

Victorien avait pâli, et son arrogance que rien ne démontait avait été remplacée par la confusion.

— Parle, parle donc; tu m'offres des preuves; donne-moi celle-là, je te tiens quitte des autres; parle.

Evidemment il fallait parler; mais la surprise était si forte, le coup qui le frappait si rude, qu'il restait aux abois.

— Il est vrai que j'ai été en relations avec James Wood, dit-il enfin en cherchant ses mots, mais pour une affaire qui n'avait aucun rapport avec ta machine.

— Quelle affaire?

Il hésita, pris au dépourvu.

— Quelle affaire?

— Mais...

— C'était tout de suite qu'il fallait répondre; ton hésitation est un aveu et ta condamnation. Ainsi, misérable, tu es tombé de chute en chute jusqu'à la trahison la plus abominable : escroc en affaires, tricheur au jeu, voleur sur le champ de courses, il te restait à vendre ton père et ta patrie; tu les as vendus; tu les as trahis.

Il parlait avec une véhémence désordonnée, debout appuyé à son bureau d'une main menaçant son fils, de l'autre remuant machinalement les papiers posés sur ce bureau; tout à coup il rencontra un revolver qu'il emportait quelquefois le soir quand il faisait des tournées dans son parc; il le prit :

— Puisque ta vie ne doit être qu'un enchaînement d'infamies et de crimes, n'auras-tu pas le courage de te tuer ?

Un moment abattu, Victorien releva la tête :

— Et pourquoi donc ? dit-il.

— Parce que tu es aux abois, déshonoré, méprisé ; parce que toutes les portes se fermeront devant toi et que la mort est préférable à une existence honteuse et misérable, car je te jure que je trouverais le moyen de te la rendre misérable si tu ne prenais pas ce revolver.

Il le lui tendit ; mais Victorien haussa les épaules.

— Faut-il donc que je te tue de ma main ? s'écria M. Combarrieu, au paroxysme de la fureur et en dirigeant le revolver contre Victorien.

— Mais tu es fou, s'écria Victorien effrayé ; laisse donc ce revolver.

Comme son père continuait d'avancer, il se jeta sur lui et à deux mains saisit le bras qui tenait l'arme ; une courte lutte s'engagea, — une détonation éclata.

XXIV

Le coup parti, ils s'étaient instinctivement écartés l'un de l'autre, et ils se regardaient.

Le premier moment d'effarement passa vite.

— Tu vois ! dit Victorien d'une voix assez calme et d'un ton qui était plutôt celui de la gronderie que celui de l'exaspération ou de la frayeur.

Cependant, comme son père en reculant avait posé le revolver sur le bureau, il le prit vivement et, ayant ouvert une fenêtre, il le jeta dans le jardin.

— Il sera mieux là qu'ici, dit-il avec son accent narquois.

En ouvrant la fenêtre, il avait senti une légère cuisson au bras gauche, un peu au-dessous de l'épaule ; il y porta la main ; l'étoffe du veston était éraflée, la chemise aussi ; sa main, en rencontrant la peau, se mouilla ; il la regarda : elle s'était rougie.

Cela s'était passé silencieusement en quelques secondes, et une minute ne s'était pas écoulée depuis le coup de revolver quand la porte s'ouvrit : un domestique se précipita dans le cabinet, suivi d'Antonine et de madame Combarrieu.

— Qu'y a-t-il ? s'écria celle-ci avant même d'être entrée.

— Tu vois, répondit Victorien montrant sa main ensanglantée.

— Blessé !

— Dans un accès de folie, ton mari a voulu m'assassiner.

Elle s'était jetée sur lui, mais sans oser le prendre dans ses bras, le regardant désespérément.

— Où le coup a-t-il porté ?

— A l'épaule, je crois.

— Tu souffres beaucoup ?

— Je ne sais trop.

— Peux-tu remuer le bras ?

Sans répondre, il le souleva en suivant sa main des yeux.

— Regarde.

— Tu ne sens pas qu'il y ait rien de cassé ?

— Non ; on m'a manqué.

Elle se tourna vers le domestique qui regardait sans oser intervenir :

— Edmond, galopez jusqu'à Dreux et ramenez un médecin ; celui que vous rencontrerez.

Tout en donnant cet ordre, elle avait pris la main de son fils qu'elle pressait doucement en faisant plier les doigts, pour s'assurer qu'il n'y avait pas de fracture.

Le domestique parti, elle voulut examiner la blessure ; mais si doux qu'eût été son mouvement, Victorien laissa échapper un cri étouffé.

— Mon Dieu ! je t'ai fait mal ?

— Un peu.

— Mais il faut voir, arrêter le sang, te panser...

— Pas ici.

— Tu peux marcher ?

— J'espère.

— Montons chez toi.

Mais avant de sortir, elle se retourna vers son mari pour qui elle n'avait pas encore eu un regard : adossé à la cheminée, immobile, il écoutait dans une prostration muette qui pouvait être aussi bien un accablement désespéré qu'une stupéfaction imbécile ; elle courut à lui les yeux enflammés, la bouche tordue :

— C'était donc là ce qu'annonçaient vos menaces ? s'écria-t-elle, assassin de son fils !

— Tu peux croire que j'ai voulu l'assassiner ? dit-il.

Ce fut Victorien qui répondit vivement :

— Alors, ce n'est pas encore assez ?

Mais déjà elle s'était écartée de son mari dans un mouvement d'horreur, et revenue à son fils elle lui avait doucement pris le bras droit qu'elle avait passé sous le sien avec précaution, de façon à ce qu'il pût s'appuyer sur elle.

— Marche devant, dit-elle à Antonine interdite, tu nous ouvriras les portes.

Ils sortirent, et lentement ils traversèrent le vestibule où la domesticité curieuse était rassemblée, commentant certainement, à voix plus ou moins étouffées, les quelques paroles qu'Edmond avait pu jeter avant d'aller chercher le médecin.

En d'autres circonstances Victorien n'aurait pas toléré cette curiosité, et avec les dures paroles qui lui étaient habituelles il aurait renvoyé chacun à sa place ; au contraire il promena sur eux un regard circulaire qu'on pouvait prendre pour un remerciement.

— Ce n'est rien, dit-il.

Puis tout de suite, d'un ton de commandement :

— Que personne ne parle de ce qui est arrivé.

Ce fut lentement, difficilement, en s'appuyant très fort sur sa mère, qu'il monta l'escalier ; plusieurs fois il dut l'arrêter pour reprendre haleine.

— C'est le cœur, tu sais ; ne t'inquiète pas.

Et comme il vit que malgré ses recommandations elle était défaillante, brisée par l'émotion, anéantie par l'angoisse et la douleur, dans un moment de repos, il se pencha vers elle et des lèvres lui effleura le front :

— Ce ne sera rien.

Antonine qui venait derrière lui prête, à le recevoir dans ses bras s'il éprouvait une syncope, regardait de temps en temps les marches pour voir si elles ne se marquaient pas d'un filet de sang ; mais malgré son attention elle n'apercevait rien.

C'était au premier étage que se trouvait l'appartement que madame Combarrieu avait aménagé pour son fils avec un soin et un luxe qui faisaient une merveille de chacune des cinq pièces dont il se composait : arrivé dans le fumoir, Victorien ne put pas aller plus loin.

— Laisse-moi m'allonger sur le divan, dit-il.

Mais ce fut elle qui l'allongea tandis qu'Antonine recevait sur un coussin sa tête ballante.

Alors il ferma les yeux et de la main fit signe qu'on ne le tourmentât point.

— Tu es plus mal ? demanda sa mère.

— L'es...ca...lier.

Elle crut qu'il allait s'évanouir ; courant à une armoire elle en tira une cave à liqueurs de cristal montée en or, et emplit un petit verre d'eau-de-vie qu'elle lui apporta ; mais il ne put pas soulever sa tête. Alors le soutenant d'une main, de l'autre elle le fit boire à petits coups.

Il parut se ranimer.

— Peux-tu maintenant me laisser examiner ta blessure ? demanda sa mère.

— Si tu veux.

C'était un enfant, un petit enfant sans force, sans volonté.

La difficulté était d'enlever son veston sans le faire souffrir ; elles s'y prirent toutes les deux avec précaution, l'une tirant la manche par en bas, tandis que l'autre tâchait de dégager l'épaule ; mais au premier mouvement il se plaignit ; et elles s'arrêtèrent.

— Coupez la manche, dit-il.

— Va me chercher des ciseaux dans le cabinet de toilette, commanda madame Combarrieu.

Après le fumoir venait le salon, puis la chambre, puis le cabinet de toilette ; là, sur une nappe en guipure de Venise étaient étalées en belle vue les pièces d'un nécessaire en vermeil que sa mère lui avait offert à l'occasion d'un de ses anniversaires ; Antonine trouva tout de suite les ciseaux et les rapporta en courant.

La manche du veston fut fendue ; puis celle de la chemise qui était ensanglantée jusqu'au poignet. Alors la blessure apparut dans son entier : sur une longueur de trois ou quatre centimètres la peau était entamée, mais entamée seulement sans que la balle eût pénétré dans les chairs.

— Tu vois que ce n'est rien, dit Victorien ; une simple compresse là-dessus arrêtera le sang.

Il parlait maintenant d'un ton naturel.

— J'en ai été quitte pour l'émotion continua-t-il,

mais j'avoue qu'elle a été vive : un père tirant sur son fils, c'est cela qui m'a anéanti.

— Comment en est-il arrivé là ?

Il ne répondit pas à cette question, et d'un coup d'œil il fit comprendre à sa mère qu'il ne voulait pas s'expliquer devant Antonine.

— Je te remercie, dit-il à celle-ci ; guette la venue du médecin je te prie, et fais-nous prévenir quand il arrivera ; c'est mon père qui a besoin de lui.

C'était là un assez mauvais prétexte pour se débarrasser d'elle, mais il n'allait pas prendre souci de cette cousine gênante.

Quand elle fut partie il quitta le divan et accompagné de sa mère, qui continuait à vouloir le soutenir, il passa dans le salon, où on ne pouvait pas entendre leurs voix même en écoutant aux portes.

— Tu veux savoir comment les choses se sont passées ? dit-il ; tout simplement comme j'avais prévu qu'un jour ou l'autre elles se passeraient. Te souviens-tu de ce que je t'expliquais il y a quelques jours ?

— A propos de quoi ?...

— A propos de mon père, quand je te disais que je voyais le moment où sa tête partirait tout à fait sous le coup d'une violente contrariété ; qu'une explosion aurait lieu ; et que ce qui était mystérieux en lui, que tu ne voulais pas reconnaître, mais que je suivais, moi, dans sa marche progressive, serait expliqué par cette catastrophe.

— Je me souviens.

— Eh bien, il en a été ainsi. J'avais quitté Paris

ce matin pour venir te rassurer, pensant aux inquiétudes que tu devais éprouver après avoir lu les journaux.

— Ce sont ces inquiétudes qui m'ont fait partir pour Paris où je serais en ce moment, si au moment de monter en wagon le chef de gare ne m'avait dit que tu venais d'arriver ; heureusement Baptiste était encore dans la cour de la gare ; j'ai pu remonter en voiture et accourir ici angoissée, épouvantée.

— Tu as parlé de menaces, tout à l'heure ?

— Nous avions eu une explication violente à la suite de la lecture des journaux.

— Et il m'avait menacé ?

— Ces menaces ne portaient que sur la question d'argent.

— Tu l'as cru ; tu vois comme tu te trompais.

— Enfin, l'état dans lequel je l'avais quitté me faisait tout craindre d'une rencontre entre vous ; continue.

— En arrivant je rencontrai Antonine qui me dit que tu venais de partir pour Paris ; j'hésitai si je verrais mon père, mais je pensai qu'étant venu ici je ne pouvais pas m'en aller, et que d'ailleurs mieux valait avoir une explication, dans laquelle je lui prouverais l'absurdité des bruits dont certains journaux se sont fait bêtement l'écho.

— Tu pouvais faire cette preuve ?

— Avec la dernière évidence, puisque j'avais mon livre de paris prouvant que la victoire de mon cheval me valait un million, et sa défaite me coûtait plus de cent mille francs. Je n'avais qu'à lui répéter la démonstration que j'ai faite hier aux commissaires, et qui a prouvé clair comme le jour que j'étais victime d'un vol organisé par les bookmakers, qui ont acheté mon jockey pour faire dérober mon cheval.

— Cela sera connu ?

— Assurément, et les mesures qui vont être prises contre Rayburn, en France et en Angleterre, seront la meilleure des réponses à la stupidité du public. Si peu intelligent que soit mon père pour tout ce qui se rapporte aux courses, il ne pouvait pas, me semblait-il, ne pas comprendre mes explications qui auraient été éblouissantes pour un enfant de dix ans. Mais pour les comprendre, il aurait fallu qu'il voulût bien les entendre. En entrant, je trouvai un homme au visage convulsé, les yeux farouches, les dents découvertes comme celles d'un chien qui va mordre, et je vis que j'avais eu tort de ne pas repartir, car la scène serait plus violente, assurément, que toutes celles que j'avais eu à affronter. Il était trop tard, et je me promis de l'adoucir par mon calme. Toutes mes explications furent inutiles ; je voulus lui mettre mon livre de paris sous les yeux, il refusa de le regarder ; enfin, se montant lui-même par les injures qu'il vociférait mêlées à un tas d'histoires absurdes, il prit son revolver posé devant lui sur son bureau et me le tendit en disant que puisque ma vie ne serait qu'un enchaînement de crimes, je devais me tuer. Il ne me laissa pas le temps de chercher un moyen d'apaiser son accès de fureur ; voyant que je refusais de prendre son revolver, il m'ajusta en criant qu'il allait me tuer de sa main. J'allais me jeter sur lui pour essayer de le désarmer, quand le coup partit.

Elle le serra dans bras, éperdue, pantelante.

— C'est miracle que la balle ne t'ait pas atteint en plein corps.

— Assurément.

— Et maintenant, qu'allons-nous faire ?

— Aviser aux moyens qu'il ne recommence pas, soit contre moi, soit contre toi ; j'ai jeté le revolver dans le jardin, mais il en a d'autres.

— Alors, tu crois à un accès de folie ?

— Comment si j'y crois : fou ou assassin ; pour moi je sais à quoi m'en tenir ; mais puisque tu as des doutes, le médecin que tu as envoyé chercher les éclaircira.

XXV

Pendant que la mère et le fils restaient enfermés au premier étage, Antonine, descendue au rez-de-chaussée, se demandait s'il fallait qu'elle guettât l'arrivée du médecin, comme le voulait Victorien, ou bien si elle ne devait pas entrer chez son oncle.

Dans l'affolement du désarroi et de la confusion causés par le coup de revolver et l'aspect de Victorien ensanglanté, elle n'avait eu d'yeux et de pensées que pour le blessé; mais la façon dont ce blessé montait l'escalier et aussi la vue de son éraflure, avaient calmé son émoi ; et du fils, sa pensée allait maintenant au père, en réalité autrement intéressant pour elle.

Personne ne s'occupait de lui, et il pouvait avoir besoin de soins, car s'il n'avait pas eu un accès de folie, comme le croyait Victorien, à coup sûr, il avait éprouvé une émotion assez violente, pour qu'il convînt de voir comment il la supportait.

Après avoir recommandé à un domestique de ne pas quitter le vestibule, de façon à la prévenir dès qu'on apercevrait le médecin, elle se décida à frapper à la porte de son oncle.

N'ayant pas reçu de réponse, elle l'entr'ouvrit doucement et l'aperçut à la place même où elle l'avait quitté, assis sur une chaise devant la cheminée, la tête abaissée sur la poitrine, les bras ballants, anéanti dans une prostration telle, qu'on eût pu croire qu'il était mort, si son corps n'avait été agité par un léger balancement.

Elle avançait lentement, sans qu'il parût l'entendre, quand, d'un brusque mouvement, il releva la tête et la regarda avec des yeux troublés qui la glacèrent.

— Qui t'envoie? dit-il durement.

— Personne, mon oncle, je viens voir si tu n'as pas besoin de moi.

— Ah !

— Et aussi pour te dire que la blessure de Victorien est très légère; une écorchure.

— Crois-tu donc, toi aussi, que j'ai voulu l'assassiner?

— Non, certainement.

— Et ta tante ? demanda-t-il après un moment d'hésitation.

— Je ne sais pas ; elle est éperdue et je pense qu'elle n'a pas conscience de ce qu'elle croit ou ne croit pas.

— Enfin, toi, tu ne le crois pas ?

— Non, je te le jure.

— Et l'accès de folie ?

— Mais je ne crois ni à ceci, ni à cela, si ce n'est qu'il a dû se passer... des choses graves entre toi et Victorien, que tu as éprouvé une grande émotion, et c'est de cette émotion que je m'inquiète en venant voir comment tu es.

Il lui tendit la main :

— Brave petite fille.

Elle fut remuée par l'accent attendri de cette parole, et en levant les yeux sur son oncle pour le remercier de cette marque d'affection, elle vit que deux grosses larmes roulaient entre ses cils. Il était donc bien malheureux, bien désespéré, qu'un témoignage d'intérêt aussi simple, aussi naturel que celui qu'elle apportait, le troublait si profondément ?

Il lui serrait la main sans parler, mais de gros soupirs s'échappaient de ses lèvres, suivis aussitôt de larges aspirations.

— Veux-tu que je te prépare un verre d'eau? demanda-t-elle.

— Non, reste là ; ne bouge pas ; cela me fait du

bien de t'avoir près de moi. Quand on a du cœur, on devine ce qui peut soulager ceux qu'on aime. Je te remercie d'être venue.

— Mais, mon oncle, c'est tout naturel.

— C'est justement ce qui est naturel qui touche le plus.

Il l'attira à lui, et l'embrassa :

— Je t'ai, en ces derniers temps, causé du chagrin; il ne faut pas m'en vouloir et tu ne m'en voudras pas, si par la pensée tu peux te mettre à la place d'un père désespéré qui ne voit que son fils. J'espérais le sauver, et je ne trouvais que toi capable d'accomplir ce miracle. De là une persistance dans le projet de mariage, auquel je m'obstinais bien que je sentisse ta répugnance et ton hostilité. Ç'a été une faute, une grande faute, dont je te demande pardon.

— Oh! mon oncle!

— Envers toi aussi j'avais des devoirs : n'es-tu pas ma fille? et je les ai sacrifiés, m'aveuglant moi-même. Une autre faute de ma part, ça été de ne pas te parler franchement le jour où j'ai reconnu que ce mariage était impossible, te laissant sous l'idée écrasante que je le voulais toujours, quand déjà je ne le voulais plus. C'est là ce qu'il faut me pardonner.

— Ne parle pas de pardon; est-ce qu'il peut y avoir du pardon, de moi à toi?

— Que veux-tu; j'attendais. Quoi? Un miracle. Ou plutôt une démonstration qu'il ne pouvait pas être ton mari, et à laquelle il n'y aurait rien à opposer. Pour mon malheur elle vient d'être faite. Je te rends ta liberté.

Dans son trouble elle prononça quelques paroles dont l'accent seul était intelligible, et ce qu'il trahissait c'était un sentiment de délivrance mêlé à une joie profonde.

— Oui, dit-il en continuant, je t'ai fait violence, je le comprends maintenant et je m'en accuse. J'aurais dû comprendre cependant, j'aurais dû voir; mais je ne voulais pas. Enfin, mon enfant, tout peut se réparer, et je te promets que si tu as une inclination au fond du cœur, tu n'auras plus à la cacher.

— Oh! mon oncle, mon oncle, murmura-t-elle.

— Ne crains rien, je ne mettrai pas aujourd'hui à t'arracher ton secret l'obstination dont je t'ai poursuivie, quand malgré ta résistance pourtant si claire je voulais t'amener à me dire que tu accepterais ton cousin. De mes paroles il n'y a qu'une conclusion à tirer, c'est que tu ne me trouveras jamais entre toi et ton bonheur; c'est là ce que je tiens à te dire en ce moment décisif pour notre vie à tous. Heureux, nous ne nous inquiétons pas assez du bonheur des autres; un égoïsme inconscient nous emporte, qui ramène tout à la satisfaction de nos désirs ou au succès de nos projets; mais malheureux, notre cœur s'attendrit et sympathise aux souffrances de ceux qui nous sont chers. C'est pour cela, mon enfant, que je n'ai jamais eu souci d'assurer ta vie autant qu'à cette heure, où le désespoir anéantit la mienne. Qu'eût-elle été, pauvre petite, si je t'avais jetée dans ce mariage.

Il s'arrêta; mais presqu'aussitôt il reprit, comme s'il se parlait à lui-même :

— La catastrophe a cela de bon au moins qu'elle me dégage de cette responsabilité ; un jour ou l'autre elle se serait produite, et plus tard il aurait été trop tard. Qu'eût été ta vie liée à celle de ce misérable ? Qu'eût été celle de vos enfants ? Ah ! j'ai été bien coupable envers toi.

— Mais tu pensais que je serais heureuse.

— Je pensais surtout que lui serait heureux par toi ; et c'est là qu'était ma faute : je te sacrifiais. Enfin ce crime m'est épargné. Voilà ce que je dois me dire. C'est là que je dois chercher une consolation ; c'est dans ton bonheur, dans ta tendresse...

— N'en doute jamais...

— Dans l'affection de celui qui sera ton mari ; ne serez-vous pas tout pour moi désormais ?

Il semblait avoir besoin de se persuader lui-même qu'il n'était pas seul au monde, et que tout ne lui manquait pas à la fois : elle était là, sa nièce, sa fille ; il n'y aurait pas autour de lui que tristesse, abandon et mort : elle serait heureuse ; il aurait sa part dans ce bonheur.

Bien que le nom de Darlot n'eût pas été prononcé, et que par aucune allusion M. Combarrieu n'eût laissé entendre quel était ce mari qu'il avait en vue, et dont il attendait la réalisation de ce bonheur, il n'y avait pas de doutes pour Antonine ; c'était à Louis qu'il pensait, de Louis qu'il parlait : de quelle autre affection pouvait-il être assuré à l'avance, si ce n'est de celle de Louis ? et son cœur si cruellement étreint se gonflait d'espoir et de reconnaissance.

Il voulut qu'elle s'assît près de lui, et ils s'entretinrent ainsi longuement.

— Il faut que tu sois heureuse, répétait-il à chaque instant.

C'était le mot auquel il revenait sans cesse comme s'il ne pouvait pas, ou plutôt ne voulait pas s'en laisser distraire.

A l'anéantissement dans lequel il était plongé lorsqu'elle était entrée, avait succédé une excitation caractéristique : sa parole était brève et saccadée; ses yeux brillaient; des tressaillements agitaient ses mains; des gouttelettes de sueur perlaient sur son front; de temps en temps il roulait la tête à droite et à gauche d'un mouvement étrange.

Une voiture les interrompit ; elle sortit pour recevoir le médecin que le domestique ramenait de Dreux, non celui qui venait ordinairement au château, mais un jeune homme qu'elle voyait pour la première fois : le docteur Jouveneau.

— On m'a parlé d'un coup de revolver, dit-il sans préciser de façon à ce qu'on ne pût pas comprendre, s'il savait comment le coup de revolver avait été tiré et par qui ; où est le blessé ?

Elle le conduisit au premier étage, en lui expliquant que la blessure n'avait pas la gravité à laquelle elles avaient cru tout d'abord.

Ce fut ce que déclara le médecin lui-même après avoir examiné Victorien.

— Ce n'est rien.

Mais madame Combarrieu insista.

— Je vous affirme, madame, qu'il n'y a pas de

conséquences ultérieures à craindre ; une légère douleur, de la gêne dans le bras et dans l'articulation pendant quelques jours, et ce sera tout ; si monsieur votre fils veut garder la chambre, ce sera mieux, mais cette précaution n'est même pas indispensable. Avant une semaine la plaie sera cicatrisée.

Tout en appliquant sur cette plaie la gaze phéniquée qu'il avait apportée et en complétant son pansement, il remarqua le long du bras de Victorien des plaques bleuâtres ; mais comme il avait lu le récit des courses de Longchamps, il se garda de demander d'où provenaient ces contusions auxquelles il ne fit pas plus attention que si elles n'existaient pas.

Comme il allait se retirer, Victorien le retint.

— Ce n'est pas au plus malade de la maison que vous avez donné vos soins ; maintenant nous vous prions de voir mon père dont l'état est autrement grave, autrement inquiétant que le mien.

Précisément parce que le médecin savait par le domestique qui l'avait amené que M. Combarrieu avait tiré sur son fils, il n'avait fait aucune question sur l'origine de la blessure qu'on lui demandait de panser : il devait y avoir là-dedans et là-dessous quelque histoire tragique à laquelle il jugeait prudent de n'être pas mêlé ; et s'il pouvait espérer prendre pied dans cette maison que le hasard lui ouvrait, ce ne serait pas assurément en intervenant entre le père et le fils : il resta donc impassible.

— Ce n'est pas avec son médecin, dit Victorien en insistant sur le mot « son » de manière à en faire une sorte d'invite en même temps qu'une promesse, qu'on peut avoir des secrets si tristes qu'ils soient ; je ne peux donc pas vous cacher que cette blessure m'a été faite par mon père, dans un moment d'aberration bien entendu, un accès de délire, de fièvre chaude, de frénésie, de fureur, c'est à vous de trouver le nom ; et voilà pourquoi ma mère et moi nous vous prions de le voir.

— C'est spontanément que cet accès a éclaté ?

— A la suite d'une discussion ou plutôt dès le début de cette discussion.

— Cet accès a-t-il été spontané, brusque, inattendu, ou bien a-t-il été consécutif à une période d'incubation qui se serait manifestée par des changements dans la santé ou dans le caractère et dans les sentiments, par des actes délirants ?

— Mon père a toujours eu l'humeur bizarre et le caractère violent ; en ces derniers temps cette bizarrerie et cette violence avaient augmenté.

— D'une façon inquiétante ?

— Très inquiétante ; et telle qu'il y a quelque temps j'ai manifesté à ma mère mes craintes d'une catastrophe.

Madame Combarrieu, qui jusque-là n'avait rien dit, inclina la tête pour confirmer ces dernières paroles.

— Ceci est pour le caractère et les sentiments ; mais pour la santé même n'avez-vous pas remarqué quelques troubles caractéristiques ?

— Comme je ne vis pas au chateau, dit Victorien, ma mère va vous répondre.

— Depuis quelques jours mon mari ne mangeait

plus, ou mangeait mal ; il était agité, nerveux, toujours en mouvement ; ainsi hier au soir il a fait une longue promenade dans le parc jusqu'à une heure avancée et il a passé une partie de la nuit à fumer.

— Voulez-vous me conduire près de lui ?

— Ma mère et moi nous ne pourrions que l'irriter, répondit Victorien ; ma cousine va vous introduire.

XXVI

En descendant l'escalier, le médecin interrogea Antonine, aussi bien sur ce qui avait précédé le coup de revolver que sur ce qui l'avait suivi.

Pour le coup de revolver elle ne savait rien, étant accourue à la détonation ; seuls son cousin et son oncle pouvaient dire comment les choses s'étaient passées, puisqu'ils étaient en tête-à-tête.

Pour ce qui avait suivi cette détonation, elle fut plus explicite ; ce qui lui était facile, car depuis ce moment, et après les premiers soins donnés à son cousin, elle était restée avec son oncle ; elle expliqua ce qu'elle avait remarqué : la stupeur de son oncle lorsqu'elle était revenue près de lui, stupeur telle qu'on pouvait croire qu'il était anéanti ; puis son excitation, le feu de son regard, le tremblement de ses mains, son parler saccadé.

Et il répétait chacune de ses observations comme pour mieux les enregistrer dans sa mémoire :

— Excitation ; feu du regard ; mains tremblantes ; parole saccadée.

Ils étaient arrivés à la porte du cabinet ; elle l'ouvrit et voulut le faire passer le premier, mais il s'effaça :

— Après vous, mademoiselle.

Ce fut dans les pas d'Antonine qu'il marcha, s'effaçant derrière elle sans quitter des yeux son malade qui, avec une physionomie peu rassurante, le regardait venir.

Ce sont les gens du monde qui abordent les fous délibérément, sans inquiétude comme sans précautions ; les médecins, qui savent ce que c'est que la folie, mais qui cependant ne vivent pas dans les asiles d'aliénés, ont d'autres manières : celui-là venait de tirer sur son fils, disait-on, il était sous le coup d'un délire vésanique probablement, en tous cas fébrile ; la simple prudence indiquait de se tenir sur ses gardes et de le surveiller de près.

— M. le docteur Jouveneau, dit Antonine, croyant devoir faire la présentation.

M. Combarrieu répondit par une courte inclination de tête : que voulait ce médecin ? Il n'avait pas besoin de médecin ; il n'en avait pas demandé.

Le docteur Jouveneau, qui démêla très bien ce mélange de surprise et de mécontentement, se garda de le heurter et de l'exaspérer.

— Je viens de voir monsieur votre fils, dit-il, et mademoiselle — il appela Antonine à son aide, —

a voulu que je vous dise ce que je pense de sa blessure.

— Ah !

Le ton de cette courte réponse prouva qu'il acceptait cette explication.

Alors le médecin parla longuement sur la blessure de Victorien et fit une sorte de leçon clinique qui n'avait pas d'autre raison d'être pour lui que de prendre le temps d'examiner son nouveau malade ; mais la difficulté était grande, car il ne pouvait pas l'interroger directement sur les points intéressants, et à tout ce qu'il disait, répétait, expliquait, M. Combarrieu se contentait de répondre par oui ou par non, ou même ne répondait rien du tout.

Ce qu'Antonine lui avait annoncé se révélait clairement à ses yeux : l'excitation, le feu du regard, le tremblement des mains, le parler saccadé ; mais cela ne suffisait pas pour établir un diagnostic. On lui disait qu'il devait examiner un fou, ou tout au moins un homme qui, à la suite de troubles caractéristiques, avait subi un accès de délire vésanique. Et rien de ce qu'il voyait n'était caractéristique de ce délire. Le temps n'est plus où c'était une loi en médecine que les passions portées à l'excès sont de véritables folies. On peut se laisser dominer par la passion, entraîner par la colère, même la fureur, et n'être ni un fou, ni un malade.

Les raisons sur lesquelles les gens du monde et même la loi s'appuient pour déclarer qu'un homme est fou n'existent pas pour le médecin, qui fait de la pathologie, non de la psychologie. Et lui, médecin, ne découvrait aucun symptôme pathologique qui révélât la folie chez M. Combarrieu, au moins à première vue. Ni les gestes, ni la voix, ni le langage, rien ne trahissait des conceptions délirantes dans les fonctions intellectuelles ou sensoriales. Point de ces mouvements sans but qui se répètent avec une régularité extraordinaire chez les fous. Les mains, si elles tremblaient, ne s'agitaient point dans un travail mystérieux. Les yeux, s'ils étaient ardents, ne paraissaient point suivre une vision invisible pour tous, mais menaçante ou attrayante pour le fou.

Sur un point seulement, il paraissait y avoir perversion des facultés affectives, dont le trouble est si important dans l'observation de la folie : M. Combarrieu ne paraissait s'intéresser que très légèrement à la blessure de son fils, et tous les détails qu'on lui donnait à ce sujet semblaient ne le toucher que peu. Mais si, au lieu de tirer sur son fils inconsciemment comme on le disait et dans un accès de délire, il avait tiré volontairement, sachant ce qu'il faisait, avec une pleine conscience de son acte, cette insensibilité s'expliquait sans qu'il fût besoin de faire intervenir la folie : on voit des fils tuer leurs pères et des pères tuer leurs fils, sans que la folie soit pour rien dans leur détermination. De cette maison et de ses maîtres, il ne savait que ce qu'en racontait la notoriété publique : un père, grand travailleur, exaspéré par la vie désordonnée de son fils ; une mère passionnée de maternité ; quel drame pouvait se jouer entre ces personnages ?

Il convenait donc d'être circonspect, et de ne rien admettre sans le contrôler par un examen.

Comme il ne pouvait pas toujours s'étendre sur le fils, alors surtout qu'on ne lui répondait rien ou presque rien, il se décida à risquer quelques questions directes et personnelles.

— Rassuré sur le blessé, dit-il de son air le plus affable, je voudrais l'être autant sur celui qui ne l'est pas.

— Sur moi, monsieur?

— Précisément.

— Mais...

— Vous ne me demandez pas conseil, cela est très juste et je le reconnais; mais le médecin doit-il attendre qu'on s'adresse à lui quand il juge que son intervention spontanée peut être utile? Jusqu'à un certain point c'est le cas qui se présente en ce moment: je suis une espèce de pompier qui passe et qui n'attend pas qu'on crie « au feu » pour essayer d'éteindre un incendie qu'il voit commencer.

— Je ne suis pas malade.

— Au moins n'êtes-vous pas dans un état normal: on n'éprouve pas une émotion comme celle qui vous a frappée en voyant monsieur votre fils blessé, sans qu'elle inspire une secousse à l'organisme et produise des troubles plus ou moins profonds. Ces troubles se manifestent par ce tremblement de vos mains, le saccadé de votre parole et d'autres signes qui pour le médecin sont caractéristiques. Evidemment vous subissez un accès de fièvre.

Avant que M. Combarrieu put s'en défendre, il lui prit le poignet et lui tâta le pouls.

— C'est bien cela, dit-il.

Puis tout de suite il lui appliqua la tête sur la poitrine, et d'un ton de commandement :

— Respirez fort. Ne respirez plus.

L'examen fut rapide, mais cependant attentif.

— Comme je le pensais, dit-il, vous avez une assez forte fièvre, qui, si je ne me trompe pas, va aller en augmentant; il ne serait donc pas étonnant qu'avant peu vous fussiez pris d'un violent frisson; c'est pourquoi je vous conseille, si vous le permettez, de vous mettre dès maintenant au lit, et de suivre la prescription que je vais vous tracer.

Et sans attendre une acceptation ou un refus, il écrivit cette prescription qu'il remit à Antonine.

— Je suis convaincu qu'il ne s'agit que d'un simple coup de froid, dit-il en se levant, qui, si vous voulez bien le soigner tout de suite, n'aura pas de conséquences.

En sortant du cabinet de M. Combarrieu, il remonta au premier étage.

Victorien, qui était assis auprès de sa mère avec laquelle il s'entretenait, se leva vivement pour venir au-devant de lui.

— Comment l'avez-vous trouvé?

— Il a une forte fièvre.

Victorien regarda sa mère d'une façon significative.

— Conséquence du délire? demanda-t-il.

— Je n'ai pas constaté de délire; en tous cas, s'il

y en avait, ce serait du délire fébrile et non du délire vésanique : Monsieur votre père a subi un coup de froid, il a beaucoup fumé, il a éprouvé une violente secousse morale et physique ; il y a là une réunion de faits plus que suffisants pour expliquer son état présent.

— Si je vous comprends bien, il ressortirait de vos paroles que ce ne serait pas sous l'influence du délire que mon père aurait tiré sur moi.

— Je ne puis parler que de ce que j'ai observé ; et de cette observation rapide, superficielle je le reconnais, il ne résulte rien pour moi, dans l'état de monsieur votre père, qui décèle la vésanie : rien ne révèle le délire des sensations, rien le délire de la pensée, rien le délire des actes.

— Ce n'est point un délire des actes que tirer sur son fils ?

— Il faudrait savoir comment ce coup de revolver a été tiré, dans quelles conditions, et je l'ignore.

Victorien eut un moment d'hésitation, se demandant évidemment s'il allait repondre par un récit à l'ouverture qui lui était faite ; mais comme les dispositions qu'il croyait reconnaître dans ce médecin prudent et timoré, pouvaient amener des contradictions devant sa mère, ce qu'il tenait surtout à éviter, il jugea sage de repondre d'une autre façon.

— Si nous nous en tenions strictement à vos observations, que d'ailleurs vous reconnaissez vous-même superficielles, il en résulterait que mon père a tiré sur moi sachant ce qu'il faisait, et que par conséquent il a voulu m'assassiner ; eh bien, ma mère et moi nous n'accepterons jamais cette conclusion ; jamais, monsieur, jamais nous ne l'admettrons : fou, oui, cela est déjà assez cruel à avouer ; assassin, non, mille fois non.

— Vous me demandez mon avis, je vous le donne en toute sincérité ; mais comme j'ai pris soin de vous en avertir tout d'abord, je reconnais que je me suis trouvé dans les plus mauvaises conditions pour examiner monsieur votre père, et que par conséquent cet examen n'a qu'une valeur relative ; au reste votre médecin ordinaire vous fixera à cet égard.

— C'est que notre médecin ordinaire, — Aucamp, — ne se trouve pas à Paris en ce moment, dit madame Combarrieu ; comme tous les ans il restera en voyage jusqu'au milieu d'octobre au moins.

— Peut-être appellerez-vous un spécialiste ?

— N'en doutez pas, répondit Victorien vivement ; qui nous conseillez-vous ?

— Patras, Louville, Soubyranne, Péqueur, Samson, Camille, vous n'avez qu'à choisir : ils se prononceront avec une compétence et une autorité qui me manquent.

— J'aurai l'honneur de vous prévenir quand le jour de cette consultation sera fixé.

— Tu vois que ce médecin n'admet pas le délire chez ton père, dit madame Combarrieu quand le docteur Jouveneau fut parti.

— Je vois que nous avons affaire à un timoré en même temps qu'à un roublard qui a peur de se prononcer et d'endosser une responsabilité. S'imaginant que nous pouvons lui demander de signer un certificat pour faire admettre mon père dans une maison de santé, il prend ses précautions. Les journaux ont si souvent secoué les médecins qui avaient signé des certificats de ce genre; quelques procès les ont si fâcheusement compromis, qu'il y en a beaucoup aujourd'hui qui refusent systématiquement de prendre la responsabilité de l'internement d'un fou, même quand il y a urgence. Celui-là appartient à cette catégorie.

— Alors même que ton père serait sous l'influence que tu crois, tu ne voudrais pas le mettre dans une maison de santé?

— Assurément non; mais comme cette influence n'est par malheur que trop réelle, nous devons le faire soigner sans retard, et voilà pourquoi je vais retourner tout de suite à Paris, d'où je ramènerai un des médecins dont il vient de nous donner les noms.

— Tu n'y penses pas; tout de suite ! et ta blessure?

— Ma blessure ne me paralyse pas ; d'ailleurs ce n'est pas pour mon père seulement que je dois aller à Paris, c'est aussi pour moi; pour régler ma perte d'hier.

— Tu dois une grosse somme ?

Il hésita un moment :

— Près de deux cent mille francs.

— Comment vas-tu les payer.

— Avec ton aide, rien n'est plus facile.

Et il expliqua cette facilité : en vertu de la procuration qui lui avait été donnée par son mari, elle acceptait quatre billets de cinquante mille francs chacun, et il les négociait.

Aux premiers mots elle se révolta ; mais après une longue discussion mêlée de prières et de colères, de cajoleries et de menaces, il lui mit la plume à la main ; et comme il avait toujours dans son carnet une provision de papier timbré, elle n'eut qu'à mettre son aval de garantie sur les quatre billets.

N'avait-elle pas prévenu son mari qu'elle ferait tout pour sauver son fils ?

XXVII

Après être descendu de voiture dans la gare de Houdan, Victorien vit le cocher qui l'avait amené se diriger vers la boîte aux lettres, en tenant un assez gros paquet d'enveloppes dans sa main.

Il l'appela :
— Baptiste.

Le cocher arriva à l'ordre.

— Vous avez des lettres à mettre à la boîte.
— Oui, monsieur.
— Donnez-les moi ; je les mettrai à Paris, elles arriveront plus tôt.

Baptiste eut un court moment d'hésitation, puis il tendit le paquet : pouvait-il le refuser ?

Quand Victorien se trouva seul dans le compartiment qu'il avait choisi, il tira ces lettres de la poche de son veston et regarda leurs adresses.

Elles étaient au nombre de huit ; cinq portaient des noms de commerçants ou d'ingénieurs et avaient évidemment trait à des affaires sans intérêt pour lui. Les adresses de celles-là étaient d'une écriture courante ; les trois autres, au contraire, portaient des noms qui lui faisaient désirer de connaître leur contenu ; les adresses de celles-là étaient d'une écriture heurtée, tremblée qui prouvait jusqu'à l'évidence qu'elles avaient été écrites après le coup de revolver, ce qui doublait leur intérêt : l'une était adressée au notaire, Le Genest de la Crochardière ; la seconde à M. Louis Darlot, à son domicile particulier, boulevard de Clichy ; la troisième enfin à M. Dantin, au cercle de la Concorde.

Celle-là fut une révélation pour Victorien, et sans lire à travers le papier il devina son contenu : quand son père lui avait énuméré ses affaires, il était resté abasourdi, se demandant qui avait pu fournir ces renseignements dont plusieurs devaient être inconnus de tout le monde, particulièrement ce qui se rapportait aux choses de jeu ; voilà que la lumière éclatait : ils venaient de Dantin ; et maintenant c'était à Dantin que son père demandait d'autres recherches.

Lesquelles ? Là seulement était l'inconnu et par conséquent l'intéressant.

Il fit passer l'enveloppe dans sa main gauche pour l'ouvrir avec la droite ; mais prêt à déchirer le papier il s'arrêta : il pouvait être utile pour lui que cette lettre, quand il en connaîtrait le contenu, arrivât aux mains de celui à qui elle était adressée ; c'était à voir ; dans ces conditions la prudence exigeait donc qu'elle ne fût ouverte qu'avec certaines précautions permettant de la refermer, et il la remit dans sa poche avec celles adressées au notaire, qu'il avait aussi la curiosité de lire : puisque la guerre avait éclaté entre son père et lui, il trouvait qu'il serait un naïf de ne point se servir des armes que le hasard lui apportait, et rien ne l'aurait plus cruellement humilié que d'être obligé de s'avouer qu'il avait commis une naïveté.

En arrivant chez lui, Victorien entra tout de suite dans le bureau de Mélicieux, et trouva son secrétaire penché sur son pupitre, en train d'écrire une pièce de procédure.

— Téléphonez à Vassiette, dit-il, qu'il vienne immédiatement, je l'attends.

Mélicieux se levait pour aller au téléphone, quand Victorien l'arrêta :

— Qui est venu en mon absence ?
— Des reporters.
— Que leur avez-vous dit.
— Rien.
— Vous avez leurs noms ?
— Ramonet du *Boulevard* ; Eugène Silva du *Candide* ; Jossot de l'*Indépendance parisienne*....

Victorien l'interrompit :

— Téléphonez à Silva et à Ramonet que je les attends ; soyez très poli, dites que je me mets entièrement à leur disposition, et que je leur fournirai tous les renseignements qu'ils peuvent désirer ; donnez quatre heures à Silva, cinq heures à Ramonet ; ne vous trompez pas : il importe qu'ils ne se rencontrent pas.

Aussitôt Victorien passa dans son cabinet, ferma au verrou les portes qui communiquaient avec le vestibule et le salon, et allant dans sa chambre à coucher, il en rapporta une lampe à alcool, sur laquelle, après l'avoir allumée, il posa une petite casserole pleine d'eau.

Quand cette eau commença à entrer en ébullition, il exposa au-dessus de la vapeur une des trois lettres qu'il avait mises de côté, — celle adressée à Dantin, — et aussitôt que la gomme se fut mouillée, il ouvrit l'enveloppe.

« Veuillez reprendre vos recherches et tâchez de me dresser un état aussi exact que possible du passif de mon fils. »

C'était bien ce qu'il avait prévu quant au rôle joué par Dantin ; mais ce qui était intéressant à apprendre, c'était celui qu'on lui confiait à nouveau, et qui ne pouvait avoir pour objet que de réunir un ensemble de renseignements sur lesquels s'appuierait vraisemblablement une demande de conseil judiciaire.

Il prit celle adressée au notaire :

« Je vous prie de faire préparer un acte pour révoquer la procuration que j'ai donnée à madame Combarrieu ; je passerai demain ou après-demain pour le signer. »

— Ah! il voulait révoquer cette procuration! Eh bien, non, il ne passerait pas à l'étude du notaire ; et y passât-il, il ne trouverait pas prêt l'acte qu'il demandait de dresser ; toute la force de la combinaison qu'il avait instantanément bâtie dans le court espace de temps qui s'était écoulé entre le coup de revolver et l'arrivée de sa mère, reposait sur cette procuration, et il n'allait pas être assez simple pour la laisser révoquer.

Au lieu de poser cette lettre à côté de celle adressée à Dantin pour la recacheter comme celle-ci, il l'alluma à la flamme de la lampe et la jeta avec l'enveloppe dans la cheminée : c'était toujours du temps gagné et aussi c'était la suppression d'une preuve montrant qu'il y avait eu intention de révocation.

Il ne restait plus que la lettre à Darlot, il l'ouvrit de la même façon.

« Mon cher Louis,

» Je veux aujourd'hui changer en une joie la
» douleur que je t'ai causée il y a quelques jours ;
» fais ta demande ; j'ai tout lieu de croire qu'elle
» sera bien accueillie ; en tous cas, tu me trouveras
» prêt à l'appuyer de toute la force que me donnent,
» d'une part mon autorité quasi-paternelle, et de
» l'autre mon affection pour toi. »

C'était là une nouvelle de peu d'importance pour Victorien ; sans doute il aurait mieux aimé faire lui-même le mariage d'Antonine et Darlot, de façon à s'attacher celui-ci par un lien de reconnaissance ; mais en manœuvrant avec un peu d'adresse, il pourrait même imposer cette reconnaissance à son ancien camarade.

Comme il achevait la lecture de cette lettre, on frappa à la porte du vestibule.

— Qu'est-ce qu'il y a?

Ce fut la voix de Mélicieux qui répondit :

— Vassiette téléphone qu'il est retenu chez lui, mais qu'il est à votre disposition si vous voulez le voir.

Victorien fut surpris de cette réponse tout à fait insolite chez Vassiette, ordinairement soumis et prévenant jusqu'à l'obséquiosité.

— Dites-lui qu'il m'attende; je serai chez lui dans un quart d'heure.

Et, sa lampe éteinte, sa casserole reportée dans sa chambre, ses lettres recachetées, Victorien partit pour la rue Louis-le-Grand où Vassiette avait son bureau.

D'un pas brusque, l'air rogue, il traversa celui des commis et, sans frapper, brutalement il entra chez Vassiette qu'il trouva debout devant une grande armoire ouverte. Sur ses quelques planches, il était occupé à ranger des bijoux de toutes sortes, épingles de cravates, bagues, pendants d'oreilles, colliers, à chacun desquels était attachée une étiquette portant au moins deux ou trois chiffres; sur d'autres, des reconnaissances du mont-de-piété et des titres de valeurs de toutes les couleurs, bleus, jaunes, roses, verts.

— C'est pour ne pas interrompre ce joli travail, dit Victorien insolemment, que vous n'avez pas pu venir chez moi quand je vous ai fait appeler ?

— Précisément ; ce joli travail, comme vous le voyez, consiste à ranger et à étiqueter les gages sur lesquels j'ai prêté quelques sommes à ceux de mes petits confrères qui ont été nettoyés hier par la victoire et le placement d'*outsiders* à hautes cotes ; il faut mettre de l'ordre dans ses affaires, sans quoi on ne tarderait pas à être coulé.

— Vous savez que vous méritez que je vous assomme, dit Victorien en se rapprochant de lui le poing menaçant.

Vassiette prudemment recula de quelques pas, du côté du bureau de ses commis :

— C'est un peu aussi parce que je me doutais que telle était votre intention, dit-il, que j'ai refusé d'aller chez vous, où Mélicieux m'aurait laissé assommer sans rien vouloir entendre, tandis qu'ici, au cas où vous lèveriez la main, mes commis viendraient à mon aide.

— Vous avouez donc ?

— Rien du tout ; mais pour qui vous connaît comme moi, il n'était pas difficile de deviner que vous m'accuseriez de votre mésaventure.

— Alors vous êtes innocent ?

— Comme l'enfant qui vient de naître. Voyons, est ce que sachant ce que vous gagniez avec *Canotier*, j'allais vous jouer un tour pareil ? Mais c'eût été un vol. Vrai, vous êtes trop défiant, c'est faire métier de dupe que d'être de vos amis.

Victorien écoutait d'un air goguenard qui disait clairement qu'il ne croyait pas un mot de cette défense pas plus que de ces protestations amicales; mais comme il était de son intérêt immédiat de ne pas crier tout haut ce qu'il pensait, il se contentait de le montrer par son attitude.

— Vous savez, dit-il, que ce sont les actes qui comptent, non les paroles; vous affirmez votre amitié, prouvez-la.

— Comment? demanda Vassiette inquiet.

— Aidez-moi à arranger le règlement de la journée d'hier.

— Si je le pouvais ! Mais où voulez-vous que je trouve les fonds? Je vais vous montrer ma caisse, vous verrez qu'elle est vide.

Lentement Victorien tira de sa poche deux des billets acceptés par sa mère.

— Même avec ça, dit-il en les jetant sur la table, vous refusez?

Vassiette prit les billets avec une défiance manifeste, mais il suffit d'un coup d'œil pour changer sa physionomie.

— Ça c'est une autre affaire, dit-il gaiement; dès lors que la maman en est ça change la situation. Vous devez?

— Cent dix-sept mille francs.

— On va vous les donner.

— La caisse n'est donc plus vide.

— Avec ça je la remplirai.

Il sonna son caissier :

— Apportez cent mille francs à M. Combarrieu.

— C'est cent dix-sept mille qu'il me faut, dit Victorien.

— Apportez-en cent vingt mille, reprit Vassiette, cela fera un compte rond.

Pendant que Victorien régularisait les billets, Vassiette se campa devant lui dans une attitude où la surprise se mêlait à l'approbation et à l'admiration :

— Ma parole, il n'y a que vous ; aussitôt à bas aussitôt relevé ; on vous croit sans ressources, vous en trouvez de nouvelles. Et je trahirais un homme de votre force ! Mais si j'en étais capable je serais le dernier des imbéciles.

— Alors, qui a machiné le coup de Jo. Rayburn ?

— Ça, je n'en sais rien encore, mais avant trois jours je l'aurai appris, quand ça devrait me coûter mille louis ; vous verrez alors si vous pouvez avoir confiance en moi.

— Je n'attendrai pas jusque-là. Vous m'avez dit, n'est-ce pas, que si mon père se décidait à vendre les terrains de ses ateliers vous aviez des acquéreurs sérieux ?

— Oui.

— Vous les avez toujours ?

— Je l'espère.

— Eh bien ! je crois que cette vente peut se faire d'ici à quelques jours.

Vassiette continua à manifester son admiration :

— Il n'y a que vous !

— Ne parlez pas si haut, et agissez avec prudence ; car si cette vente était connue à l'avance, il y aurait dans le quartier une telle clameur parmi les ouvriers et ceux qui les exploitent, que certainement elle ne se ferait pas : le secret, un secret absolu comme pour une conspiration, ou rien.

— Il sera gardé, je vous le promets.

— La contenance est de quinze mille cent soixante-quinze mètres ; en chiffres ronds quinze mille mètres ; la valeur, quatre à cinq cents francs le mètre, soit six millions ou sept millions cinq cent mille francs. Nous nous contenterons de six millions, à condition qu'ils soient payés comptant. L'acquéreur retirera cette somme en vendant au chemin de fer les terrains du fond ; et il lui restera comme bénéfice ceux qui sont en façade sur la rue et l'avenue ; c'est pour lui une affaire superbe. Pour vous, pour nous, c'en est une qui aura son agrément. Nous, vendeurs, nous refusons toute commission aux intermédiaires ; mais l'acquéreur vous en donnera une ; nous la partagerons.

— Mais...

— Est-ce dit ?

— Il faut bien.

— Alors ne perdez pas votre temps.

XXVIII

Quand Victorien rentra chez lui, Mélicieux lui annonça que le reporter du *Candide* venait d'arriver et qu'il l'attendait dans le salon.

Avant de le recevoir, Victorien alla dans sa chambre, prit un grand foulard, le plia, noua les deux bouts ensemble, et le passa par-dessus sa tête de façon à en faire une écharpe dans laquelle il plaça son bras gauche; puis, affublé de la sorte, il ouvrit la porte du salon, et marchant avec précaution, en homme qui craint les secousses, il alla au-devant du journaliste, la main droite tendue.

— Vous êtes blessé ? demanda celui-ci.

— A l'épaule.

— C'est une suite de la bagarre d'hier?

— Non. Mais c'est de la bagarre d'hier que vous désirez m'entretenir, n'est-ce pas?

— Si vous le voulez bien.

— Je suis tout à vous; si vous désirez renseigner le public, j'ai de mon côté le plus grand intérêt à ce que la lumière soit faite sur les incidents de cette journée. Passons donc dans mon cabinet.

En entrant, il pressa le bouton d'une sonnerie :

— Je n'y suis pour personne, dit-il au groom qui se présenta.

Et revenant au journaliste :

— Asseyez-vous à mon bureau, dit-il avec affabilité, vous serez mieux pour prendre des notes, si vous en avez besoin.

Alors il expliqua son affaire longuement, clairement, et avec son livre de paris qu'il plaça sous les yeux du reporter, il démontra l'intérêt qu'il avait à ce que son cheval gagnât.

— Me permettez-vous une question? demanda Silva lorsqu'il fut arrivé au bout de son explication.

— Toutes celles que vous voudrez.

— Pour vous ce n'est pas maladroitement que votre jockey a pris la mauvaise piste, c'est volontairement.

— Sans aucun doute.

— Donc il a obéi à des gens qui avaient intérêt à ce que votre cheval fût battu?

— Cela est certain.

— Qui soupçonnez-vous?

— Si c'est un nom que vous me demandez, je ne peux pas répondre; mais s'il s'agit seulement de vous dire de quel côté se portent mes soupçons, je n'hésite pas à vous déclarer que c'est sur les bookmakers. Et c'est par là que votre article pourrait s'élever du particulier au général et prendre une importance que ma personnalité est insuffisante à lui donner. C'est en montrant les courses tombées aux mains de ces rois de la sacoche, dont quelques-uns ont jusqu'à cinquante mille francs par an de frais de bureau, qui sont propriétaires de chevaux, et font gagner ou perdre qui ils veulent, selon les besoins de la cote, sans que personne ait assez d'autorité pour les mettre à l'ordre, par cette bonne raison que plus d'un commissaire leur doit de grosses sommes, qu'ils ne réclament que tout juste pour rappeler qu'ils sont les maîtres.

— C'est un point de vue, dit Silva sans s'engager.

— Que vous signale une expérience achetée cher.

Sur ce mot, Victorien eut une contraction de visage assez accusée pour que le journaliste ne pût pas ne pas la remarquer.

— Votre blessure vous fait souffrir ?

— Oui ; surtout n'allez pas dire que vous m'avez trouvé le bras en écharpe.

— Je ne le dirai pas si vous ne voulez pas que je le dise.

Victorien parut réfléchir avec une préoccupation pénible.

— En réalité, dit-il après un moment de silence assez long, je ne sais trop ce que je veux ou ne veux pas à ce sujet, car j'ignore ce qui convient le mieux.

Silva, malgré l'envie qu'il en avait, ne pouvait pas insister ; il ne répondit donc rien.

— Après tout, continua Victorien, vous êtes journaliste et en cette qualité mieux que personne en état de savoir les dangers ou les avantages de faire le silence sur l'affaire, la grosse et douloureuse affaire qui me préoccupe ; vous allez donc me donner un conseil.

— Je vous écoute.

Alors il raconta cette grosse et douloureuse affaire, c'est-à-dire comment le matin, dans un accès de délire, son père, à leur château de la Chevrolière, avait tiré un coup de revolver qui l'avait atteint à l'épaule, lui faisant cette blessure ; au bruit de la détonation les domestiques étaient accourus ; dans le premier moment d'effarement on avait été chercher un médecin, racontant ce qui s'était passé ; de sorte que maintenant, dans les villages voisins et jusqu'à Anet, jusqu'à Dreux, tout le monde savait que M. Combarrieu avait tiré sur son fils. Comment chacun contait-il cette histoire ? C'était là que se trouvait le danger de la situation. Qu'on sût dans le public que son père avait eu un accès de délire, était une chose déjà assez cruelle, mais enfin qui n'entraînait aucune honte avec elle : nous ne sommes pas responsable de la maladie, pas plus que nous ne le sommes de ce qu'elle nous fait faire ou de ce qu'elle nous fait dire. Au contraire, nous le sommes des actes que nous commettons en ayant notre pleine raison. Or, ce qu'il fallait pour leur honneur, c'était que personne ne pût admettre que son père, en tirant sur lui, savait ce qu'il faisait et avait conscience de son action ; c'était que personne ne vît dans ce coup de revolver la punition d'un père sur son fils, car alors cette punition devenait un crime, et la justice était forcée d'intervenir. Qu'on crût son père fou serait assurément fâcheux et regrettable à tous les points de vue, mais au fond de peu d'importance, parce qu'une guérison rapide prouverait bientôt à tous que ce coup de délire n'avait été qu'un accident. Tandis que si on l'accusait d'un crime, si le mot d'assassinat était prononcé, si la justice intervenait, il en serait autrement, non-seulement pour l'honneur de leur nom, mais encore pour la santé de son père, qui ne pouvait être que gravement menacée par l'intervention de la justice.

Le journaliste avait écouté cette longue explication sans un mot ou un geste d'interruption ; ce fut seulement quand Victorien se tut qu'il prit la parole :

— Le conseil que vous voulez bien demander à mon expérience de journaliste porte, n'est-ce pas, sur le point de savoir si vous devez chercher à cacher ce qui s'est passé à la Chevrolière, ou bien, au contraire, si vous ne devez pas plutôt préférer un récit des faits, tel qu'on ne puisse pas les interpréter faussement ?

— Précisément.

— Eh bien ! en toute sincérité, je vous réponds que la publicité est de beaucoup préférable au mystère. Si les faits n'avaient pas eu de témoins, s'ils s'étaient passés en tête-à-tête dans une chambre fermée, si les domestiques n'étaient pas intervenus, si un médecin n'avait pas été appelé, peut-être pourriez-vous chercher à faire le silence autour de cet accident, et encore, après la détonation entendue par plusieurs personnes, avec la blessure que vous ne pouvez pas cacher, ce serait bien difficile, pour ne pas dire impossible ; mais maintenant il n'y a qu'une publicité franche et complète qui puisse empêcher les interprétations fausses et les accusations, que très justement vous redoutez.

Victorien parut réfléchir en pesant le pour et le contre :

— C'est votre avis? dit-il enfin.

— Absolument, en toute sincérité, et croyez bien qu'en parlant ainsi je me place en dehors de toute influence professionnelle; sans doute il est intéressant pour mon journal d'avoir la primeur de cette nouvelle, mais cet intérêt ne va pas jusqu'à me faire prendre la responsabilité d'une publicité que je croirais mauvaise pour vous.

— Alors, qu'il soit fait ainsi que vous me conseillez.

Silva s'était levé ; Victorien le retint.

— Vous voulez que j'écrive l'article ici? demanda Silva.

— Pas du tout.

— Je puis vous envoyer une épreuve.

— Je n'en veux pas voir, d'abord parce que j'ai pleine confiance en vous, et puis ensuite parce qu'il convient que je puisse dire que je n'ai connu votre article qu'en même temps que tout le monde. Non, ce que je désire vous recommander, c'est de donner à votre article une forme telle que la justice ne puisse pas intervenir dans une affaire où elle n'a rien à voir et dont elle doit laisser l'examen à la médecine seule.

— Soyez tranquille.

— Je voudrais l'être, mais je vous avoue que j'ai peur des bavardages du public toujours disposé à dramatiser les choses : un père qui dans un accès de fièvre tire sur son fils sans savoir ce qu'il fait, c'est simplement triste ; tandis qu'un père indigné qui punit son fils en le tuant d'un coup de revolver est du théâtre, ça fournit une scène à faire, et ils sont nombreux les imbéciles qui travaillent dans la scène à faire.

— Je vous promets d'arranger mon récit de façon à ce qu'il ne permette pas aux imaginations romanesques de s'égarer de ce côté.

— Pour mon père, je vous en remercie, et pour moi aussi ; car vous devez comprendre que je tienne à ne pas jouer ce rôle de fils puni ; après l'aventure de dimanche ce serait vraiment trop ridicule.

Il serra chaudement la main de Silva, le reconduisit jusqu'à la porte du vestibule et en revenant il entra chez Mélicieux, à qui il dit de demander la communication téléphonique avec les ateliers des Batignolles et d'appeler Louis Darlot à l'appareil.

— Tu es là?

— Oui, répondit la voix de Darlot.

— Si tu es libre, viens me voir à six heures, j'ai une nouvelle importante à te communiquer, qui te rendra heureux.

— Quelle nouvelle? demanda la voix avec un frémissement.

— Ce n'est pas le lieu de s'expliquer ; viens à six heures et arrange-toi pour rester à dîner avec moi.

— A six heures, je serai chez toi.

— Bien.

Et Victorien alla dans son cabinet attendre le rédacteur du *Boulevard*, qui devait être introduit près de lui aussitôt son arrivée.

Son accueil à Ramonet fut aussi affable que celui fait à Silva, car si avec ses amis il n'avait pour les journalistes que du dédain et du mépris, il était tout autre lorsqu'il serrait la main d'une de ces canailles : alors c'étaient les paroles qui lui manquaient pour exprimer à celui-ci sa sympathie, à celui-là son estime, son amitié, et le remercier du petit mot aimable qu'il avait si gentiment trouvé l'occasion de glisser dans son article ; personne ne détestait la réclame comme lui, mais personne n'était autant que lui sensible à un bon procédé.

Avec Ramonet il recommença son récit de la journée du dimanche, et comme avec Silva il se fit arracher l'histoire de sa blessure : devait-on la cacher ? au contraire, le mieux n'était-il pas de la publier franchement? Et il accepta le conseil du second, comme il avait accepté celui du premier : tout ce qu'il demanda, ce fut que l'article fût rédigé de telle sorte qu'il pût dire qu'il ne l'avait connu qu'en même temps que tout le monde.

Darlot fut exact ; à six heures il entra chez Victorien qui avait gardé son écharpe.

— Qu'as-tu ?

Victorien, pour la troisième fois, recommença son récit, mais brièvement, sans toutes les précautions et les habiletés qu'il avait prises avec les journalistes.

Darlot fut atterré :

— Est-ce possible? murmurait-il de temps en temps.

— Si tu avais eu des yeux pour voir, dit Victorien impatienté, il y a longtemps que tu te serais aperçu que cette catastrophe nous menaçait. Mais ce n'est ni pour te parler de mon père, ni de moi, que je t'ai prié de venir, c'est pour te parler de toi. Par ma mère, j'ai su l'entretien que mon père a eu avec toi à propos d'Antonine...

— Il lui a dit...

— Que tu aimais Antonine? Parfaitement. Cependant il a persisté dans son idée de me faire épouser ma cousine, ce qui, tu en conviendras, n'est pas précisément celle d'un homme sensé, car il est vraisemblable que les sentiments que tu as pour elle, de son côté elle les a pour toi. Comme il convenait de ne pas l'exaspérer, et comme d'autre part je tenais à entrer dans la maison en devenant son secrétaire, j'ai demandé du temps pour réfléchir. Mais aujourd'hui que ces délais n'ont plus de raison d'être, puisqu'il n'est plus en état de vouloir ou de ne vouloir pas, je tiens à te dire que ma mère et moi nous donnons pleinement notre consentement à ton mariage avec Antonine.

Trop ému pour trouver une parole, Darlot saisit la main de Victorien et la lui serra dans un élan d'effusion muette.

— Certainement, c'est une joie pour ma mère et pour moi de te rendre heureux, mais nous pensons aussi à nous en faisant ce mariage. Quand mon père recouvrera-t-il la raison? Dans quelques jours? Dans un an? Personne ne le sait. En attendant, il faut à la tête de la maison quelqu'un qui ait une autorité et une compétence que nous n'avons ni l'un ni l'autre, ma mère et moi. Tu seras ce quelqu'un ; la compétence, tu l'as ; l'autorité, ton mariage avec Antonine te la donnera, puisque tu deviendras membre de la famille. Cela te va-t-il ?

— Comment ne serais-je pas anéanti par cette marque d'affection et d'estime ?

— Tu te remettras en dînant : comme je ne peux pas me montrer avec mon bras en écharpe, je vais envoyer commander chez Bignon notre dîner qu'on apportera ici, et puisqu'il m'est impossible de me servir de ma main gauche, tu me couperas mon pain et ma viande. Tu vois qu'en homme pratique que je suis, je commence vite à t'exploiter.

XXIX

Quand Victorien avait demandé au docteur Jouveneau quel médecin aliéniste il lui conseillait d'appeler, il feignait une ignorance qu'en réalité il n'avait pas.

En effet, il y avait beaux jours qu'il s'était inquiété des aliénistes que, à un moment donné, il pourrait appeler pour soigner son père, et qu'il avait pris sur tous, sur leur capacité, leur probité professionnelle, leurs manies et leurs prétentions, l'autorité qu'on leur accordait ou leur contestait, des renseignements assez précis pour faire un choix en toute connaissance.

Il ne voulait donc ni de Patras, ni de Louville :

Patras, parce que ce n'était plus qu'une vieille gloire qui se survivait, et au fond en était sur plus d'un point resté aux idées de sa jeunesse, celles d'un spiritualisme arriéré qui croit que l'aliénation n'est qu'une maladie de l'âme engendrée par le vice et la dépravation, et que la sensibilité morale est le point de départ de la folie ; avec de pareils principes, jamais ce vieux fossile n'aurait admis qu'un homme entouré de respect comme M. Combarrieu et doué des sentiments les plus élevés, pût être fou ;

Louville, plus moderne et dans le train scientifique, ne valait pas mieux, car il était atteint d'une manie qui le rendait impossible, — celle de l'internement. Pour lui, tout aliéné, à quelque catégorie qu'il appartînt, même l'idiot, même le dément, et à quelque degré qui fût de la maladie, devait être isolé, c'est-à-dire interné dans une maison de santé. Et celle qu'il choisissait toujours lui-même pour ses malades riches, n'était jamais un asile public, attendu, disaient ses adversaires, qu'il ne désignait que des maisons dont les directeurs partageaient avec lui le prix de la pension payée par le malade.

Que cela fût ou ne fût pas vrai, et que la vie mondaine de Louville, brillante et tapageuse qui, pour une bonne part, faisait sa réputation, fût entretenue par ces remises, cela était de peu d'importance pour

Victorien ; mais ce qui le touchait, ce qu'il ne voulait à aucun prix, c'était un placement dans une maison de santé, qui pouvait entraîner la nomination d'un administrateur aux biens de son père; car ce qu'il fallait pour le succès de son plan, c'était que sa mère restât seule chargée de l'administration de ces biens, en vertu de la procuration qui lui avait été donnée, et il n'osait pas croire que cette procuration pût conserver son pouvoir du moment où celui qui l'avait consentie serait interné. C'était là, pour lui, une question inquiétante qu'il avait voulu éclaircir, mais sans rien obtenir de précis : pour les uns, il n'y avait pas lieu à la nomination d'un administrateur quand l'aliéné avait donné une procuration à un tiers ; pour les autres, au contraire, les tribunaux décidaient si cette procuration devait être maintenue ou révoquée. Dans le doute, le mieux était donc de ne pas s'exposer à un internement qui pouvait amener l'intervention des tribunaux. A la vérité, un jour ou l'autre, sa mère et lui devraient demander l'interdiction, mais alors son affaire serait faite et par sa mère il aurait obtenu ce qu'il voulait.

De même, et pour d'autres raisons, il écartait Samson, Camille et Pequeur, que Jouveneau avait proposés, tandis qu'il acceptait volontiers Soubyranne.

Dans le train aussi, celui-là, et même sur la machine dont il était un des chauffeurs les plus zélés, ce qui lui avait valu une notoriété tapageuse, sinon une réelle autorité.

C'était cette notoriété qui avait appelé l'attention

de Victorien sur lui; dans le monde et dans les journaux on parlait à chaque instant de son livre « *Les demi-fous* », à la vérité plus souvent pour le plaisanter que pour le louer, et il avait voulu lire ce livre, lui qui ne lisait rien.

Bien qu'écrit dans une forme agréable, et plutôt à l'usage des gens du monde qui ont un fou dans leur famille, que pour les gens de métier, sa lecture fut dure pour Victorien, laborieuse et difficile ; cependant, il en vint à bout ou à peu près, à condition de ne pas s'appesantir sur ce qu'il ne comprenait pas et de ne s'arrêter qu'à ce qui lui plaisait.

Or, ce qui lui avait plu dans ce livre, c'était ce point de vue nouveau trouvé par Soubyranne que s'il est bien de s'occuper des fous, il est encore mieux de s'occuper de la Société et des moyens à employer pour qu'elle puisse se protéger contre eux : tâche d'autant plus vaste que pour lui tous les héréditaires, phtisiques, goutteux, scrofuleux, rhumatisants, étaient candidats à la folie, tout comme l'étaient tous ceux qui portaient en eux un stigmate ou un signe de désharmonie physique, depuis les difformités réellement monstrueuses jusqu'aux malformations les plus légères, aussi bien la microcéphalie, le prognathisme ou le bec de lièvre, que les dents mal plantées, les bosses frontales, le bégaiement, les tics, le strabisme, l'aplatissement ou le déplissement des oreilles, la gaucherie.

Arrivé là, Victorien avait éprouvé une certaine inquiétude, et s'était demandé si l'inégalité de ses membres, jusque-là insignifiante pour lui, et l'inclinaison de sa tête sur son épaule, n'étaient point précisément un de ces signes de désharmonie qui le voueraient à la folie. Mais il s'était vite rassuré. Evidemment, la supériorité en toutes choses qu'il se reconnaissait, physique aussi bien qu'intellectuelle, et qui le plaçait au-dessus de tous, le mettait également au-dessus des maladies; de peu d'importance, ces légères désharmonies, et plutôt chez lui une élégante originalité qu'un défaut.

Au contraire, de quelle importance n'étaient-elles pas chez son père, et graves et décisives, s'appliquant à son cas avec une justesse véritablement stupéfiante et confirmant, en leur donnant un nom, les remarques que depuis longtemps il faisait.

Certainement il n'avait pas attendu jusqu'à ce jour pour s'étonner de sa sensibilité envers les bêtes, et s'indigner de sa tendresse pour ces horribles chiens perdus qui le suivaient partout; mais comme son étonnement et son indignation s'étaient éclairés d'une lumière nouvelle, quand il avait su que cette sensibilité et cette tendresse étaient un des syndromes des héréditaires qui classaient son père dans les zoophiles.

Souvent aussi, il s'était moqué de sa superstition à propos des dates, de son souci de ne rien entreprendre le 17 février, anniversaire de la mort de son père, et de son désir de remettre les grandes décisions au 12 septembre, anniversaire de son mariage; mais ce qui ne lui avait paru que ridicule, devenait caractéristique maintenant et faisait de son père un phobe quelconque.

Combien d'autres découvertes cette lecture avait-elle provoquées qui cataloguaient scientifiquement les points bizarres et obscurs du caractère de son père : sa manie de l'ordre et de la régularité, son impressionnabilité, son irritabilité ; un homme sain n'a pas pour sa femme une tendresse passionnée qui fait de lui, à cinquante-cinq ans, un amoureux de vingt ans ; un père raisonnable n'est pas jaloux de son fils et ne le poursuit pas de colères furieuses s'il n'y a pas d'aberration dans ses facultés affectives.

Mais ce qui, plus encore, l'avait touché, c'était un passage qui établissait la parenté de la gravelle et de l'aliénation. Ainsi, tout s'expliquait : chez son père graveleux, devait, à un moment ou à un autre, éclater la folie, qui, jusqu'à ce jour, ne s'était manifestée que par ces petits faits insignifiants pour le vulgaire, mais révélateurs pour ceux qui savent.

Et il s'était dit que le jour où la catastrophe se produirait, ce serait à Soubyranne et non à un autre qu'il confierait l'examen de son père.

Si, en descendant de chemin de fer, il ne s'était pas fait conduire directement place du Louvre où demeurait Soubyranne, c'est qu'il y avait pour lui des choses plus urgentes que cette visite : lire les lettres de son père, d'abord ; s'entendre avec Vassiette ; puis faire publier par les journaux une note sur le coup de revolver qui préparât l'opinion publique et pesât sur le médecin. Assurément il n'avait pas le moindre doute que celui-ci ne reconnût dans son père les syndromes si bien décrits sur lesquels son livre était bâti ; mais l'expérience qu'il venait de faire avec le jeune médecin de Dreux le rendait circonspect et lui imposait pour règle de ne rien livrer au hasard : prévenu par les journaux, Soubyranne l'écouterait mieux et ne chercherait dans son récit que la confirmation de celui qu'il aurait déjà lu.

Le lendemain matin, après une mauvaise nuit, car sa blessure si légère qu'elle fût le gêna fort pour dormir, son premier soin fut de faire acheter le *Boulevard* et le *Candide* qui tous les deux publiaient son récit, puis il envoya place du Louvre savoir à quelle heure Soubyranne recevait ; on lui dit de une heure à trois, ce qui lui donnait toute la matinée.

Il voulut l'employer à relire le livre de Soubyranne, mais à peine l'avait-il ouvert que Darlot entra dans son cabinet.

— Que se passe-t-il ?

— J'ai reçu une lettre de ton père.

Victorien, qui avait mis lui-même cette lettre à la poste, prit un air étonné :

— Il t'écrit ?

— En même temps que tu me donnais ce témoignage d'affection qui m'a si profondément touché, lui de son côté m'écrivait pour... Au surplus, lis sa lettre.

Et Victorien lut cette lettre comme s'il ne la connaissait pas :

— Quelle effroyable maladie, dit-il, bizarre et mystérieuse, qui pour certaines choses et pour certaines personnes brise notre volonté, égare notre raison, anéantit nos sentiments, tandis que pour d'autres elle les laisse intacts : peu d'instants après m'avoir tiré un coup de revolver avec l'intention de me tuer, mon père n'a plus d'autre souci que d'assurer le bonheur d'Antonine et le tien ; il est fou pour moi, raisonnable, tendre et affectueux pour vous. Profitez-en, et faites-moi l'amitié de croire que je n'en suis pas jaloux. Et maintenant, que veux-tu ?

— Je voudrais aller à la Chevrolière, si tu n'y trouves pas d'inconvénient. Tu comprends, n'est-ce pas, que j'aie hâte de voir mademoiselle Antonine ?

— Parfaitement ; mais la question qui se présente n'est pas de savoir si tu peux voir Antonine, pour cela tu as mon consentement comme tu auras celui de ma mère, mais bien de savoir si tu peux voir mon père sans trouble pour sa santé, ou si tu peux aller à la Chevrolière sans te présenter à lui. Si j'en crois mes pressentiments, Antonine ne sortira pas d'une entrevue avec toi sans que sa physionomie comme toute sa personne trahissent son émotion ; chez une fille franche comme elle, il ne faut pas compter sur des explications faciles et naturelles quand mon père l'interrogera ; elle balbutiera, s'embrouillera ; alors, que pensera-t-il, qu'imaginera-t-il ?

Comme ils discutaient cette question, on frappa à la porte et Mélicieux remit à Victorien une dépêche qu'on venait d'apporter.

Elle était de madame Combarieu :

« Nuit mauvaise ; insomnie ou sommeil agité, troublé ; forte fièvre ; température 39 1/2 ; suis très inquiète; amène médecin; j'envoie voiture à la gare de Houdan, elle t'attendra. Voulait partir ce matin pour Paris; avons eu grande peine à empêcher. »

— Voilà qui coupe court à notre discussion, dit Victorien, après que Darlot eut lu la dépêche; il est évident que dans ces conditions tu ne pourrais pas voir mon père.

— Cela est certain.

— Je te préviendrai donc quand tu pourras venir; Antonine comprendra les raisons qui te retiennent et les approuvera, sois-en sûr.

— J'en suis sûr.

— D'ailleurs, si tu ne peux pas aller aujourd'hui à la Chevrolière, rien ne t'empêche d'écrire à Antonine.

— Mais...

— Je t'y autorise, et ce sera ma mère elle-même qui lui remettra ta lettre que je porterai; comme cela, trouves-tu que les convenances seront respectées?

Darlot hésita un moment.

— Ne fais pas le timide, dit Victorien; prends ma place à ce bureau et écris, écris longuement, aussi tendrement que tu voudras; pour que tu sois plus libre je te laisse seul et vais chez Mélicieux.

Prêt à sortir il revint sur ses pas:

— Il est entendu que tu me remettras ta lettre fermée; cela t'inspirera et te donnera des ailes, d'être certain à l'avance qu'elle sera seule à te lire.

XXX

A midi et demi Victorien, le bras en écharpe, entrait dans le salon de Soubyranne. Il y trouvait, arrivés avant lui, deux *pingoins* comme disent les médecins en parlant des clients, qui, dans des poses ennuyées, attendent le moment d'être reçus, et il prenait place à côté d'eux, n'ayant pour toute distraction que de les examiner comme eux-mêmes de leur côté l'examinaient, discrètement des yeux, mais avec toutes sortes de curiosités et d'interrogations muettes.

— Est-il fou, celui-là, ou raisonnable? Qu'a-t-il de détraqué ?

Au moins était-ce ainsi que Victorien traduisait leurs regards.

Au bout d'un certain temps, celui qui l'examinait avec l'attention la plus manifeste, personnage grave, correctement habillé, de tournure distinguée, l'air d'un diplomate ou d'un magistrat, quitta son fauteuil et vint à lui avec toutes les marques d'une extrême politesse à laquelle se mêlait un certain embarras.

— Pardonnez-moi, monsieur, de vous adresser une question, sans avoir l'honneur d'être connu de vous.

Victorien le regarda interloqué.

— Combien avez-vous au juste de boutons à votre gilet?

— Ma foi, monsieur, je n'en sais rien du tout.

— Permettez-moi de les compter, je vous prie.

— Volontiers.

— Un, deux, trois... huit, vous en avez huit.

— Je vous remercie.

— C'est moi, monsieur, qui vous adresse tous mes remerciments ; je ne pouvais arriver à faire mon compte, votre écharpe me gênait; c'était cruellement douloureux ; quand le besoin de compter me prend, il faut que je compte. Je vous suis fort obligé.

— C'est moi, monsieur, qui suis heureux d'avoir pu vous être agréable.

Ce fut à une heure et demie seulement qu'arriva le tour de Victorien, qui avait eu le temps de se préparer.

Son premier mot en entrant dans le cabinet de Soubyranne fut pour donner son nom :

— Victorien Combarrieu.

Soubyranne s'inclina :

— C'est pour monsieur votre père que vous venez me consulter?

— Vous avez lu les journaux ?

— Le *Boulevard*.

C'était bien cela que Victorien voulait savoir ; le médecin était au courant de la situation.

— Ce récit est exact ? demanda Soubyranne.

— A peu près, au moins pour les points principaux, mais très incomplet et fantaisiste aussi pour les détails; ce qui s'explique, puisqu'il a dû être fait sur des racontars de domestiques.

Pendant qu'il parlait, Victorien voyait les yeux de Soubyranne, des petits yeux noirs, ardents, perçants, attachés sur lui avec une fixité qui le gênait : pourquoi ce médecin l'examinait-il ainsi ? ce n'était pas lui le malade.

— Voulez-vous me dire comment ce coup de revolver a été tiré ? demanda Soubyranne.

Victorien recommença son récit, celui qu'il avait fait à sa mère, à Jouveneau, aux deux journalistes et à Darlot.

— Rien ne faisait-il prévoir cette impulsion violente ?

— Comment aurions-nous prévu que mon père en arriverait à tirer sur moi un coup de revolver ? répondit Victorien d'un air de simplicité parfaite, qui devait empêcher le médecin de supposer que celui qui s'exprimait avec cette ignorance et cette naïveté, connaissait quelque chose à la folie et à ses symptômes.

— Ce que je demande, continua Soubyranne, c'est si vous n'avez pas remarqué depuis quelque temps des changements dans le caractère de monsieur votre père. N'était-il pas devenu irritable ?

— Il a toujours été irritable.

— N'avez-vous pas observé des bizarreries dans sa conduite, sa manière d'être, ses idées ? Sa volonté n'est-elle pas devenue impuissante ? n'y a-t-il pas eu des aberrations dans ses facultés morales, ses sentiments ?

C'était la question même que Victorien attendait et qu'il avait eu l'adresse d'amener le médecin à lui poser ; maintenant il pouvait marcher.

Et en effet, il marcha, expliquant comment cette aberration s'était produite à son égard dans les sentiments de son père, qui, plein de tendresse autrefois, avait changé du tout au tout. A la vérité il y avait des causes à ce changement, son père n'ayant pas rencontré en lui la docilité qu'il était jusqu'à un certain point en droit d'attendre, et d'autre part, ayant été froissé par des habitudes mondaines et une vie de plaisir en contradiction avec la vie de travail qui était sienne, et en dehors de laquelle il n'admettait rien.

De là, des heurts, des colères, des scènes, une irritation, légitime il le reconnaissait, et dont maintenant il s'accusait. Une autre cause encore avait pu motiver ces changements, celle-là d'un ordre plus intime, plus délicat. Il avait une mère d'une bonté exquise, d'une tendresse passionnée, qui l'adorait; cette tendresse blessait son père qui en était jaloux, positivement jaloux, avec cela de particulier que c'était à son fils qu'il en voulait, non à sa femme, étant resté pour elle le meilleur, le plus affectueux, le plus amoureux des maris. Au reste, sa bonté ne s'était modifiée pour personne, son fils excepté, et même elle était telle qu'elle s'étendait jusqu'à une collection de chiens perdus qu'il avait recueillis et qui étaient les maîtres du château.

Arrivé là dans ses explications, Victorien s'arrêta :

— J'entre peut-être, dit-il ingénument, dans des

détails de peu d'importance et sans aucun intérêt pour vous.

— Au contraire, ils sont du plus haut intérêt, et peuvent être d'une importance décisive. Rien n'est plus grave, dans l'étude de l'aliénation, que ces modifications et ces perversions des facultés affectives. Et cette tendresse pour les animaux qui, aux yeux du monde, est insignifiante, aux nôtres est caractéristique, elle est ce que nous appelons un syndrôme auquel la science a donné le nom de zoophilie.

— Je ne savais pas.

— Quel âge a monsieur votre père ?

— A cinquante-cinq ans, il en a vingt à peine, tandis que ma mère a son âge vrai ; il en est toujours à la lune de miel, tandis qu'elle a vingt-six ans de ménage ; je dois ajouter que pour la beauté qui a été grande, elle n'a pas trente-cinq ans.

— Je comprends. Quelle est la santé de monsieur votre père ? J'entends quelle était-elle avant la catastrophe ?

Cette question, Victorien l'attendait, et pour elle aussi il s'était préparé.

— Excellente. Jamais malade, supportant, et sans fatigue, sa vie active.

Il se reprit :

— Cependant, je dois ne pas oublier qu'il a eu quelques crises légères de gravelle, pour lesquelles il a fait plusieurs saisons à Contrexeville.

— Ah !

— Il s'en est très bien trouvé.

— Vous avez un médecin ordinaire ?

— Aucamp.

— C'est lui qui vous adresse à moi ?

— Il est en ce moment en voyage, et ne rentrera à Paris que vers la fin d'octobre.

— J'oubliais qu'il emploie ses vacances à bricabraquer à l'étranger ; son admirable collection ne s'est pas formée toute seule.

— Nous n'avons pas pu l'appeler, et c'est votre réputation seule qui m'a suggéré l'idée de m'adresser à vous.

Soubyranne s'inclina froidement, sans laisser paraître sa satisfaction.

— Dans le premier moment d'effarement, continua Victorien, ma mère, en me voyant blessé, a demandé un médecin, n'importe lequel, le premier venu ; un domestique a couru à Dreux, d'où nous ne sommes pas éloignés, et en a ramené un jeune médecin que nous ne connaissions pas, mais qui paraît fort bien ; le docteur Jouveneau.

Soubyranne fit un signe pour dire que lui non plus ne le connaissait pas.

— Il a commencé par me panser, ce qui n'a pas été long, ma blessure n'étant pas sérieuse, puis nous lui avons demandé de voir mon père.

— Et le résultat de son examen ?

— Est que mon père a tiré ce coup de revolver sous l'influence d'un délire fébrile et non vésanique ; je crois citer ses propres paroles.

— Et qui l'avait causé, ce délire fébrile ?

— Il croit que mon père a eu froid, qu'il a trop

fumé, et qu'une secousse morale se produisant dans ces conditions, a pu amener un accès de fièvre.

— Il a constaté la fièvre ?

— Et elle a continué ; voici une dépêche que j'ai reçue de ma mère, ce matin.

Il donna la dépêche à Soubyranne qui la lut lentement.

— Qui a pris la température ?

— Ma mère, sans aucun doute.

— Elle a pu se tromper.

— Je ne crois pas.

— Enfin, passons ; alors, le docteur Jouveneau s'en tient au délire fébrile ?

— Il nous a donné le conseil d'appeler un spécialiste.

— A la bonne heure.

— Je dois dire qu'il n'a eu que peu de temps pour examiner mon père, dont la maladie, d'ailleurs, si, comme nous le croyons, il y a maladie mentale, ne se manifeste par aucun des signes auxquels se reconnaît habituellement la folie ; — le coup de revolver excepté, bien entendu. Ainsi, personne n'est plus ordonné que lui, et cela en toutes choses, matérielles comme intellectuelles ; c'est à ce point que si on touche à un papier, à un crayon sur son bureau, il entre dans de violentes colères ; si un domestique est en retard de cinq minutes dans l'exécution d'un ordre, il le renvoie ; si le déjeuner n'est pas servi à l'heure précise, il ne mange pas.

— Mais l'ordre poussé à l'extrême est pour nous un symptôme de déséquilibration mentale, une forme de neurasthénie psychique que j'ai eu le bonheur d'étudier le premier, et qui même me doit son nom : la *boumétrie* : de βοv, particule augmentative, et μετρον, mesure. J'aurais pu aussi la baptiser *métrophilie*, mais je préfère *boumétrie*.

C'était décidément mieux que Victorien ne pouvait espérer, de tomber sur le parrain d'une maladie mentale toute neuve ; évidemment, celui qui avait eu le bonheur de la baptiser, serait heureux de l'étudier à nouveau sur son père ; ça lui ferait un cas personnel, une observation qui prendrait rang dans la science et serait à lui : la boumétrie.

— Quand voulez-vous voir mon père? demanda-t-il.

— Je suis retenu par ma consultation.

— Jusqu'à quelle heure?

— Jusqu'à trois heures et demie, au moins.

— Il y a un train à quatre heures trente-deux, voulez-vous que nous le prenions?

— Il serait convenable de prévenir mon jeune confrère ; d'ailleurs, je ne serai pas fâché qu'il m'explique son délire fébrile.

— Je vais lui envoyer une dépêche ; une voiture nous attend à la gare de Houdan.

— A quatre heures et demie, je serai à la gare Montparnasse.

Dans le compartiment où ils se trouvèrent seuls, Victorien aurait voulu remettre la conversation sur la maladie de son père, mais Soubyranne ne le permit point : il aimait les courses et était bien aise d'en parler avec quelqu'un qui vivait dans les coulisses : pleines d'intérêt pour lui les anecdotes sur les propriétaires en vue ; il se fit conter aussi tous les incidents de l'histoire de *Canotier*, qu'il ne connaissait que par les journaux.

En entrant dans le vestibule du château, ils furent reçus par madame Combarrieu et le docteur Jouveneau, arrivé depuis un certain temps.

— Comment se trouve mon père ? demanda Victorien en embrassant sa mère très tendrement.

Ce fut le docteur Jouveneau qui répondit : il venait de voir son malade, il y avait une amélioration sensible.

— Avez-vous annoncé ma visite ? demanda Soubyranne.

— Oui, mais sans vous n ommer, dans la pensée de vous réserver plus de liberté.

Madame Combarrieu les introduisit elle-même dans la chambre de son mari d'où elle revint presqu'aussitôt avec Antonine, ayant hâte d'interroger Victorien sur sa blessure.

Mais il répondit brièvement et ne la laissa pas continuer.

— J'ai une lettre pour toi, dit-il à Antonine ; devine de qui ?

Elle resta interdite ; puis tout à coup, sous le regard de Victorien qui plongea dans ses yeux, elle se troubla et pâlit.

— Tu as deviné, dit-il ; c'est bien de lui.

Il tira la lettre de sa poche :

— C'est moi qui lui ai conseillé de te l'écrire,

dit-il, et c'est sous les yeux de maman que je te la remets ; tu peux donc la prendre.

Il la lui donna.

— Tu conviendras seulement que je suis complaisant pour mon rival : je fais ses commissions et porte ses lettres.

XXXI

Longue fut la consultation, longue aussi la conférence entre les deux médecins ; et Victorien, qui suivait la marche du temps sur le cadran de sa montre avec une impatience de plus en plus exaspérée, constata qu'il s'était écoulé une heure quarante-cinq minutes entre le moment où ils étaient entrés chez son père, et celui où ils se décidèrent enfin à faire appeler madame Combarrieu.

Naturellement il accompagna sa mère, mais Antonine ne les suivit point.

Ce fut Soubyranne qui prit la parole pour déclarer sentencieusement que le diagnostic porté par son jeune confrère et le traitement institué par lui avaient été ce qu'ils devaient être dans l'espèce ; mais cette approbation, évidemment inspirée par les convenances professionnelles, tourna court, et Victorien, qui aux premiers mots s'était demandé si Soubyranne allait conclure aussi au délire fébrile, comprit qu'il n'y avait là qu'une précaution oratoire et une politesse à l'adresse du jeune confrère.

— Telle devait être la conclusion pour qui ne connaissait pas les antécédents de M. Combarrieu, continua Soubyranne, alors surtout qu'on ne pouvait se livrer qu'à un examen rapide et en quelque sorte superficiel chez un scrupuleux. Mais lorsqu'on connaît ses antécédents, qui révèlent manifestement des syndrômes de zoophilie, de boumétrie...

Madame Combarrieu regarda son fils en lui demandant quelles étaient ces maladies, mais il lui fit un signe énergique pour qu'elle fût attentive.

— ... D'érotomanie, poursuivit Soubyranne; lorsqu'on a pu suivre les modifications et la perversion des sentiments affectifs toujours si caractéristiques dans ces maladies, les changements du caractère, son instabilité, sa violence, les bizarreries de la conduite, tout cela constitue un ensemble de lignes prodromiques qui placent l'observateur à un point de vue différent pour apprécier et juger l'incident du coup de revolver, alors surtout qu'on sait qu'il a été immédiatement précédé par la tristesse, l'anxiété, un malaise général et un besoin de mouvement qui s'est manifesté par une promenade désordonnée la nuit à travers bois. Dans ces conditions, ce qu'on pouvait très justement prendre pour un délire fébrile survenu *a frigore*, semble revêtir tous les caractères d'un délire vésanique, autrement dit d'une impulsion violente qui pousse le malade au meurtre.

Cette fois ce fut Victorien qui, d'un coup d'œil

rapide, signala cette conclusion à l'attention de sa mère ; mais ce soulignement n'était pas nécessaire, Madame Combarrieu ne perdait rien de ce que disait Soubyranne, et en l'écoutant elle pensait à la prodigieuse perspicacité de son fils qui, sans connaître un mot de médecine, et par la seule puissance d'intuition d'un esprit qui sait observer et raisonner, lui avait expliqué ce que ce médecin répétait maintenant dans une forme scientifique. Que ne l'avait-elle cru alors, au lieu de l'accuser d'injustice et de dureté envers son père.

Cependant Soubyranne continuait :

— A ce point de vue, nous trouvons que ce délire consiste moins dans le dérangement des facultés intellectuelles que dans les troubles de la sensibilité morale ; et comme nous savons qu'il est en rapport avec certaines idées fausses, telles que la jalousie paternelle, nous sommes portés à penser que cette impulsion homicide, qui s'est traduite par ce coup de revolver, a été motivée, — ce qui lui donne son vrai caractère.

Soubyranne avait fait une pause et Victorien croyait que c'était pour donner plus d'importance à l'arrêt qu'il allait rendre et qui s'appuierait sur ses observations ; sa surprise fut grande en voyant qu'il en était tout autrement.

— Quel que soit notre sentiment, reprit Soubyranne, nous ne pouvons cependant dès aujourd'hui nous arrêter à des conclusions nettement formulées. Dans ce que nous savons et surtout dans ce que nous avons pu observer, il y a des contradictions que nous ne devrions pas rencontrer et qui pourtant, parce qu'elles existent manifestement, nous imposent un nouvel examen plus approfondi. Si le cas qui, se présente est par certains côtés nettement accusé, par d'autres il reste vague et obscur. Il faut dire d'ailleurs que dans les cas de ce genre, le malade, bien que profondément atteint et en proie aux plus cruelles souffrances, conserve quelquefois assez de force pour dominer l'expression de ces souffrances, les dissimuler et ne rien laisser paraître au dehors des troubles qui le bouleversent; lorsque cela se produit, la tâche du médecin en devient plus délicate et surtout plus longue; je reverrai M. Combarrieu après-demain.

— Mais en attendant, qu'allons-nous en faire? s'écria Victorien.

— M. le docteur Jouveneau le verra demain.

— Et s'il veut sortir, aller à Paris?

— Vous l'en empêcherez.

— Comment?

— Aujourd'hui, dit madame Combarrieu, quand la fièvre a été calmée, il a voulu se lever, s'habiller, partir pour Paris; j'ai eu la plus grande peine à le retenir.

— Trouvez-vous qu'il peut sortir sans inconvénient? demanda Victorien.

— Certes non.

— Alors?

— Nous lui avons ordonné de garder la chambre, dit Jouveneau.

— Et s'il n'obéit pas à votre ordonnance ?

— Il faut veiller sur lui.

— Qui ? Ma mère ? moi ?

— Vous, non ; il est même mieux qu'il ne vous voie pas.

— Il n'obéira pas à ma mère ; encore moins à des domestiques.

— Voulez-vous le faire transférer dans une maison de santé, où toutes les difficultés qui vous apparaissent seraient évitées, et où il trouverait le calme en même temps que tous les soins nécessaires à son état?

— Cela non, s'écria Victorien : nous voulons garder mon père, et nous accepterons tout pour que cela soit possible ; n'est-ce pas, maman?

— Assurément.

Victorien saisit un regard jeté par Soubyranne à Jouveneau, et qui bien certainement était une réponse à une question entre eux. S'ils avaient supposé qu'il voulait se débarrasser de son père, ils étaient fixés maintenant et rassurés.

— Dites-nous donc, continua-t-il, ce que nous devons faire : notre situation est terrible, et d'autant plus qu'elle nous surprend et nous jette dans le désarroi. Vous nous diriez que mon père est un aliéné dangereux pour nous, dangereux pour tous et même dangereux pour lui, peut-être nous résignerions-nous à suivre le conseil que vous venez de nous donner de le placer dans une maison de santé ; et encore, je sens que pour moi je protesterais de toutes mes forces contre ce placement. Mais il n'en est pas ainsi. Qu'est mon père présentement ? Vous avez besoin d'un nouvel examen, pour vous prononcer. J'admets cela parfaitement et le comprends. Mais d'autre part, vous n'affirmez point qu'il n'est pas cet aliéné dangereux pour nous, pour les autres, pour lui. Et vos doutes sont tels à cet égard, que vous ne voulez pas qu'il me voie. Par là vous me mettez jusqu'à un certain point à l'abri d'un nouveau coup de revolver. Mais les autres ? Ma mère, ma cousine, les domestiques ? Êtes-vous sûr qu'il ne sera pas pris contre eux d'une de ces impulsions violentes qui le poussera au meurtre.

— Il est évident que vous ne devez laisser à sa portée aucune arme.

— Ce soin a déjà été pris, dit madame Combarrieu.

— Ces précautions, répliqua vivement Victorien, ne l'empêcheront pas d'étrangler un domestique si son impulsion le pousse, ou de se jeter par une fenêtre s'il le veut.

— Vous voyez vous-même les avantages d'une maison de santé, dit Soubyranne.

— Que trouverait-il dans la maison de santé ? Une surveillance incessante qui ne permettrait rien de ce que nous pouvons craindre. Eh bien, est-ce qu'il est impossible d'organiser cette surveillance ici ? Non avec nos domestiques qui sont habitués à obéir à mon père, et ne lui opposeraient jamais une résistance utile, mais avec un personnel que vous nous donneriez ?

— Mon fils vous pose la question qui me montait aux lèvres, dit madame Combarrieu, aussi profondément touchée de la logique de Victorien que de sa sollicitude filiale. Etait-il possible de mener une discussion avec plus de justesse, d'à-propos, de perspicacité? Etait-il possible d'être meilleur fils? Ah! comme son père l'avait mal jugé, et comme elle-même bien souvent s'était égarée dans les reproches qu'elle lui adressait quand elle l'accusait de dureté.

— Le château est à votre disposition, reprit Victorien, et vous n'avez pas à compter avec des préoccupations de dépense.

D'un signe de tête, madame Combarrieu approuva ces paroles qui traduisaient si bien ce qu'elle pensait.

— N'avez-vous jamais organisé des surveillances de ce genre? demanda Victorien.

— Mais si.

— Eh bien, alors, faites pour nous ce qui s'est fait pour d'autres: songez que demain mon père peut vouloir aller à Paris, et que nous serons, tous ici, ma mère, moi, les domestiques, impuissants pour l'empêcher de partir. Que voulez-vous que réponde un cocher à qui il commandera de le conduire à la gare? Une fois à Paris, que fera-t-il, que deviendra-t-il? Nous ne pouvons penser à cela sans angoisses, sans effroi. En dehors des dangers qui peuvent résulter de ce voyage pour lui et pour les autres, une considération d'un ordre secondaire, mais qui cependant a son importance, nous touche: il n'est déjà que trop fâcheux que les journaux aient publié leurs articles, mais enfin ce ne sont que des articles de journaux ; que ne raconteraient pas les gens qui le verraient à Paris, qui s'entretiendraient avec lui et constateraient le désordre de ses idées? Voilà ce que nous voudrions éviter; si nous pouvons le garder ici, cela est possible : nous n'admettrons personne auprès de lui, il sera en vacances, en voyage ; les prétextes ne manqueront pas. Et si, comme nous l'espérons bien, grâce à vos soins, il recouvre la raison dans un temps donné, il n'aura pas la douleur de voir qu'on a connu sa maladie, et nous, l'humiliation nous sera épargnée d'entendre dire qu'il a été fou. Je ne voudrais pas penser à moi en une pareille circonstance, mais enfin je ne peux pas oublier que je ne suis pas marié.

C'était la raison même qui parlait par sa bouche, et aussi la sollicitude la plus tendre: évidemment, il convenait de donner satisfaction à ces légitimes préoccupations ; ce fut à quoi s'appliqua Soubyranne.

Il fut donc convenu qu'un médecin choisi par lui et deux infirmiers allaient s'installer auprès du malade, de façon à exercer une surveillance incessante jusqu'au moment où il serait possible de porter sur son état un jugement suffisamment étudié et complet.

— Et comment se feront-ils accepter? demanda madame Combarrieu.

— C'est affaire à eux ; le médecin que je vous enverrai est homme d'expérience ; soyez certaine qu'il apportera tous les ménagements possibles dans l'accomplissement de sa mission.

— Quand arriveront-ils? demanda Victorien revenant toujours à son souci de ne pas laisser aller son père le lendemain à Paris.

— Demain certainement.

— Il faudrait que ce fût dans la matinée, car je crains que mon père ne veuille aller à Paris et nous ne pourrons pas le retenir.

— Il sera trop tard ce soir quand je rentrerai pour que je puisse le voir.

Au point où en étaient les choses, Victorien n'avait plus à craindre de se livrer, et d'ailleurs le but à atteindre l'emportait sur toute autre considération ; évidemment, s'il laissait Soubyranne maître d'agir à son gré, le médecin et les infirmiers n'arriveraient à la Chevrolière que dans la soirée, s'ils arrivaient, c'est-à-dire trop tard ; il fallait qu'il lui traçât une autre ligne à suivre que celle qu'il prendrait avec la lenteur et l'indifférence de ceux que l'intérêt personnel ne pousse pas.

— Voulez-vous me permettre de vous expliquer comment je comprends la marche à suivre? dit-il.

— Parfaitement.

— Vous prévenez par dépêche le médecin que vous avez choisi de prendre demain, avec ses infirmiers, le train de six heures cinquante-cinq du matin ; à Houdan une voiture les attendra ; ils seront ici à neuf heures et demie, le cocher qui va vous reconduire dépose cette dépêche à Houdan ; écrivez-la donc tout de suite si vous voulez bien.

Soubyranne se mit au bureau que Victorien lui montrait et écrivit:

« Docteur Materne, 22, rue Thérèse, Paris.

» Prenez demain matin, avec Péclet et Bruno, train pour Houdan, où trouverez voiture vous attendant ; cas, impulsion homicide ; si recevez cette dépêche en temps, venez ce soir chez moi, vers onze heures. »

— Cela est parfait, dit Victorien en lisant la dépêche.

En effet, il y avait bien des chances maintenant pour que son père ne pût pas partir pour Paris.

XXXII

A peine Soubyranne et Jouveneau avaient-ils quitté M. Combarrieu que celui-ci faisait appeler Antonine, et quand elle arrivait dans sa chambre il renvoyait le domestique qui le gardait.

— Tu as besoin de moi ? demanda-t-elle.

— Viens près de mon lit.

Il dit ces quelques mots à voix basse, de façon à n'être entendu que d'elle seule.

Quand elle fut près de lui, il continua sur le même ton :

— Quel est ce médecin ? demanda-t-il.

— Je ne sais pas.

— Tu n'as pas entendu son nom ?

— On ne l'a pas nommé devant moi.

— Ta tante l'a nommé lorsqu'elle l'a introduit

ici, mais en mangeant son nom comme si elle voulait ne pas me le laisser entendre, ce qui m'a paru étrange ; j'ai compris Ranne ou Iranne, mais il y a certainement quelque chose avant : partie de nom ou prénom.

— Veux-tu que je demande à ma tante ou à Victorien ?

— Oui, mais ne dis pas que c'est pour moi.

Comme elle le regardait surprise, elle vit que sa physionomie exprimait l'inquiétude et la tristesse.

— Où est ta tante, où est Victorien ? demanda-t-il.

— Avec les médecins.

— Tu as bien fermé les deux portes en entrant ?

— Oui.

Il baissa encore la voix :

— Je crains, dit-il, qu'il ne se prépare ici une abomination à laquelle ta tante se trouvera associée sans savoir ce qu'on lui fait faire.

Elle le regarda sans comprendre.

— On veut me faire passer pour fou, mon enfant.

— Oh ! mon oncle.

— Et pour cela, on essaie d'exploiter ce coup de revolver que je n'ai pas tiré, car je ne l'ai pas tiré, sois-en certaine.

— J'en suis certaine.

— C'est une horrible machination de Victorien ; quand ce coup de revolver est parti par hasard, il a tout de suite vu, avec son esprit diabolique, qu'il pouvait m'accuser d'avoir tiré sur lui ; et comme il est impossible qu'un père tire sur son fils, si cela arrive, c'est que ce père est fou.

— Oh! ne crois pas cela, s'écria-t-elle.

— Tout d'abord, j'ai voulu ne pas le croire, mais la visite de ce médecin ne laisse pas place au doute; ce n'est pas un médecin ordinaire, c'est un aliéniste que Victorien n'a amené que pour qu'il constate ma folie.

Il s'arrêta accablé, sans qu'elle trouvât un mot à répondre, car si tout en elle protestait contre une pareille accusation, il y avait cependant dans l'attitude de Victorien, après le coup de revolver, des points étranges qu'elle ne s'expliquait pas, et qui, par le mystère dont ils restaient enveloppés, lui fermaient la bouche.

— La preuve de ce que je te dis, reprit-il, je la trouve dans l'examen et l'interrogatoire que m'a fait subir ce médecin. Tandis que l'autre, celui de Dreux, ne cherchait à mon état que des causes matérielles: le froid, l'abus du cigare, la fièvre, celui de Victorien ne cherchait que des causes morales; ce n'est pas en médecin qu'il m'a examiné, mais en confesseur, en juge d'instruction. Quand il est entré, les chiens se trouvaient dans ma chambre, assis sur leur tapis; il les a regardés comme s'il s'intéressait à eux, et ça été une série de questions tout à fait extraordinaires, telles que je me demandais en l'écoutant s'il savait ce qu'il disait. Puis il a passé l'inspection de ma chambre, de mes objets de toilette, de mes livres, s'extasiant sur l'ordre dans lequel ils sont rangés. Il est arrivé ensuite à d'autres idées : mon caractère, mes habitudes, mes sentiments envers ma femme, mon fils, même envers toi. Tout cela était déjà caractéristique, ses questions à propos du revolver l'ont été plus encore. Je commençai par répondre que ce coup de revolver n'avait pas de rapport avec ma fièvre ; il me prouva que je me trompais, et qu'il était important pour lui de savoir comment il avait été tiré. Je lui dis qu'il n'avait point été tiré, mais qu'il était parti par hasard. Une discussion s'engagea, et je vis bien qu'il ne croyait pas ce que je lui disais, s'en tenant évidemment au récit de Victorien ; il la résuma en faisant observer au docteur Jouveneau que le coup était manifestement le résultat d'une impulsion involontaire. J'affirmai que c'était et ne pouvait être que le résultat d'une maladresse inexplicable ; rien n'y fit : son opinion était fixée avant que j'eusse parlé : j'ai tiré sur mon fils poussé par une impulsion irrésistible, privé de volonté, de raison, fou.

— Mais cela est impossible.

— Et cependant, cela est : au moment où j'ai tiré, j'étais fou ; le suis-je encore ? Toute la question est là, si toutefois c'est une question pour ce médecin.

— Mais, ce serait lui qui serait fou ! s'écria-t-elle.

— Abusé, trompé par un ensemble de faits présentés avec un art infernal. Il ne me connaît pas, ce médecin ; on m'a montré à lui sous un certain aspect, on lui a présenté les choses sous un certain jour, il suit la voie dans laquelle on l'a mis. Ta tante, qui, elle, me connaît mieux que personne, croit bien que j'ai tiré sur son fils. Quand vous êtes entrés et

qu'il s'est écrié en montrant sa main ensanglantée :
« Dans un accès de folie ton mari a voulu m'assassiner », elle n'a pas eu une seconde de doute ; vingt-cinq années de tendresse ont été emportées par ce cri : il était la victime, j'étais l'assassin.

— Pas pour moi, je te le jure.

Il lui prit la main et la serra, ému par cette protestation.

— Je n'ai rien compris à ce qui se passait, mais je n'ai pas cru une minute que tu pouvais avoir tiré.

— Il n'avait pas jugé à propos de te gagner.

— Crois bien qu'il n'y serait jamais arrivé.

— Par malheur il y est arrivé avec sa mère, et c'est là ce qui m'anéantit ; c'est la pensée, la certitude que dans cette catastrophe je suis abandonné par celle qui devait être la première à me défendre. Ah ! ma pauvre enfant, je suis bien malheureux, et dans toute ma vie, même quand j'ai perdu mon père que j'aimais tant, je n'ai jamais éprouvé un sentiment d'angoisse comparable à celui qui m'étreint, m'étouffe ; il semble que je tombe dans le vide, je suis écrasé par un effroyable cauchemar ; cela est si atroce, si peu comparable à rien, que j'en suis à me dire qu'il faut que je n'aie pas ma volonté et ma raison pour ne pas réagir contre cette lâcheté, au lieu de m'abandonner dans ces plaintes dont je t'accable sans me soulager.

Elle sentait qu'elle devait répondre, mais bouleversée de le voir, lui toujours si ferme, si maître de soi, si résolu, dans cet état de faiblesse et d'accablement, elle se demandait, elle aussi, si réellement il n'avait pas perdu, comme il le disait, la volonté et la raison. N'allait-il pas trop loin dans ses accusations contre Victorien ? Comment, dans dans quel but, en vue de quel intérêt celui-ci voudrait-il que son père fût fou ? Elle ne le comprenait pas ; et l'eût-elle compris qu'il lui semblait qu'elle ne l'eût pas cru. Évidemment pour le calmer, ce qu'il fallait, c'était qu'elle lui prouvât que ces accusations ne reposaient sur rien et que, quels que fussent ses griefs contre Victorien, il se trompait pour le médecin.

— Veux-tu me permettre une question qui m'angoisse ? dit-elle.

— Toutes celles que tu voudras.

— Comment Victorien, s'il voulait réellement que tu fusses fou, t'amènerait-il un médecin qui serait précisément mieux que tout autre en état de distinguer la folie de la raison ? Ne serait-ce pas employer une arme qui justement se retourne contre soi.

— Ce que tu dis là serait juste si les aliénistes ne se trompaient pas ; mais à chaque instant ne voit-on pas, dans les procès, deux, trois aliénistes des plus considérables, déclarer et prouver qu'une personne est folle ; tandis que deux ou trois autres non moins considérables déclarent et prouvent avec la même autorité que cette personne jouit de toute sa sa raison ? Savons-nous ce qu'est celui-là d'ailleurs ce qu'est son autorité, son honorabilité ; les moyens que Victorien a employés auprès de lui pour le circonvenir ou le gagner ? Voilà pourquoi je t'ai demandé de m'avoir son nom que ta tante, si tu t'y prends bien, ne pourra pas te refuser.

— Je l'obtiendrai, je le promets. Mais encore une question, si tu veux bien. Victorien, n'est-ce pas, n'est point homme à faire quelque chose sans intérêt ?

— Non certes.

— Alors, quel intérêt aurait-il à vouloir te faire passer pour fou, quand tu ne l'es pas ? Tu le serais, je comprendrais ; mais tu ne l'es pas, personne n'admettra que tu le sois.

— Ah ! personne.

— ... J'entends, après examen, ou qui te connaisse, et c'est pour cela que je ne vois pas son but ; donc s'il n'a pas de but, il n'est pas coupable de ce que tu l'accuses.

— Crois-tu donc, pauvre fille, que parce qu'avec ton ignorance de la vie, tu ne vois pas un but ténébreux, il n'existe pas. Ce qu'est au juste celui que Victorien poursuit, je ne le sais pas ; mais je devine le résultat qu'il en attend : c'est d'obtenir de sa mère, pendant qu'elle dirigerait mes affaires, de gros engagements et de grosses sommes d'argent. Je n'imagine pas qu'il croie que son invention puisse tenir debout longtemps ; mais certainement il espère qu'elle aura assez de solidité pour lui permettre de tirer d'elle ce qu'il en attend: je suis pour un temps quelconque réduit à l'impuissance ; sa mère est dans sa main ; il obtiendra de sa faiblesse ce qu'il veut, tout ce qu'il veut ; quand son échafaudage s'écroulera, son affaire sera faite. Il ne voit que cela, sacrifie tout à cela, comme un joueur qu'il est, qui met sa fortune, son honneur, la fortune, l'honneur des siens, leur vie sur une carte.

En entendant son oncle s'expliquer avec cette clarté, cette sûreté, les doutes qu'elle avait eus se dissipaient, et elle ne se demandait plus s'il avait perdu la volonté et la raison ; le but et l'intérêt qu'elle ne voyait pas lorsqu'elle était seule à les chercher, lui apparaissaient maintenant plus que suffisants pour rendre vraisemblables les calculs de Victorien.

— Ne veux-tu pas te défendre ? demanda-t-elle.

— Je n'ai que trop attendu ; cependant j'espère qu'il n'y a pas de temps perdu ; d'ailleurs, j'ai déjà pris mes précautions en écrivant ; si je n'ai pas été hier à Paris comme je le voulais, et me suis laissé retenir par ta tante, qui certainement était de bonne foi en invoquant mon état de fièvre pour me garder ici, il est certain que demain rien ne m'empêchera de partir, ni appels à la prudence, ni sollicitude, ni prières. Evidemment Victorien compte sur une maladie pour agir ; en montrant que je suis dans un état sain de corps comme d'esprit, ce sera déjà une défaite que je lui infligerai. Nous verrons alors ce qu'il inventera ; et s'il veut engager la lutte, eh bien, je la soutiendrai. Mais ce ne sera pas sans qu'il m'en coûte, car je ne l'aurai assurément pas seul contre moi ; sa mère sera près de lui, avec lui ; et j'aurai à me défendre contre elle aussi. C'est là mon chagrin, mon enfant, mon désespoir ; c'est ma vie brisée, mon bonheur anéanti ; la maison vide, me voilà seul.

— Oh ! mon oncle, murmura-t-elle avec un accent où il y avait plus de sympathie et d'affection que de reproches.

— Je ne t'oublie pas, pas plus que je n'oublie ta tendresse; mais ne vas-tu pas aussi t'éloigner de moi, si le mariage que je désire, que j'espère se réalise ?

— Pourquoi ce mariage m'éloignerait-il ? le mari que tu me donnes n'a-t-il pas pour toi une tendresse égale à la mienne ?

— Tu le connais donc ce mari ? dit-il avec un sourire triste.

— Je ne voudrais pas te parler de nous quand tu as de si graves soucis ; mais puisqu'il est question de lui, je ne peux pas ne pas te dire qu'il m'a écrit.

— Ah ! il t'a écrit !

— Il n'a pas osé venir, de peur d'être importun en un moment où tu avais en tête autre chose... que nous.

— Tu as raison, vous me serez un soutien, mais ce n'est pas l'avenir que je peux envisager en ce moment ; c'est l'heure présente, c'est demain, c'est la lutte, c'est la rupture de sentiments, d'habitudes de cœur, d'idées de vie dans lesquels j'avais mis le bonheur.

Un roulement de voitures lui coupa la parole :

— Voilà les médecins qui partent, dit-il, obtiens le nom que je veux; si tu ne peux pas me le donner ce soir, tu me le diras demain matin de bonne heure, plutôt ce soir, en le prononçant tout haut devant ta tante, au cas où nous ne serions pas seuls.

XXXIII

Il voulait en effet partir par le premier train, mais après une nuit d'insomnie, d'agitation et de fièvre, il s'était endormi au jour levant, et au réveil il était trop tard pour que le cocher, qu'il n'avait pas pu commander la veille, fût prêt à temps. Il faudrait exiger une hâte qu'il ne lui convenait point de montrer ; il aurait l'air de se sauver, ce qu'il ne voulait pas.

Il partirait donc par le train suivant, ce qui, semblait-il, n'avait pas d'importance, alors surtout qu'il savait que sa femme et son fils ne devaient pas quitter la Chevrolière : c'était à Paris qu'il avait tout à craindre d'eux, non chez lui.

Il ne se leva donc qu'à huit heures et demie ; mais à peine avait-il quitté son lit que sa femme entra dans sa chambre.

— Que faites-vous ? demanda-t-elle.

— Tu le vois, je me lève.

— Les médecins vous ont ordonné le repos.

— Ils l'ont ordonné à un malade ; je ne suis plus malade.

— Mais c'est une imprudence que je ne vous laisserai pas commettre.

— Je t'affirme que je ne suis pas malade.

— Et vos yeux brillants, votre pâleur, l'agitation de vos mains prouvent le contraire.

Il la regarda : certainement il y avait de la sollicitude dans son attitude comme dans son accent, et quelques jours plus tôt il n'eût vu en elle que ce sentiment ; mais maintenant il y découvrait une inquiétude pour lui caractéristique.

— Je vous en prie, remettez-vous au lit, dit-elle.
— A quoi bon ?
— Mais vous avez la fièvre.
— Si je l'ai eue, je ne l'ai plus.
— Vous vous trompez.
— Je ne me trompe pas.

Sincère dans ses craintes, elle l'eût forcé de demander au thermomètre la preuve qu'il n'avait pas la fièvre ; elle n'en fit rien, ce qui montrait bien qu'elle avait peur que cette preuve ne tournât contre elle et lui fermât la bouche : quel prétexte invoquer pour parler du lit, si le thermomètre enregistrait une température normale ?

— Comment pouvez-vous croire que vous n'avez pas eu la fièvre, dit-elle, quand les médecins l'ont constatée ?

— On fait dire aux médecins ce qu'on veut.

Elle resta un instant interloquée.

— Mais hier le thermomètre marquait 39° 1/2, ce qui est l'indice d'une forte fièvre.

— Nous sommes aujourd'hui ; nous ne sommes plus hier.

Tout en parlant, il avait achevé de passer ses

chaussettes, et de mettre ses pantoufles ; il se dirigea vers son cabinet de toilette.

— Mon ami, je vous en prie, ne faites pas d'imprudence.

Au mot mon ami, prononcé avec une intonation qui autrefois lui remuait le cœur, il s'arrêta ; mais son hésitation n'eut que la durée d'un éclair ; ce n'était pas la femme qui le retenait, c'était la mère, non par sollicitude pour le mari, mais par ordre du fils.

Il fallait affirmer sa volonté de façon à ce qu'on renonçât à l'espoir de la changer :

— Ce n'est point une imprudence d'aller à Paris, dit-il, puisque je m'en sens la force.

— Vous voulez aller à Paris ! s'écria-t-elle effarée.

— Sans doute.

— Mais rien n'est plus déraisonnable, plus dangereux.

— Pour qui ?

— Mais pour vous ; vous savez bien que les médecins vous ont ordonné de garder la chambre.

— Je t'ai déjà répondu à cela que les médecins ordonnent ce qu'on leur demande d'ordonner.

Devant cette résistance, il s'était irrité et sa voix avait pris un accent saccadé ; bien qu'il fît effort pour se contenir, ses mouvements étaient brusques ; elle s'inquiéta et craignit un nouvel accès.

Ne sachant que faire, ne sachant que dire, elle essaya de le distraire.

— Comment avez-vous passé la nuit ? demanda-t-elle.

— Bien.

— Edmond m'a dit que vous aviez été agité ; moi-même je vous ai entendu remuer.

— Rien d'étonnant à ce que la visite de ces médecins m'ait agité, mais je me suis endormi avant le petit jour. Edmond a pu te le dire, et ce matin, je me trouve dans mon état ordinaire ; tu sais bien que quand j'ai été pris de ces coups de fièvre, ils ne m'ont jamais duré plus de deux jours ; celui-là ressemble aux autres ; je dois être guéri ; je le suis.

Il cherchait sur sa table de toilette, et ne trouvant pas ce qu'il voulait, il laissait paraître une certaine impatience ; il fit le tour du cabinet en furetant sur une autre table et sur la tablette de la cheminée ; tout à coup il sonna brusquement.

— Que voulez-vous ? demanda-t-elle.

— Mes grands ciseaux pour raccourcir ma barbe qui est trop longue.

Le valet de chambre parut dans l'embrasure de la porte.

— Où sont mes ciseaux ? je ne les trouve pas.

— Je n'y ai pas touché.

— Alors ils doivent être à leur place ; ils n'y sont pas.

Sans répondre le domestique recula de deux pas, montrant ainsi une crainte qui en disait long : certainement celui-là aussi croyait à la folie de son maître et il en avait peur. Cette peur était d'autant plus vive qu'il avait lui-même enlevé ces ciseaux sur l'ordre de Victorien, comme on avait enlevé dans le château tout ce qui pouvait devenir une arme dangereuse aux mains d'un homme privé de sa raison : fusils, couteaux, ciseaux, marteaux ayant été mis sous clé.

— Prête-moi les tiens, dit-il à sa femme.

Elle fit un signe au domestique pour qu'il ne s'éloignât point, et passa chez elle ; mais là, au lieu de chercher des ciseaux qu'elle était décidée à ne point donner, elle sonna une femme de chambre :

— Allez vite prévenir M. Victorien que son père veut partir pour Paris ; qu'il avise.

Puis elle retourna auprès de son mari, très inquiète et même effrayée ; car si elle ne craignait point qu'il se livrât à quelque violence sur elle, elle avait tout à craindre pour les autres et pour lui-même.

— Je n'ai pas trouvé mes ciseaux, dit-elle avec embarras.

— Voilà vraiment une curieuse coïncidence, dit-il sans se fâcher ; mais peu importe, je m'en passerai.

Il appela le domestique qui allait se retirer, heureux d'échapper à une algarade qu'il croyait suspendue sur sa tête.

— Prévenez Baptiste d'atteler le phaéton pour me conduire à la gare.

Le domestique savait que le premier cocher était précisément à la gare de Houdan avec le breack, mais il ne jugea pas à propos de le dire et il répondit affirmativement.

Il n'était pas encore neuf heures et c'était à neuf heures et demie seulement que devait arriver le médecin avec ses infirmiers ; comment traîner les choses jusque-là et empêcher une explosion.

— Vous n'allez pas partir à jeun, dit-elle en comptant sur le déjeuner pour occuper le temps.

Il ne se sentait nulle envie de manger, mais il ne pouvait pas l'avouer sans reconnaître qu'il était malade.

— Je prendrai un biscuit en passant par la salle à manger, dit-il.

— Un biscuit ? vous n'y pensez pas ; il faut prendre quelque chose de chaud. Voulez-vous que je vous commande une tasse de chocolat ?

— Je n'ai pas le temps.

— Un bouillon, alors ; on aura tout le temps de le faire chauffer pendant que vous vous habillez.

Sans attendre une réponse, elle sonna.

— Qu'on monte une tasse de bouillon, dit-elle au valet de chambre.

Il allait se retirer, elle le rappela.

— Surtout qu'il soit bien chaud, recommanda-t-elle.

S'il avait pu garder des doutes sur le secret mobile de ces prévenances, cette insistance les aurait dissipés : on voulait lui faire manquer le train ; cela était d'une clarté éblouissante, et ce qui, sincère l'eût touché, faux l'exaspérait, en lui causant une poignante douleur : évidemment elle le croyait malade, et ce n'était pas de sa maladie qu'elle prenait souci, c'était de son départ : qu'elle parvînt à le retenir et elle serait satisfaite.

A son tour il retint le valet de chambre :

— Vous avez prévenu Baptiste?

— Baptiste n'est pas au château.

— Où est-il?

— A la gare.

— Pourquoi faire?

— Je ne sais pas.

— Alors, pourquoi ne m'avez-vous pas prévenu?

Le valet de chambre garda une attitude embarrassée sans répondre.

— Envoyez-moi Joseph.

— Joseph ne pourra pas se rendre aux ordres de monsieur.

— Parce que?

Cela fut dit d'un ton si raide que le valet de chambre crut devoir changer le rôle qu'on venait de lui confier :

— Il est malade, le pauvre garçon ; ce qu'il souffre, monsieur n'en a pas idée ; il ne fait que crier, positivement.

— Depuis quand est-il malade?

— Depuis hier.

— C'est bien.

Qu'allait-il faire? Comme il ne disait rien, et continuait sa toilette en se hâtant, après un moment de silence elle se décida à l'interroger, puisqu'il ne semblait pas renoncer à son départ.

— Prenez donc votre temps, dit-elle, puisque vous n'êtes plus pressé?

— Pourquoi ne suis-je plus pressé?

— Vous n'avez personne pour vous conduire.

— Je vais aller à pied à Marchezais.

— Vous n'y pensez pas.

— Au contraire. Puisque par un concours de circonstances tout à fait surprenantes, je n'ai personne pour me servir, il ne me reste que ce moyen pour aller à Paris, et comme je suis décidé à aller à Paris aujourd'hui, il faut bien que je prenne celui-là.

Marchezais est une station entre Houdan et Dreux, qui ne servait point habituellement aux hôtes de la Chevrolière, autant parce que les trains express ne s'y arrêtent pas que parce que les chemins de traverse qui y conduisent sont mauvais, mais qui, pour les piétons, est de beaucoup la plus rapprochée du château; en moins d'une demi-heure, s'il marchait vivement, M. Combarrieu pouvait y arriver à temps pour prendre le train omnibus; il n'avait donc qu'à se hâter d'achever sa toilette.

Comme il mettait sa cravate, elle voulut l'aider, mais il la remercia.

— Je n'ai pas le temps, dit-il, tu ne veux pas me faire manquer le train.

— Je voudrais vous empêcher de partir; dans l'état où vous êtes, cette course à travers champs est de la dernière imprudence; si vous voulez malgré tout aller à Paris, ne pouvez-vous pas attendre le retour de Baptiste? il vous mènera à Houdan pour l'autre train. Je vous en prie, réfléchissez, écoutez-moi.

Précisément il paraissait ne pas l'écouter, et, en toute hâte, il achevait de s'habiller.

Il était neuf heures un quart seulement; comment l'occuper et le retenir jusqu'à la demie? Elle cherchait sans trouver, jetant des regards autour d'elle pour demander aux choses une inspiration.

Il ne lui restait plus qu'à se chausser ; il passa dans un corridor où se trouvait une armoire qui servait à serrer ses bottines, mais la clé n'était pas sur la serrure.

Il sonna ; un temps assez long s'écoula avant que le valet de chambre ne parût ; enfin il arriva.

— Mes bottines ?

— Oui, monsieur.

Mais presqu'aussitôt il revint et annonça qu'il ne trouvait pas la clé.

— Cherchez-la et dépêchez-vous ; cette clé n'a pas pu disparaître par miracle ; jamais on ne la retire de l'armoire.

Le valet de chambre ne revenant pas, il l'appela.

— Allez chercher un marteau, un ciseau.

Il attendit un moment ; ses mains tremblaient, agitées par la colère.

— Crois-tu que je vais être le jouet de cette comédie ? dit-il à sa femme d'une voix tremblante.

Allant à la cheminée, il prit la pincette et écartant violemment les deux branches, il la brisa pour se faire une sorte de ciseau d'une de ses branches ; puis, s'armant d'une bûche, il alla à l'armoire, glissa son ciseau entre la feuillure et, frappant dessus avec la bûche, le fit descendre jusqu'à la serrure dont le pêne sauta.

Maintenant, comment le retenir ? Elle se posait anxieuse cette question, lorsqu'elle entendit une voiture s'arrêter au bas du perron.

— Le médecin.

Elle courut à la fenêtre ; mais c'était une voiture de louage qui venait de s'arrêter, conduite par un cocher qu'elle ne connaissait pas ; de cette voiture descendit un homme jeune encore, mais de tournure grave, qu'elle ne connaissait pas non plus.

— Qui arrive ? demanda-t-il.
— Je ne sais pas.
— Je ne reçois personne.

XXXIV

Ce fut Victorien lui-même qui ouvrit la porte à ce personnage.

Depuis un certain temps déjà, il était descendu dans le vestibule d'où il donnait des ordres pour qu'on retardât, par tous les moyens, le départ de son père, et il marchait de long en large, se demandant avec une angoisse exaspérée si ce médecin n'allait pas arriver à son secours ; les coups frappés sur la branche de la pincette avaient retenti bruyamment dans l'escalier sonore, et il avait compris que c'était l'armoire que son père enfonçait ; encore quelques minutes et c'en était fait ; il s'échappait sans qu'on pût le retenir, car certainement les domestiques refuseraient de l'arrêter de force.

A ce moment, il avait entendu l'arrivée d'une

voiture et, comme sa mère, il avait cru que c'était le médecin avec ses aides, — le salut.

Sa surprise fut vive en trouvant devant lui un inconnu qui ne devait pas être le médecin envoyé par Soubyranne, puisque ce n'était pas Baptiste qui l'amenait et que ses aides ne l'accompagnaient point ; mais si ce n'était point le docteur Materne qui, pour une raison quelconque, n'avait pas pu venir, il était possible que ce fût un autre médecin venant néanmoins de la part de Soubyranne.

— C'est à M. Combarrieu fils que j'ai l'honneur de parler ?

— Oui, monsieur.

— Le procureur de la République à Dreux.

Victorien qui, déjà, s'était demandé plus d'une fois comment, après les articles des journaux, la justice n'était pas encore intervenue, ne laissa paraître aucune surprise ; mais s'inclinant avec plus de déférence qu'il n'en montrait ordinairement, de sa main libre il fit signe au procureur de la République d'entrer.

— La clameur publique, dit celui-ci, et aussi la voix de la presse ayant porté à ma connaissance les faits dont ce château a été le théâtre dans la journée de lundi, j'ai cru de mon devoir de me transporter ici, afin de procéder auprès de vous et auprès de monsieur votre père à une enquête officieuse qui détermine si, au moment où il déchargeait un revolver contre vous, il était responsable ou non.

— Je ne sais quels bruits la clameur publique a

pu porter à votre connaissance, répondit Victorien, mais je dois vous dire que ceux dont les journaux ont accueilli l'écho sont singulièrement exagérés.

— En quoi, monsieur ?

A ce moment, un murmure de voix éclata au-dessus d'eux, dans le vestibule, au haut de l'escalier, — celles de M. et madame Combarrieu.

— Il m'est impossible de vous donner en ce moment les explications que vous demandez, dit Victorien, mais je me tiens à votre disposition. J'entends mon père qui descend, et il importe qu'il ne me voie pas. C'est l'opinion du docteur Soubyranne qui a visité mon père hier soir, et qui est convaincu qu'en tirant ce coup de revolver il a été poussé par une impulsion irrésistible.

Sans en dire davantage, Victorien, abandonnant le procureur de la République au milieu du vestibule, se jeta dans un corridor et disparut.

Il était temps, son père arrivait au premier palier suivi de madame Combarrieu.

— Non, non, disait-il d'une voix saccadée, je ne me laisserai pas retenir.

— Mais, mon ami...

— Je dois aller à Paris, j'irai.

— Au moins attendez l'autre train.

— Je n'attendrai rien.

La scène était frappante et bien faite pour donner l'idée que celui qui s'exprimait avec cette irritation et cette impatience n'avait pas toute sa raison.

Tous deux en même temps ils aperçurent le procureur; alors tous deux en même temps aussi ils se turent, mais en continuant de descendre côte-à-côte.

Comme ils arrivaient aux dernières marches, le procureur s'avança ; mais avant qu'il eût ouvert la bouche, M. Combarrieu lui coupa la parole :

— Excusez-moi, monsieur, je n'ai pas le temps.

— Mais, monsieur...

— Je manquerais le train.

Décidément c'était un agité, pour le moins ; cependant le procureur ne pouvait pas s'en tenir à cette simple constatation ; au lieu de livrer passage à M. Combarrieu il le lui barra.

— Je vois, dit-il, qu'il faut que je me présente : procureur de la République à Dreux.

— Ah !

M. Combarrieu s'arrêta :

— Pardonnez-moi, monsieur, dit-il avec une politesse parfaite, j'ignorais votre qualité ; je suis tout à vous.

Le contraste entre l'agitation qui l'emportait en descendant l'escalier et le calme de ces derniers mots fut si brusque, que le procureur ne put pas ne pas en être frappé.

— Voulez-vous bien passer dans mon cabinet ? continua M. Combarrieu.

— J'allais vous le demander.

Le précédant, M. Combarrieu lui ouvrit la porte de son cabinet, et après lui avoir de la main montré un fauteuil, il s'assit ; madame Combarrieu, qui avait hésité un moment si elle les suivrait, s'était décidée à ne pas entrer, bien que fût grande son anxiété d'apprendre ce que pouvait vouloir ce magistrat : après tout, le résultat obtenu était assez important pour qu'elle s'en contentât en ce moment : son mari ne partait pas ; pendant cette conférence avec le procureur, le médecin arrivait, et le danger qui les avait effleurés de si près était conjuré ; elle pouvait respirer.

Après un court instant d'examen, le procureur recommença pour le père la phrase qui lui avait déjà servi pour le fils : la clameur publique et la voix de la presse lui avaient imposé le devoir de se transporter à la Chevrollère pour procéder à une enquête officieuse sur les faits qui s'y étaient passés.

— Comment, s'écriait M. Combarrieu bouleversé, les journaux ont parlé de ce coup de revolver !

— Tous les journaux.

— Comment l'ont-ils connu ?

— Par la clameur publique, sans doute.

— Qu'ont-ils dit ? Je vous demande pardon de vous adresser cette question, mais je n'ai rien su, rien lu.

— Que dans un accès de fièvre vous aviez tiré un coup de revolver sur votre fils, que vous aviez blessé à l'épaule.

— Mais je n'ai pas tiré de coup de revolver, je n'ai pas eu d'accès de fièvre.

— Votre fils n'est pas blessé ? Je viens de le voir portant le bras en écharpe.

— Ah ! vous l'avez vu ?

— C'est lui qui m'a ouvert la porte.

M. Combarrieu resta un moment visiblement

troublé, mais bientôt il eut conscience qu'il devait donner les explications qu'on lui demandait, et il reprit :

— Je ne conteste pas que mon fils soit blessé, je dis seulement que je n'ai pas tiré de coup de revolver, et qu'en eussé-je tiré un, jamais ce n'eût été contre mon fils, quels que fussent mes griefs contre lui ; un père tirant sur son fils, un père assassin ! mais toute ma vie se soulève contre une pareille accusation, et il faut ne pas me connaître, il faut ne savoir rien de moi pour l'admettre un seul instant.

— Alors, selon vous, le coup de revolver serait parti involontairement.

— J'en suis encore à me demander comment il a pu partir.

— Si vous aviez un accès de fièvre à ce moment, il est compréhensible que vous ne vous rendiez pas compte de ce qui s'est passé et de ce que vous avez fait.

— Mais je n'avais nullement la fièvre à ce moment.

— Le docteur Jouveneau, qu'on a appelé, ne l'a-t-il pas constatée ?

— C'est plus tard que je l'ai eue, à la suite de la commotion produite par la blessure faite à mon fils, et aussi parce que la veille j'avais subi un coup de froid ; au moins, est-ce l'opinion du docteur Jouveneau lui-même.

— Alors, pendant cette scène entre votre fils et vous, vous aviez conscience de vos actes et vous étiez maître de votre volonté ? au moins, vous le croyez ?

— J'en suis parfaitement sûr.

— Conséquemment vous pouvez m'expliquer comment cette scène s'est produite et par quelles phases elle a passé ?

— Je le puis.

— Je vous écoute, monsieur.

M. Combarrieu commença ce récit et dit comment la lecture des journaux racontant les courses de Longchamps l'avait jeté dans une violente colère, une juste indignation contre son fils...

— Cependant, le fait principal, celui relatif à une tricherie, était faux, interrompit le procureur.

— Je l'ignorais.

— Vous l'aviez admis comme vrai, si grave que fût cette accusation, si douloureuse qu'elle dût être pour un père.

— Je ne connais rien aux courses.

— Alors n'eût-il pas été plus sage de ne pas porter un jugement sur ce que vous ignoriez ?

— Sur ces entrefaites mon fils arriva, et vint me trouver dans ce cabinet; j'étais assis à cette place même, lui dans le fauteuil que vous occupez ; je lui adressai les reproches que me suggérait mon indignation.

— Vous reconnaissez que vous étiez indigné et dans un état de violente colère ?

— Comment en eût-il été autrement ?

— Enfin, il en était ainsi ?

M. Combarrieu avait déjà fait ce récit à Soubyranne ; il fut tout surpris de reconnaître que sous la pression des questions cependant bien simples du magistrat, ce n'était plus du tout le même qu'il recommençait ; il en fut troublé ; d'ailleurs il arrivait au passage difficile.

— Vous aviez un revolver ? demanda le procureur.

— La veille au soir j'avais fait une tournée dans mon parc afin de voir si mes gardes étaient exacts dans leurs rondes ; et comme j'étais exposé à rencontrer des braconniers qui à chaque instant escaladent mes murs et me volent mes faisans, j'avais pris un revolver pour les intimider en cas de besoin ; c'est même dans cette promenade, après m'être assis au bord de la rivière, que j'ai gagné ce froid, cause de ma fièvre. En rentrant j'avais déposé le revolver sur ce bureau, où il était resté.

— Et comment est-il parti ?

— C'est ce que je vais vous expliquer. La discussion s'était rapidement exaspérée, car aux reproches que j'adressais à mon fils pour s'être conduit de façon à ce que la foule pût accoler le mot de voleur à notre nom, s'en étaient joints d'autres ; il vint un moment où, emporté par l'indignation, je lui dis que la mort était préférable à l'existence misérable qu'il s'était faite, et je lui tendis ce revolver, sur lequel mes yeux venaient de tomber : « Veux-tu donc m'obliger à te tuer de ma main ? m'écriai-je. » Effrayé, il se jeta sur moi pour me désarmer ; le coup partit.

— Où le frappa-t-il ?

— Au haut de l'épaule gauche ; grâce à Dieu, la blessure est légère.

— Elle pouvait être grave.

— Mortelle ; mais le coup ne devait pas partir, et je ne m'explique pas qu'il soit parti.

— Voulez-vous que nous reconstituions la scène ?

— Je suis à vos ordres.

— Vous étiez dans ce fauteuil, n'est-ce pas ?

— Oui, et lui dans le vôtre.

— Vous vous êtes levé ?

— Seulement quand j'ai pris le revolver.

— Que vous teniez par la crosse, sans doute ?

— Oui.

— Et alors ?

M. Combarrieu prit sur son bureau un couteau à papier en écaille pour remplacer le revolver, et mima la scène qui s'était passée entre son fils et lui.

— Et où la balle s'est-elle logée ? demanda le procureur quand la scène fut achevée.

— Je n'en sais rien ; dans la bibliothèque en face, probablement.

— Voulez-vous que nous cherchions ?

Ils cherchèrent, et dans la direction qu'indiquait M. Combarrieu, ils trouvèrent, à une hauteur d'un mètre soixante environ du parquet, le dos d'un dictionnaire troué.

— Ainsi, dit le procureur, il semble, eu égard à la taille élevée de votre fils, que le coup a été tiré horizontalement, de façon à le frapper en pleine poitrine, aux environs du cœur?

— C'est un miracle qu'il n'ait pas été atteint.

Après un moment de silence, le procureur reprit :

— Pour que le coup ait pu partir comme vous le dites, il faut que vous ayez menacé votre fils de votre revolver?

— En effet, j'ai dirigé le revolver contre lui, mais sans le menacer.

— C'est une nuance.

— C'est la vérité.

— Ainsi, parce que votre fils avait été victime d'une lâche agression, vous trouviez qu'il méritait la mort, et comme il ne prenait pas l'arme que vous lui tendiez, vous la dirigiez contre sa poitrine ?

— J'avais d'autres griefs contre lui ?

— Lesquels.

C'était là la question décisive, et depuis quelques instants déjà M. Combarrieu voyait que le procureur dirigeait son interrogatoire de façon à y arriver fatalement ; mais comment y répondre sans parler de James Wood et de la vente de la composition des tubes? Il sentait qu'aux premiers mots la honte étoufferait ses paroles dans sa gorge.

— Ces griefs étaient des plus graves, ils remontaient à cinq ou six années, et s'ajoutant les uns aux autres, ils avaient fini par rendre nos relations des plus difficiles : mon fils était dans une voie qui me désespérait.

Le procureur attendit un moment, et ce fut seulement quand il vit que M. Combarrieu ne voulait pas être plus explicite sur ce point, qu'il se leva :

— Pour aujourd'hui, dit-il, nous pouvons en rester là ; mais je voudrais maintenant interroger les personnes qui ont été mêlées à cette scène ou qui, tout au moins, sont survenues après la détonation. Quelles sont-elles, je vous prie ?

— Ma femme, ma nièce et mon valet de chambre Edmond.

— Voulez-vous appeler ce domestique, et me désigner une pièce où je pourrais l'entendre ?

M. Combarrieu sonna et aussitôt Edmond parut.

— Conduisez M. le procureur de la République dans le grand salon, et répondez aux questions qu'il vous adressera.

XXXV

Edmond avait trop souvent raconté dans le village, à Dreux et partout, l'histoire du coup de revolver et surtout le rôle qu'il avait joué, pour que son récit ne fût pas connu du procureur ; mais précisément parce que c'était sur ce récit que s'était formé la clameur publique, il y avait intérêt à le lui faire répéter.

— C'est vous qui êtes entré dans le cabinet de M. Combarrieu, après le coup de revolver ? demanda le procureur.

— Oui, monsieur, le premier, avant madame, avant mademoiselle ; je n'avais pas entendu le coup que je me suis écrié : « Il y a un malheur chez monsieur » ; et je me suis précipité dans la bibliothèque.

— Qui vous a donné à penser qu'il y avait un malheur ?

— Bien des choses.

— Dites-les.

— D'abord, il faut que monsieur sache que Baptiste, le premier cocher, était sur *Canotier*, le cheval de M. Victorien, moi j'étais contre parce que...

Il s'arrêta.

— Parce que ? Il faut tout dire.

— Parce que, avec les chevaux de M. Victorien, on ne sait jamais qui gagnera. Nous avions donc lu les journaux aussitôt qu'ils étaient arrivés, et nous avions vu l'algarade de Longchamps. A son tour, monsieur les avait lus aussi, et madame après. Alors il y avait eu des choses bruyantes entre monsieur et madame, qui prouvaient que ça allait mal ; puis madame était partie pour Paris en toute hâte. Là-dessus voilà M. Victorien qui arrive et qui veut voir son père. Il était bien naturel de penser, n'est-ce pas, que ça allait chauffer et c'était ce que nous nous disions, quand le coup de revolver part. Je me précipite ; madame qui venait de rentrer me suit, et mademoiselle aussi. Dans la bibliothèque, monsieur était adossé à la cheminée, ne bougeant pas, comme un somnambule, et M. Victorien montrant sa main toute rouge de sang, dit à madame : « Dans un accès de folie, ton mari a voulu m'assassiner. »

— Vous êtes certain d'avoir entendu ces paroles et de les rapporter fidèlement ?

— Bien sûr ; s'il faut jurer, je suis prêt.

— C'est inutile pour le moment.

— Alors, madame, la tête perdue, m'a dit de courir à Dreux chercher un médecin; voilà tout ce que je sais.

— Vous pouvez vous retirer. Prévenez madame Combarrieu que je la prie de m'accorder un moment d'entretien. Prévenez aussi la nièce de M. Combarrieu et M. Victorien que je les recevrai ensuite.

Madame Combarrieu ne se fit pas attendre; elle arriva presqu'aussitôt, mais bouleversée et très émue; elle venait de quitter Victorien et ce que celui-ci lui avait dit des intentions du procureur de la République, arrivant à la Chevrolière pour procéder à une enquête, l'avait jetée dans une vive angoisse.

En voyant son émotion et son trouble, le procureur voulut la mettre à son aise par quelques paroles de politesse, mais il comprit tout de suite que le mieux pour obtenir d'elle la vérité, était de la demander franchement, — ce qu'il fit.

— Ce que je recherche, dit-il en concluant, c'est si monsieur votre mari jouissait ou ne jouissait pas de sa raison au moment où le coup de revolver a été tiré: raisonnable, il est responsable, et je me trouve en présence d'un meurtrier; en proie à une impulsion irrésistible, il ne l'est pas, et j'ai devant moi un malade. Vous voyez avec quelle franchise je pose la question; j'espère donc que vous voudrez bien m'aider à l'éclaircir, en me donnant tous les renseignements propres à former mon opinion.

Ce langage, où la franchise invoquée n'était pas seulement dans les paroles, rassura madame Combarrieu; elle sentit qu'elle avait en face d'elle un homme sans parti pris et dont l'opinion n'était réellement pas faite comme il le déclarait ; à elle donc de la faire.

Elle l'essaya et, sans rien cacher, sans rien exagérer comme sans rien atténuer, elle dit tout ce qu'elle savait : au premier moment, elle avait cru que son mari avait tiré sur son fils dans un accès de colère furieuse, maintenant elle ne doutait pas que ce fût dans un accès de folie.

— Si l'accès est passé, dit-elle en terminant, l'agitation n'est pas calmée ; vous avez pu voir quand nous descendions l'escalier dans quel état il était, et comment il répondait à mes instances pour l'empêcher de partir ; il venait de faire sauter une serrure à coups de bûche pour prendre ses bottines. Où serait-il maintenant si vous ne l'aviez pas retenu ? Le train manqué, il attend l'autre. Heureusement, le médecin et les infirmiers seront arrivés à ce moment, et ils auront, pour le retenir, des moyens qui nous manquent.

Après madame Combarrieu, c'était au tour d'Antonine de comparaître ; mais dès la première question qui lui fut adressée, elle se plaça à un point de vue tout autre que celui de sa tante.

— Vous êtes entrée, n'est-ce pas, mademoiselle, au moment où le coup de revolver venait d'être tiré ? avait demandé le procureur.

— Il n'y a pas eu de coup de revolver tiré, dit-elle avec assurance.

— Vous croyez qu'il est parti tout seul ?

— Je ne sais pas comment il a pu partir et je ne

me l'explique pas ; d'ailleurs, mon explication n'aurait aucune importance, mais je suis sûre que mon oncle n'a pas tiré sur mon cousin.

— C'est une appréciation.

— Oui, monsieur, la mienne ; si je ne me connais pas en revolver, je connais mon oncle et je suis certaine, j'affirme, je jure qu'il n'a pas tiré sur son fils. Vous ne savez pas, monsieur, quel homme bon, affectueux et tendre est mon oncle, comme vous ne savez pas quels sont ses sentiments pour son fils ; moi, j'ai pu apprécier cette bonté et cette tendresse qui n'ont jamais laissé passer un jour sans s'affirmer pour nous tous, comme j'ai pu apprécier aussi ses sentiments pour Victorien, et mieux que personne.

— Voulez-vous vous expliquer, mademoiselle?

— J'aimerais mieux ne rien dire de ces choses ; mais si mon témoignage peut être utile à mon oncle, je dois penser à lui, non à moi. L'intention de mon oncle a été jusqu'en ces derniers temps que j'épouse mon cousin, et je vous jure qu'il m'a parlé de lui de façon à ce qu'il me soit impossible de douter de son affection pour son fils ; certainement il avait à se plaindre de lui, mais si forts que fussent ses griefs, ils n'entamaient pas cette affection qui, malgré tout, restait intacte.

Le procureur qui avait commencé par trouver que cette jeune fille le prenait de bien haut en se mettant si fièrement en opposition avec tout le monde, ne put pas ne pas être touché de la conviction avec laquelle elle plaidait la cause de son oncle.

18.

— Sans aucun doute, dit-il, votre sentiment, exprimé avec cette énergie, mérite une sérieuse considération, mais en nous plaçant au point de vue de l'affection paternelle de M. Combarrieu que vous affirmez et à laquelle je dois croire, je vous ferai remarquer que dans le cas d'impulsion homicide, et dans une certaine mesure, il semble que ce soit celui qui nous occupe, il arrive précisément que c'est contre les personnes qui lui sont les plus chères que le malheureux aliéné tourne sa fureur.

— Vous me permettez de répondre?

— Je vous en prie, mademoiselle.

— C'est le coup de revolver tiré par mon oncle qui mène à l'impulsion, n'est-ce pas ?

— Evidemment.

— Donc, s'il n'y a pas coup tiré, il n'y a pas impulsion ; eh bien, je soutiens qu'il n'y a pas eu de coup tiré, mais coup parti. Comment est-il parti ? C'est ce que je ne peux pas dire ; mais est-il donc impossible d'imaginer qu'un coup puisse partir sans que la gâchette ait été pressée volontairement?

— Encore faut-il, pour qu'il y ait blessure, que l'arme ait été dirigée contre le blessé.

— Ne se blesse-t-on pas soi-même à chaque instant, sans qu'on ait dirigé son arme contre soi ?

— Monsieur votre oncle déclare lui-même qu'il a dirigé son arme contre son fils.

— Déclare-t-il aussi que c'était pour tirer sur lui ?

— Non.

— Eh bien, alors, monsieur, ne croyez pas à cette impulsion qui, admise, conclut nécessairement à la folie de mon oncle. Mon oncle n'est pas fou, monsieur, et il ne l'a jamais été, pas plus avant ce coup de revolver, qu'après. Tout ce qu'on vous dira là-dessus ne peut être qu'interprétation de gens qui veulent expliquer raisonnablement, scientifiquement, ce qui est inexplicable. Mieux que personne, vous savez qu'il y a des choses inexplicables, que c'est folie justement de vouloir expliquer... n'importe comment; ainsi, de ce coup de revolver, parti par hasard, sans que mon oncle ni mon cousin sachent eux-mêmes comment il est parti.

— Votre cousin n'a-t-il pas dit que son père venait de tirer sur lui pour l'assassiner? J'ai à cet égard le témoignage du valet de chambre Edmond.

— Vous avez le mien aussi, monsieur; mais qu'importe ce qu'a dit, ce qu'a cru mon cousin dans un premier mouvement d'affolement, après une scène violente qui n'avait pas dû lui laisser son sang-froid? Vous devez l'interroger, je crois; eh bien, je suis certaine qu'il ne vous dira pas aujourd'hui qu'il croit que son père a voulu l'assassiner. Il est là, voulez-vous que je vous l'amène?

— Je vous prie de me l'envoyer, dit le procureur en appuyant sur le mot envoyer.

Ce n'était pas là ce que voulait Antonine, qui en faisant cette proposition espérait un débat contradictoire avec Victorien; mais il était impossible qu'elle résistât à une demande qui était un ordre; elle alla donc dans le vestibule où son cousin se tenait avec madame Combarrieu.

— Le procureur de la République veut t'interro-

www.ingramcontent.com/pod-product-compliance
Lightning Source LLC
Chambersburg PA
CBHW060419170426
43199CB00013B/2206